SOUS LES TILLEULS

(LA NOUVELLE ALLEMAGNE)

DU MÊME AUTEUR

La Chevauchée des Mers (50e mille). (Baudinière, éditeur.)
Blaise Putois, boxeur, roman. (Baudinière, éditeur.)
Adaptation des Mémoires de Fitzsimmons.
Comment Carpentier devint champion d'Europe.
Les Sports Féminins.
Sur piste et sur route (en collaboration avec Petit-Breton).
De la piste à la scène (en collaboration avec Bourrillon).
Le Guide de l'aviateur (en collaboration avec Roland Garros).
L'Aéronautique (épuisé).
Les vols émouvants de la Guerre (épuisé).
Vers l'avion de l'avenir.
La Boxe (en collaboration avec Charles Ledoux).
L'Art de la boxe.
La Préparation au combat.
Le Tennis.
La Culture physique (en collaboration avec Mme S^mone
  Morlane).
Les As peints par eux-mêmes.
La Guerre aérienne (5 volumes).
L'Histoire de la Guerre aérienne (2 volumes).
La Guerre des nues racontée par ses morts (en collaboration
  avec Jean Daçay).
Quelques grands duels aériens (en collaboration avec le lieu-
  tenant Viallet).
Chasseurs de Boches (épuisé).
Guynemer, l'as des as au combat (épuisé).
Les Aventures guerrières... et autres de Navarre (épuisé).
René Dorme (en collaboration avec Jean Daçay).
Roland Garros (épuisé).
Les Mystères de la Guerre aérienne (épuisé).
Guynemer, the ace of aces (Moffat, Yard and C°, New-York).
Special missions of the air (The Aeroplane, Londres).
La Vie héroïque du capitaine Madon.
La Vie des hommes illustres de l'aviation (ouvrage couronné
  par l'Aéro-Club de France).
L'Ame des poings (éditions de la Bonne Idée).
Nungesser, les grandes heures de sa vie (25e mille).
Le Miracle de l'Atlantique (25e mille).
Pelletier Doisy.
Le Tour de France.

ROMANS

John Gully, gloire des poings nus (en collaboration avec Pierre
  Mariel).
Les Aventures mystérieuses d'Athanase Lovin et Cie (Le Petit
  Journal).

EN PRÉPARATION

Le Géant des airs (roman).
Les Évasions d'aviateurs pendant la guerre.
Les Missions spéciales aériennes.

JACQUES MORTANE

SOUS LES TILLEULS

LA NOUVELLE ALLEMAGNE

(Avant-propos de M. Aristide BRIAND)

EDITIONS BAUDINIERE
27 bis, rue du Moulin-Vert,
PARIS

UNE CONVERSATION
AVEC M. ARISTIDE BRIAND

Lorsque j'eus terminé cet ouvrage, je considérai comme un devoir de ma part de rechercher l'occasion d'un entretien avec notre ministre des Affaires étrangères, M. Aristide Briand.

Il était normal que l'auteur d'une enquête sur la nouvelle Allemagne eût à cœur de contrôler ses impressions personnelles auprès de celui qui s'est attaché à montrer aux deux pays, naguère ennemis, qu'avec des régimes républicains et loyaux il vaut mieux essayer de se connaître et de se comprendre que de rester toujours sur un qui-vive inquiétant et menaçant.

Le collègue de M. Aristide Briand en Allemagne partage cette manière de voir. On trouvera plus loin l'entretien que M. Stresemann a bien voulu m'accorder. Certes, ce n'est pas en un jour, ni même en quelques mois que disparaîtront tous les frottements, tous les griefs. Mais le temps opérera et, en attendant, l'opinion doit être éclairée.

M. Aristide Briand, après avoir écouté le récit

de mes observations d'enquêteur, voulut bien me féliciter de la méthode que j'avais cru devoir adopter dans la conduite de mon travail :

— Si votre enquête, me dit-il, vous a bien mené à cette conclusion que l'Allemagne d'aujourd'hui n'est plus celle de 1914, il convenait de le démontrer aux lecteurs français.

Ce compliment me ravit, je l'avoue. Ce livre, je l'ai écrit en pensant à tous les petits que l'on voit jouer dans les parcs, que les parents entourent de tendresse, et qui, un jour, si l'on s'obstinait à entretenir une haine tenace, iraient à leur tour se faire tuer.

— Et quant à la façon de conduire votre démonstration, continue M. Aristide Briand, je n'en conçois point de plus loyale que celle que vous me dîtes avoir eue en vue : donner aux plus hautes autorités allemandes de chaque spécialité l'occasion de s'exprimer librement devant le lecteur français, en laissant ce dernier non moins libre de conclure, c'est bien la meilleure garantie d'intérêt et de profit que peut offrir l'œuvre d'un enquêteur.

M. Briand aborda ensuite le problème du rapprochement :

— Il ne faut pas croire que la politique de paix qui se poursuit avec l'approbation du Parlement, et en accord absolu avec nos alliés, ait pour seul but de supprimer entre l'Allemagne et nous les causes de conflit. Par des ententes politiques et économiques, elle doit tendre à créer une solidarité morale et matérielle si puissante que l'on n'ait plus à redouter un retour fatal de la période atroce que nous avons vécu.

« Peu à peu, un état d'esprit nouveau peut

être créé à la faveur duquel les nations comprendront plus clairement leur véritable intérêt, qui est de collaborer et non point de se regarder avec hostilité.

« Certes, comme mon éminent collègue, M. Stresemann, a pu vous le dire de son côté, je ne prétends pas que ce soit chose facile. Il s'agit d'une œuvre de longue haleine. Maints obstacles restent à écarter. D'autres surgiront encore, je ne me le dissimule pas. Néanmoins, je suis certain qu'avec de la patience, du tact et surtout de la loyauté de part et d'autre, nous pouvons parvenir au résultat espéré.

« Nous avons parcouru une importante partie de la route depuis quatre ans. Mais il ne faut pas vouloir aller trop vite. Méfions-nous des impatiences. Si l'on considère ce qui a été fait, l'on peut convenir que l'ordre des choses a déjà été considérablement modifié.

« Je me félicite d'avoir osé. Grâce à Locarno, le traité de Versailles est devenu une convention librement consentie, la libération de l'Alsace et de la Lorraine un fait que l'Allemagne s'engage à respecter. Depuis, le Reich a détruit des ouvrages militaires jugés dangereux du côté de la frontière polonaise. Et combien d'autres questions, qui semblaient pièges à discussions, furent réglées de façon favorable.

« Il y a des hommes, de chaque côté de nos frontières, qui chercheront toujours à envenimer les rapports des deux pays, à semer en toutes circonstances l'inquiétude et la méfiance : ce sont les agents les plus sûrs des conflits possibles. Gardons-nous d'eux et de ce qu'ils colportent.

« Une Allemagne républicaine, dont l'évolution politique et sociale, sous la conduite de quelques hommes sincères, ne serait contrariée ni à l'intérieur, ni à l'extérieur, ne peut manquer de comprendre son intérêt, qui réside certainement dans la bonne entente avec les alliés et en particulier avec la France. L'Allemagne s'est déjà tournée vers l'Occident. C'est encore l'œuvre de Locarno.

« Certes, elle ne fut pas facile. Les négociations furent longues et parfois décevantes. Mais le bon sens a triomphé, car avec de la patience et du raisonnement il triomphe toujours. J'ai évité, chaque fois que je l'ai pu, l'automatisme et la sécheresse des vieilles procédures diplomatiques ; j'ai toujours tenu à parler comme un homme à des hommes. Nous devions nous entendre.

« Puis, ce fut l'entrée du Reich à la Société des Nations. Là encore, je crois que le résultat fut heureux. Quatre fois par an, à Genève, les représentants de l'Allemagne viennent s'entretenir avec les hommes d'Etat des pays alliés. Grâce à ces réunions, à ces échanges de vues, une grande politique de rapprochement franco-allemand peut être poursuivie. M. Stresemann, comme moi, est convaincu que, sans elle, l'Europe ne pourrait jamais se reconstituer.

« Que l'idée ait fait des progrès considérables dans l'esprit allemand, c'est à cette constatation, me dites-vous, que tendent les conclusions de votre enquête personnelle. Chez nous aussi, le progrès existe. Mais les timorés n'osent pas encore l'avouer : ils attendent que la question soit plus poussée. Ce sont les ouvriers de la dernière heure.

« *En fait, et quoi qu'on puisse dire, je crois comme vous que chaque jour apporte une amélioration dans les rapports entre les deux pays. En Rhénanie, plus d'incidents. Evidemment, dans le Reich, on réclame l'évacuation. Et puis, après ? Y a-t-il vraiment là de quoi nous étonner ? On avait redouté la présence de ministres réactionnaires dans le Cabinet et l'on prétendait qu'il fallait voir là une manœuvre contre les alliés en général et contre la France en particulier. Ces hommes d'Etat nationalistes ont-ils agi contre la politique de M. Stresemann ? N'ont-ils pas souscrit au programme qui proclamait, pour la première fois, la renonciation à l'idée de revanche ? N'était-il pas intéressant, au contraire, de pouvoir constater cette évolution, ou tout au moins cette adaptation, de ceux que l'on citait comme des ennemis irréductibles ?*

« *La paix peut être en bonne voie, j'en suis convaincu, si nous savons tout faire pour l'assister et pour la rendre durable. Ce qui ne nous oblige nullement à rien négliger pour être forts.*

« *Sans cesse, des esprits chagrins cherchent à nous alarmer, à nous décourager. Il faut pourtant bien raisonner, réfléchir de part et d'autre : les Allemands, pas plus que nous, n'ont intérêt à entretenir la haine. S'ils veulent vivre, et ils le veulent, ils doivent connaître le prix d'une guerre moderne, d'où vainqueurs et vaincus sortent dangereusement affaiblis. Et pour vivre, il leur faut s'appuyer sur d'autres pays. Si la France devait repousser systématiquement l'idée de collaborer avec eux, ce serait, n'en doutez pas, vouloir entretenir en Europe un foyer permanent* de discorde. Est-ce là le résultat que l'on doit rechercher ?

« En ce qui me concerne, tant que j'aurai l'honneur de diriger les Affaires étrangères de la France, je m'y refuserai sincèrement. Agir autrement serait criminel. »

PREMIERE PARTIE

UN FRANÇAIS EN ALLEMAGNE

CHAPITRE I

L'état d'esprit d'un Français se rendant en Allemagne (1)

« Rien ne trompe avec une force et une autorité si redoutables que la vérité mal dite ; elle donne aux erreurs qui l'entourent un poids que ces erreurs n'auraient pas elles-mêmes, a écrit Hello. »

D'autre part, le philosophe allemand Keyserling a affirmé :

« Le véritable médiateur dans l'ordre intellectuel est de nos jours, non pas l'auteur de gros volumes, mais le journaliste. Dans les conditions actuelles de vitesse, étant donné le nouvel état intellectuel, le sur-journaliste est seul capable d'obtenir d'importants résultats dans le domaine du bien. »

Telles devaient être mes directives lorsque je quittai Paris, me rendant à Berlin pour un voyage d'étude.

On m'avait dit dans divers milieux : « Toutes

_____

(1) Plusieurs des chapitres de cet ouvrage ont paru dans le *Petit Journal*, en janvier 1927.

les opinions ont été exprimées sur l'Allemagne d'aujourd'hui. Incontestablement, elle est en pleine évolution. Y a-t-il une nouvelle Allemagne ? Allez et voyez ! Il ne faudra pas vous contenter des déclarations plus ou moins conventionnelles que l'on a coutume de recueillir dans le monde officiel ou parmi l'élite. Pénétrez dans les usines. Questionnez l'homme à la besogne, l'ouvrier au chantier, l'employé au bureau. Mêlez-vous aux foules qui passent, ce sont elles qui vous diront ce qu'une prudence élémentaire commande aux dirigeants et aux diplomates de ne pas exprimer. Ce sont elles qui extériorisent les défauts et les qualités d'un peuple. Devant l'observateur, un être se concentre et réfléchit, la masse déborde et vit. »

Je partis.

Une angoisse cependant m'étreignait. Je redoutais, pour l'impartialité qu'on attendait de moi, le réflexe d'un patriotisme terriblement pointilleux. Oublierais-je si vite les souffrances, les atrocités, les deuils, la guerre enfin, qui brisa dans ma vie, comme chez tant d'autres, hélas ! les liens les plus chers ? Et pourtant, à cause de cela même, pour en éviter le retour, au nom de la vérité, ne fallait-il pas obéir et remplir avec la plus scrupuleuse minutie la mission qui m'était confiée ?

Je traversai la frontière fermement décidé à envisager les choses telles que je les verrais et non plus telles que je les croyais jusqu'alors. Je m'efforcerais donc, non pas de chercher des faits, des preuves justifiant mes idées préconçues, mais de me créer une opinion d'après les événements et les gens qui se présenteraient naturellement à moi.

Pour connaître l'Allemagne, il ne suffit pas de regarder les choses, il faut avant tout scruter les esprits. OEuvre difficile, car l'esprit germain ne s'extériorise pas, et tâche redoutable, si l'on songe à la responsabilité de celui qui pense pouvoir, en toute sincérité, dire au retour à ceux qui le lisent : « Croyez-moi, je suis convaincu de tout ce que j'expose. »

Voici mes notes, telles que je les rapportai. Voici mes impressions. Voici l'Allemagne comme elle s'offre à nos yeux. Mon passé, mes campagnes de presse répondent, je suppose, de ma sincérité. Je parle de ce que j'ai vu.

Le problème du « devenir » est angoissant pour tous. L'Europe sort appauvrie, bouleversée, chaotique de ce conflit mondial dont les répercussions s'étendent maintenant sur tous les points du globe. Partout des tombes, partout des mutilés, partout des victimes, partout de la misère.

A ceux qui veulent notre pays prospère dans la paix, je dédie ce livre pour qu'ils y puisent l'enseignement nécessaire qui les fera se replier sur eux-mêmes et chercher dans leurs sources profondes le moyen de dominer les ferments troubles du siècle, dont nous souffrons tous, en adaptant leur existence aux aspirations de l'ère nouvelle. Il faut oser regarder les choses en face : cette lucidité nous fera trouver le sens dans lequel nous devons orienter nos forces vives. Autrefois, les erreurs de jugement n'avaient que peu d'importance. Dans le tourbillon de notre époque, elles deviennent capitales, la guerre en est l'exemple tragique.

Il nous faut réfléchir avec le sentiment de la responsabilité qui nous incombe vis-à-vis des générations directement issues de nous. Ne nous stabilisons pas dans les opinions qui furent justes à l'égard du passé, mais qui peuvent actuellement nous conduire au suicide. Aux conditions nouvelles de vie, il faut un esprit nouveau.

Un mouvement, nettement, se dessine. Étudions-le soigneusement. N'acceptons rien sans contrôle. Soyons prêts à toute éventualité en cas de conflit, mais cherchons en même temps la solution pour ne pas avoir à recourir aux armements. Ne nous désintéressons d'aucune manifestation, ne nous hâtons pas de nous faire une opinion d'après les journaux extrémistes ou les télégrammes tendancieux de ceux qui ont intérêt à entretenir l'inimitié, ne dramatisons pas certaines maladresses. Sachons exercer un contrôle impartial.

Le sort de la paix se joue en ce moment. Nous ne devons rien négliger pour l'assurer, à condition que notre confiance puisse être établie sur des bases solides.

A nous de les créer en essayant de connaître ceux que nous ignorions, et en nous faisant connaître nous-mêmes. Nous avons tenu, en écrivant cet ouvrage, à montrer la nouvelle Allemagne, celle d'après guerre. Il aurait été bien présomptueux d'avoir cette prétention après un voyage de quelques semaines. C'est pourquoi nous nous sommes adressé également aux plus importantes personnalités des milieux les plus divers, de façon à donner au lecteur français une idée aussi exacte que possible de la nation voisine.

Paris-Cologne-Berlin

J'étais parti de Paris dans un wagon polonais sans confort, ni eau, afin de justifier sans doute l'absence de savon et de serviette.

Jusqu'à la frontière, j'obéis docilement, mais sans joie, aux réquisitions multiples des contrôleurs, douaniers et autres fonctionnaires. J'étais habitué aux méticulosités de l'administration française. Celles des services belges sont encore plus pointilleuses. Il ne faut pas songer à fermer l'œil de la nuit.

J'appréciai davantage le calme dont je pus profiter en territoire allemand.

A Aix-la-Chapelle, des balayeuses (*dienstfrauen*) vinrent dans les wagons faire un ménage complet. Une fois pour toutes, des employés astiqués demandèrent les papiers sur un ton rude, mais correct. L'un d'eux me fit observer que mon billet n'était pas signé, ce qui provoqua de la part d'un de mes voisins cette remarque :

— C'est là un témoignage de la minutie allemande.

L'employé, ayant entendu, se retourna et nous dit :

— Je ne suis qu'un ouvrier, mais je connais bien la valeur de cette qualité, la minutie. Elle est à la base de notre puissance technique. Excusez-moi, je considère chaque voyageur comme un client de mon pays. C'est ma politique pratique.

Agir autrement, ce serait bâtir des châteaux dans la lune.

Et, digne, il s'en fut.

Cette réflexion me laissa rêveur. Ce très simple fait me fit comprendre, mieux que tout, la force de ce peuple où, du plus petit jusqu'au plus grand, chacun contribue au progrès économique. Quel exemple pour ceux d'entre nous qui ne comprennent pas ces sentiments permettant de si grandes choses, même dans les postes subalternes !

Il paraît qu'avant la guerre un représentant de l'autorité n'aurait jamais dit : « Je ne suis qu'un ouvrier. » Avec hauteur, il aurait affirmé : « Je suis un fonctionnaire ».

L'esprit aurait-il donc changé ? Et ce premier pas vers ce qui était une énigme m'ouvrirait-il déjà des horizons nouveaux sur nos anciens adversaires ?

A l'arrivée à Cologne, où je devais m'arrêter une matinée afin de visiter l'aérodrome, allais-je être obligé de prendre une chambre d'hôtel pour mettre un peu d'ordre dans ma toilette ? Non, dans les gares allemandes, à quelque heure que ce soit, vous trouvez tout ce qui est nécessaire : lavabos, salles de bains, coiffeurs, cireurs, etc., le tout parfaitement organisé. Et ce n'est pas un médiocre avantage.

Par contre, si les trains et les gares sont confortables, le prix des places est élevé : de Cologne à Berlin (577 kilomètres), le tarif est, en seconde, de 47 marks-or, soit 282 francs. Personne, à part les étrangers, ne prend de première. Pour un repas, d'ailleurs excellent, en wagon-restaurant, on paie 3 marks 80.

Dans les wagons-lits, on est seul en première ; deux en seconde ; quatre en troisième. Et le wagon-lit de seconde coûte moins cher qu'une première ordinaire. Dans les lavabos, eau chaude, eau froide, savon liquide et serviettes individuelles qu'on jette, après usage, dans un panier spécial.

Dans les compartiments, vous trouvez un journal gratuit, *Mitropa Zeitung*, donnant tous les renseignements sur la grande ville de la ligne, avec un plan occupant la double page du milieu. Cette autre brochure est un indicateur du réseau.

C'est qu'il est nécessaire de prêter une scrupuleuse attention aux heures. Rien ne signale le départ du train : pas d'appel d'employés, pas de haut-parleurs, pas de coups de sifflet, ni même l'éternuement de la locomotive. A l'heure exacte, le convoi s'ébranle. Tant pis si vous n'avez pas consulté l'horloge.

Le maximum de confort a été réalisé dans le train que je devais prendre plus tard pour me rendre de Berlin à Hambourg. La ligne étant fréquentée par tout un monde d'hommes d'affaires, industriels, commerçants, les plus grandes facilités leur sont offertes pour réduire au minimum la perte de temps. Ce train possède une cabine téléphonique et télégraphique.

Les télégrammes ordinaires sont tarifés à 3 marks, plus 30 pfennigs par mot ; les télégrammes express, 6 marks et 60 pfennigs par mot. Une conversation de trois minutes au téléphone varie de 3 à 5 marks selon la distance. Les voyageurs peuvent également recevoir dans le train leurs communications téléphoniques. Si vous désirez passer un ordre ou retenir une chambre d'hôtel, vous n'aurez qu'à verser 1 mark 80. Notez bien qu'il ne s'agit pas là d'un perfectionnement pour trains de luxe. Celui qui m'emportait n'avait que deux compartiments de première, presque généralement vides.

Pour éviter les risques d'incendie, des rondes fréquentes sont faites dans les wagons par des surveillants qui pointent leur passage. Sur un plastron de cuir, ils fixent une lanterne avec laquelle ils observent tout très consciencieusement. Enfin, dans une petite armoire vitrée, une hache et une scie forment un faisceau de sauvetage. Partout des extincteurs Minimax volumineux, prêts à fonctionner en cas de sinistre.

En Allemagne, vous ne pouvez pas étaler vos bagages sur les banquettes pour faire croire que le compartiment est plein. Sur une planchette portant des numéros, contre la porte, l'employé indique au fur et à mesure les places occupées. Pas de tricherie possible.

L'arrivée à Berlin, dans le brouhaha et la vapeur, s'effectue sans secousse, sans impatience, sans inquiétude. Vos bagages ? Un simple signe de votre part et ils sont déjà sur les épaules d'un porteur. Un taxi ? A la sortie, un agent vous remet un numéro d'ordre qui correspond à celui d'une voiture. Quelle que soit l'adresse, le chauffeur doit vous conduire, et il vous conduira sans manifester la moindre mauvaise humeur, même si le pourboire est très léger. Il est vrai que le prix des taxis est trois fois plus élevé qu'en France.

La capitale est sillonnée de stations — réminiscence de notre chemin de fer de ceinture — et le train où vous vous trouvez les desservant toutes, il vous est loisible de descendre dans le quartier où vous devez aller.

Premières impressions ? Incontestablement : « discipline » qui fait agir chacun pour la collectivité.

Discipline qu'en l'occurrence j'appréciai : comme tout Français, je n'aime pas beaucoup les voyages, et cette simplification par le confort me plut infiniment.

Les aspects de Berlin

L'on m'avait affirmé que Berlin est une ville triste et morose, sans élégance ni charme, où tout est interdit, où l'on semble sans cesse attendre l'entrée de l'usine ou du bureau.

Ce fut nullement l'impression que me causa la visite en tous sens de cette immensité. Ce n'est pas là esprit de contradiction. Dès le premier jour, j'allais et venais, les yeux grands ouverts sur ce qui m'entourait, prêt à saisir les multiples petits faits constituant l'aspect particulier d'une ville. J'avoue avoir enregistré peu de différence avec notre vie parisienne. L'animation est intense. Les hommes glissent, s'entre-croisent, s'arrêtent, se retournent : évolutions semblables dans toutes les cités du monde ; les gens n'y livrent pas plus qu'ailleurs le secret de leur âme. Peut-être n'ai-je pas saisi les vibrations étrangères à notre esprit français, les bruits de la rue, le rythme des pas qui firent dire à certains qu'à Berlin on ne se sent pas chez soi.

Cependant, plus d'une fois, je me mêlai à la foule, adoptant son allure trépidante. Je marchai, cherchant au coin des rues, sous les porches des maisons, dans le regard de certaines fenêtres, l'émanation de l'autoritarisme aigu qui tirait les ficelles du Berlin impérialiste. Je ne l'ai pas découverte, et ceci pour cette raison que les Allemands s'étonnent eux-mêmes des changements survenus dans leur capitale en ces dernières années.

Avant la guerre, les militaires de Potsdam étaient maîtres et tenaient le haut du pavé. Leur règne est terminé. C'est le civil qui est aujourd'hui maître du trottoir. Pendant la déroute du mark, les métèques s'emparèrent de la place, sillonnant avec insolence les grandes artères et se donnant aspect de milliardaires, tout en dépensant peu de leur monnaie. Nous n'avons pas tout à fait ignoré ces procédés.

Depuis le redressement financier, Berlin est redevenue ville allemande, et surtout, selon l'opinion de tous, ville républicaine.

Partout on travaille, partout on est affairé. Les magasins présentent des étalages attrayants avec des dispositifs originaux pour attirer l'attention du passant. Les devantures de Tietz et de Wertheim, notamment, sont remarquables. Il y a un souci de plaire que l'on ignore à Londres et dont on fait un art à Paris. La mode de là-bas est la nôtre, elle vient directement de chez nous.

Je suis arrivé à la veille des fêtes de Noël. Les maisons d'alimentation scintillaient comme des joyaux. La foule allemande s'apprêtait aux agapes familiales, mise en appétit par l'ingénieuse présentation des mets : poulardes sur champ de tomates, — comme un blason, — langues de bœuf, chapelets de saucisses, anguilles dans la gelée. Si Villon se contentait du fumet des cuisines pour se nourrir, je ne crois pas que la seule vue de ces victuailles suffirait à rassasier les Allemands, gros mangeurs ! Mais combien ai-je surpris de regards d'envie chez de simples bourgeois, propres, nets et dignes dans leur pauvreté :

victimes du relèvement du mark, incapables d'améliorer leur piètre ordinaire.

La circulation dans les rues est active, mais l'ordre règne. La discipline est là : nul ne transige avec elle. Les schupos, rythmiciens habiles, dirigent par des gestes précis les véhicules alignés. Aux carrefours, des disques à voyants de couleur. Sur les places, des bornes semblables à celle de la place du Théâtre-Français, ou bien de simples poteaux surmontés de flèches, portant aux pieds la réclame de la « B.Z. am Mittag ».

Comme moyens de communication, l'*untergrund* (métropolitain) conduit partout et fait de longs voyages. Il n'y a que deux classes, à double tarif : pour les parcours réduits, donnant droit à cinq stations plus celle du départ, 15 pfennigs en troisième, 20 en deuxième. Pour tout le parcours, 20 et 30 pfennigs. Avec un billet de 25 ou 30 pfennigs, suivant la classe, vous avez droit à un trajet complet dans l'*untergrund* plus un parcours en tramway.

Les tramways sont semblables aux nôtres. Les autobus rappellent ceux de Londres.

Ce qui m'a frappé, entre autres, dans les manifestations de la rue, c'est la complaisance rencontrée à tous les échelons de la société, depuis le schupo, le conducteur de taxi, le garçon de restaurant jusqu'aux plus hautes personnalités. L'Allemand, pourtant contemplatif, aime l'agitation, la foule, la gaieté. C'est par dizaines que se comptent, dans chaque quartier, les salles de bal réputées, les unes pour leur orchestre, les autres pour leur décoration, celles-ci pour la qualité de leur restaurant, celles-là pour leurs attractions. Et tous ces établissements sont combles, malgré leurs dimensions. On entend de la musique partout, de l'excellente musique, interprétée par des artistes. Les distractions suivent le rythme de la vie économique. Maintenant que les affaires deviennent sans cesse plus florissantes, les réunions mondaines ont repris leur cours. Dans l'immensité qu'est le Zoo, plusieurs salles luxueusement décorées sont souvent occupées par ces fêtes.

J'eus l'occasion d'assister au bal du Golf-Club, où toutes les élégances berlinoises s'étaient donné rendez-vous. Il y fleurait un style à la française. M. von Baligand, vice-directeur du Bureau de la Presse du Reich, me fit l'honneur de me présenter à Mme Dr Stresemann, aussi aimable que distinguée. Ayant dit à celle-ci combien j'admirais le goût et le charme de cette fête, je m'attirai cette réponse : « On connaît si mal l'Allemagne, en France. »

Je fus bien obligé de remarquer aussitôt que l'on connaissait aussi mal la France, en Allemagne, une amie de Mme Stresemann m'ayant affirmé que ce qu'elle aimait le plus chez nous étaient les romans et la mode.

On ne nous jugera donc jamais que selon la capricieuse fantaisie d'art et de goût à laquelle nous pousse notre impitoyable démon familier ? Nous avons cependant d'autres qualités plus profondes qui surent se manifester en temps voulu. Ce sont celles-là qu'il faut mieux connaître. Elles nous méritent l'admiration, le respect et la sympathie de ceux qui sont capables de les comprendre.

Berlin est une ville à mouvement continu. La nuit, l'animation persiste. Les autobus,

à 3 heures, sont presque complets : ils ramè-
nent chez eux les noctambules chassés des établissements par l'heure réglementaire de la fermeture. Dès que cet instant arrive — 3 heures —
si l'on tarde à clore les portes, deux schupos,
entrent, ne disent rien, restent immobiles pendant un moment et se retirent sans attendre la
sortie des clients. C'est le signal. Chacun obéit.

C'est alors l'heure des péripatéticiennes cherchant fortune... ou une illusion de fortune. Ce
sont toujours et partout les mêmes filles, vieillies
avant et aussi avec l'âge, au teint rutilant, aux
cheveux décolorés, pauvres joujoux dont les
hommes s'amusent et que la vie n'a pas aimés.
Elles font partie d'une corporation internationale. Elles arpentent le trottoir qu'un moment
auparavant occupaient les camelots vous glis-
sant une carte dans la main et des propos enthousiastes dans l'oreille pour vous vanter les char-
mes de tel ou tel bar.

DEUXIEME PARTIE

CHAPITRE I

*Visite au Reichswehrministerium. — Les Sociétés
secrètes*

On m'avait dit : « Jamais un journaliste étranger n'a été autorisé à pénétrer au *Reichswehrministerium*. C'est impossible ! Le ministère de
la Guerre, devenu celui de la Défense nationale,
ne veut pas qu'on puisse savoir ce qui se passe
chez lui. »

Je fus impressionné par cette déclaration, et
l'on imagine aisément que mon plus secret désir
était d'être le premier journaliste admis à
fouler de mes pas de Français le sol du sanctuaire
où l'on prétend que se trament de machiavéliques
projets. Quel beau rêve pour un reporter !

Je fus un peu déçu. Vraiment, il n'est pas
très difficile d'aller *Königin Augustrasse* n° 38. Il
suffit de savoir à qui s'adresser. Je devais avoir
une audience du ministre Gessler, mais le ministère étant tombé, l'homme d'Etat en avait profité
pour aller se reposer et chargea l'un de ses plus

intimes collaborateurs, le colonel von OErtzen, de me recevoir.

Allais-je tressaillir ? Allais-je frémir ? J'étais prêt à observer avec attention, à me retourner brusquement pour voir si rien ne se préparait dans mon dos. Je prenais à mes yeux figure de héros de roman-feuilleton. Sortirais-je vivant de cette boîte à mauvaises surprises ? Je croyais ce que l'on m'avait raconté et même ce que j'avais lu.

Le *Reichswehrministerium* est installé au bord d'un canal, dans une demeure qui ne respire certainement pas la gaieté. C'est assez normal. Devant les portes de chêne, fermées, nul factionnaire ne monte la garde. Les gens vont et viennent, les autobus passent paisiblement. Pour chacun, c'est une maison comme les autres. J'arrive. Je sonne en hâte, car je suis en retard. Je pénètre. Un huissier se tient dans une cabine vitrée et transmet ses ordres à un soldat coiffé du casque de tranchée. Une barrière de bois sépare l'entrée des escaliers menant aux bureaux. Je dis mon nom. Il est inscrit sur une feuille d'audiences. L'huissier, sans exiger la justification de mon état civil, charge le militaire de me conduire. Nous montons quelques marches et une jeune femme reçoit alors le soin de m'accompagner. Je suis dans la place.

Convenez que le tour de force n'a pas été très compliqué !

J'arrive chez l'officier d'ordonnance du colonel von OErtzen qui m'introduit aussitôt auprès de son chef. Celui-ci parle peu le français. Il faut donc recourir aux soins d'un interprète.

Je note alors un geste auquel je ne veux pas

attacher plus d'importance qu'il n'en a, mais fort inattendu dans l'endroit que l'on m'avait si sombrement décrit.

Le colonel von Oertzen me prie de l'excuser, laisse ses documents pêle-mêle sur son bureau et va chercher quelqu'un pouvant traduire notre entretien. Je reste ainsi pendant dix minutes *seul* dans son cabinet. Je suis flatté, mais étonné de la confiance qui m'est ainsi manifestée.

L'officier revient avec un commandant qui, pendant que son chef donne un coup de téléphone, m'apprend qu'il est le traducteur du ministère de la Guerre pour les journaux français. Diable ! quelle nouvelle ahurissante ! De tous ceux avec qui j'ai parlé jusqu'alors, vraiment ce commandant est celui qui massacre le plus notre langue. Quelle signification doivent prendre les articles de nos gazettes après être passés par la plume de l'interprète officiel !

La conversation se déroule néanmoins de façon intelligible grâce à un soin mutuel extrême.

— Que voulez-vous visiter ? Que voulez-vous savoir ? me demande le colonel von Oertzen. Tout est ici à votre disposition. On a prétendu que c'était le repaire de la menace et du mystère, vous jugerez.

Je me bornai à poser quelques questions.

— Est-il vrai que le nombre des soldats maintenus en Allemagne sous les drapeaux n'excède pas les limites fixées par le traité de Versailles ?

Mon interlocuteur cherche sur sa table et me permet de vérifier les états de solde des hommes de troupe. J'aurais aimé voir également celui des officiers.

— Le traité de Versailles, précise le colonel

von Oertzen, nous a accordé 100.000 hommes. En réalité, nous devons avoir 94.765 sous-officiers et soldats. Au premier décembre, nous n'en avions que 94.337, soit 428 de moins.

— On affirme que des volontaires irréguliers sont admis dans l'armée pour des périodes de plus ou moins longue durée ?

— C'est absolument inexact, répond le colonel, je vous prie de démentir ce bruit de la façon la plus formelle ! Les soldats sont engagés pour douze ans et sont heureux, à cause du chômage, de faire tout leur temps dans la *Reichswehr*. S'ils quittaient l'uniforme, ils seraient sur le pavé ; tandis qu'à la fin de leur service, ils ont droit à un emploi. Ils n'admettraient donc pas que d'autres vinssent prendre leur place.

— Quelle est la solde des militaires ?

Le colonel von Oertzen ne le sait pas exactement. Pour avoir le renseignement, il est obligé d'appeler un soldat. On a souvent besoin d'un plus petit que soi ! Le militaire entre, fait claquer ses talons comme des castagnettes, en se mettant au garde-à-vous. L'officier supérieur et le simple soldat se parlent en se regardant l'un l'autre comme deux hommes et non comme un maître et son esclave.

J'apprends qu'au bout de quatre ans de service — c'est le cas de celui qui nous renseigne — le soldat touche 120 marks par mois, sur lesquels il paie 36 marks pour sa nourriture, 12 pour le logement et 2 pour l'impôt. Il lui reste donc 70 marks d'argent de poche.

Pour savoir à combien s'élève le prêt des autres troupiers, il aurait fallu faire défiler trop d'hommes dans le bureau du colonel. Je n'insistai pas.

*****

J'abordai plutôt le sujet des fameuses sociétés secrètes.

Ah ! ces sociétés secrètes !

— Les partis politiques, me répond mon interlocuteur, ont profité des circonstances pour faire jouer aux soldats les jeunes gens qui ne pouvaient plus, par le traité de Versailles, servir sous les drapeaux. Il n'y a aucun péril à redouter des différentes organisations qui se querellent et se combattent. Les nationalistes s'appellent les *Wikings*, les conservateurs les *Stahlhelm* (casque d'acier), les communistes constituent le *Frontbann*, avec le drapeau rouge, les républicains enfin forment la *Reichsbanner*, dont le drapeau est noir, rouge et or.

« La *Reichsbanner* est pacifique et antimilitariste. Son effectif total est de 3.500.000 jeunes gens. Elle a été organisée au début pour résister aux troubles fomentés par les nationalistes et devint la grande apôtre de la République, la véritable garde républicaine avec, comme chef, M. Hörsing, *oberpräsident* de Saxe.

« Les sorties des sociétés secrètes se font en cas d'agitation politique ou le dimanche. Je puis vous garantir que ces groupements n'ont plus aucune relation avec la *Reichswehr*.

« *L'opinion publique, les journaux ont un œil si dur contre tout ce qui est militaire* qu'il serait d'ailleurs impossible de faire quoi que ce soit d'illégal. Depuis les questions de la Ruhr, il n'y a pas eu de manquements sérieux, sans quoi M. Scheidemann, le leader socialiste, n'aurait pas été obligé de faire amende honorable lors de son interpellation.

Ces propos réclamaient quelques éclaircissements. Le colonel von Oertzen avait reconnu qu'à certain moment les sociétés secrètes avaient eu des rapports avec la Reichswehr et que des manquements aux prescriptions du traité avaient été enregistrés.

Une autre personnalité du Reichswehrministerium me donna les précisions nécessaires. Voici ses explications :

— Les socialistes firent campagne contre le ministre de la Guerre, M. Gessler, pour l'obliger à démissionner. M. Scheidemann prononça un important discours où il accusa la Reichswehr d'avoir commis des actes contraires au traité de Versailles. C'était exact ! Mais ces faits avaient été accomplis avec l'assentiment du gouvernement au moment où l'on craignait l'invasion par les Polonais de la Silésie et de la Prusse orientale, les groupes chauvins de Pologne croyant le moment opportun pour réaliser leur dessein.

« Il s'agissait donc d'une simple organisation défensive, à laquelle devaient collaborer les sociétés secrètes. C'est ce que M. Wirth, l'ancien chancelier, répondit à M. Scheidemann qui, d'ailleurs, avait pris part aux discussions et aux résolutions.

« Ce fut le seul cas où la Reichswehr eut des compromissions avec les sociétés qu'on s'obstine à traiter de « secrètes » alors qu'elles ne se cachent nullement.

— Et les dépôts d'armes clandestins ? hasardai-je.

— Lisez les journaux de ce matin. On en a encore découvert un hier. Les personnes qui recèlent des fusils ou des munitions sont traquées, n'en doutez pas ! Il est impossible d'empêcher certains hallucinés de transformer leur logis en armurerie, mais soyez assuré que nous sommes les premiers à interdire ces manœuvres.

« Au début, les associations secrètes furent subventionnées sous le manteau, mais en prévision seulement de troubles à l'intérieur ; nul ne les soutint jamais officiellement dans une pensée hostile à la France.

« Au moment même où M. Stresemann s'efforçait à Genève d'obtenir la suppression de la Commission militaire interalliée de contrôle, le *Vorwaerts*, journal socialiste de Berlin, déclencha une violente campagne contre la Reichswehr nous accusant d'armements clandestins, de conspiration avec les Soviets, de coopération illicite avec des sociétés soi-disant sportives. Le point de départ de cette campagne était un télégramme que le correspondant à Berlin du *Manchester Guardian* avait envoyé à ce journal, signalant des transports de munitions effectués par voie de mer, de Russie à Stettin.

« Fait curieux : cette révélation n'eut un écho retentissant que dans le pays même qui, logiquement, avait intérêt à le passer sous silence. Les ministres et délégués alliés, réunis à Genève, n'ont pas tenté de se servir de ces données pour prolonger le régime du contrôle ou pour discuter sur les atténuations réclamées par M. Stresemann au sujet des investigations décidées par la Société des Nations.

« Cette attitude bienveillante s'explique par

le fait que l'information lancée par le journal anglais, et d'origine vraisemblablement moscovite, tendait sans nul doute à ruiner l'effet de la détente franco-allemande réalisée à la suite des conversations à Genève.

La personnalité qui me donnait ces renseignements conclut :

— Chaque fois qu'un pas semble fait sur la voie du rapprochement de la France et de l'Allemagne, méfions-nous de part et d'autre. Ils sont si nombreux ceux qui ont intérêt à ce que nos deux pays ne s'entendent jamais

Le 14 janvier 1927, le ministre de la Reichswehr publiait un décret interdisant de la façon la plus sévère, non seulement l'instruction des volontaires ou des officiers de réserve, mais toute participation des officiers ou sous-officiers à l'intérêt des sociétés sportives ou patriotiques.

D'autre part, le ministre de l'Intérieur du Reich adressait une circulaire aux gouvernements de tous les Etats, leur enjoignant de surveiller étroitement ces sociétés et de les juger, non pas d'après leurs statuts, mais d'après leur activité : « En cas d'irrégularités, la police devra intervenir, et si ces groupements se livrent à des exercices militaires, ils devront être immédiatement dissous. »

M. Breitscheid, le leader social-démocrate, l'un des défenseurs de l'amitié franco-allemande, m'a donné également quelques renseignements sur les sociétés secrètes :

— Au commencement, m'a-t-il dit, il est certain qu'à la tête des organisations nationalistes se trouvaient des officiers. Mais ils disparaissent peu à peu. Les *Wikings* et les *Stahlhelm* ne sont pas à craindre, car ils ne s'entendent pas. Le groupement des *Wikings* est d'ailleurs interdit par le gouvernement prussien, ainsi que celui nommé *Olympia*. Pendant un temps, les sociétés militaristes et nationalistes constituèrent un danger pour la République allemande ; mais jamais l'étranger, je vous l'assure, n'eut rien à redouter de leur activité. L'association *Reichsbanner* est, par contre, l'un des soutiens du régime. Elle établit le contrepoids des séditieux. Evidemment, des fous et des aventuriers prôneront encore la revanche, mais nul ne leur porte le moindre intérêt, croyez-le.

J'ai rencontré un soir, près de la cathédrale, un groupe d'adhérents d'une de ces fameuses sociétés « secrètes », marchant en colonne par quatre. Les uns étaient en uniforme. Les autres, vêtus en civil, se contentaient d'un parapluie. Les chefs portaient des décorations. Ils paraissaient très heureux de les montrer. Ils allaient jouer aux soldats.

Généralement, ces groupements se promènent musique en tête. Je me suis laissé dire que leurs musiques servaient indifféremment aux défilés des sociétés d'opinion opposée. Voilà de l'éclectisme ou je ne m'y connais pas !

Essen, capitale du fer

Essen ! N'est-ce pas plutôt Krupp-Stadt que devrait s'appeler cette cité industrielle ?

Très humble entreprise au début, le fondateur sut imprimer aux usines Krupp une telle forme de travail que leur développement ne cessa de s'accroître en dépit des événements.

Devenue pacifique maintenant, Essen n'a plus le moindre caractère militaire. Une seule partie de l'atelier 21 est réservée à l'armée, selon les conventions du traité de Versailles. Dans l'autre partie de cet atelier sont forgés les tubes nécessaires à l'industrie chimique. Un mur de deux mètres de haut marque la séparation entre le chantier des matrices industrielles et celui des canons autorisés par le traité de Versailles.

J'ai visité les usines Krupp, sous la conduite instructive du baron Hermann von Verschuer.

Il est assez difficile de décrire rapidement une semblable exploration. Un livre serait nécessaire et sans doute commettrait-on encore des oublis.

Le baron von Verschuer, mutilé de guerre, se mit à ma disposition, et c'est en automobile que nous dûmes aller et venir dans cette cité invraisemblable qui mesure 8 kilomètres de long sur 1.500 mètres de large.

Le bâtiment de l'administration centrale a l'aspect d'un cloître aux voûtes multiples. Les bureaux rappellent les cellules d'un monastère.

De ces grilles en fer forgé, n'allons-nous pas voir sortir des moines se rendant à l'office, les mains dissimulées dans les manches de leur robe ? Il y a une multitude d'employés : pas un bruit, pas un murmure...

La salle d'honneur est un véritable temple élevé à la gloire de la famille Krupp et de ses serviteurs. Dans la plus grande, au milieu, une immense statue rappelle l'existence du fondateur des aciéries, Friedrich Krupp : 17 juillet 1787-8 octobre 1826. A gauche, la plaque commémorative d'Alfred Krupp, né en 1812, fils aîné du créateur, qui appartint à la maison de 1827 à 1887. A droite, la plaque de Friedrich-Alfred Krupp, né en 1854, qui collabora à l'œuvre, de 1887 à 1902. C'était le fils unique d'Alfred Krupp. Il laissa deux filles, dont l'aînée, Bertha, — marraine de la fameuse « Bertha » — se maria en octobre 1906 avec le docteur Gustav von Bohlen und Halbach, ancien premier secrétaire de la légation allemande auprès du Saint-Siège. Afin de conserver le nom de Krupp, Guillaume II accorda au ménage la permission de joindre les deux noms, Krupp von Bohlen und Halbach.

Dans une salle de pierre également, à côté de celle des chefs de la maison décédés, deux grands bas-reliefs en bronze représentent l'un la Mort, l'autre la Résurrection. Tout autour, des plaques de fer fondu sur lesquelles sont inscrits près de 3.000 noms, ceux des ouvriers de l'usine tombés à la guerre. Derrière l'établissement imposant de l'administration centrale, on voit, véritable relique, une petite maison simple et modeste « Stammhaus » qui, en 1818, avait été construite pour loger un contremaître. Mais

les affaires périclitèrent. Malgré son travail per-
sévérant, malgré la mine de charbon située à
150 mètres de distance, Friedrich Krupp dut abandonner sa demeure de la ville en 1822 pour
venir vivre là, modestement, jusqu'à sa mort qui
survint quatre ans plus tard. Son fils, Alfred
Krupp, avait alors quatorze ans et demi.
L'usine, à ce moment, avait englouti une fortune
considérable. La propriété était couverte de dettes.

Alfred, très avancé pour son âge, voulut prendre l'affaire en mains, tout d'abord, afin de pourvoir à l'existence de sa mère et de ses frères et
sœurs, ensuite afin de poursuivre les recherches
au point où son père les avait laissées. Il avait
été initié par lui aux secrets de la fabrication de
l'acier. Il instruisit les quelques ouvriers qu'il
avait, se procura des commandes par de courts
voyages aux alentours et peu à peu les affaires
reprirent. Il ne cessa d'augmenter son savoir, de
voyager dans son pays, à l'étranger, élargissant
ses horizons et ses possibilités en matière technique et commerciale, fabriquant chaque jour du
nouveau.

Le personnel de l'usine comprenait alors cent
personnes. Après avoir surmonté des difficultés
inouïes, Alfred Krupp vit ses produits de fonte et
d'acier adoptés pour les engins de transport sur
terre et sur mer. Ceci amena une grande expansion de l'entreprise, mais, commençant à sentir
que l'association avec ses frères et sœurs tendrait
à restreindre son effort, il leur remboursa leurs
parts d'actions et devint le seul maître et propriétaire des usines en 1848.

C'est alors que le développement s'accentua
avec une rapidité foudroyante. En 1851, à Lon-

dres, le premier lingot de fonte, parfaitement homogène pesant 2.000 kilos, fut exposé à l'exposition internationale au Crystal-Palace. Il reçut la plus haute récompense, *The Council Medal*.

Ce succès amena aux usines d'Essen des commandes pour tous les pays. En 1860, le nombre des ouvriers atteignait 2.000. C'est alors que vint la première commande de Prusse : 300 canons d'artillerie de campagne, qui nécessitait l'extension des ateliers, des usines. Cette commande était due aux succès remportés par Krupp dans la fabrication des roues de chemins de fer. Quoique le nom de Krupp ait toujours été associé à celui d'usines de guerre, la fonte des lingots ou la fabrication des produits industriels pour les navires ou matériel de chemin de fer firent la force de ses usines.

Puis vint s'ajouter la manufacture des rails.

Pour ne dépendre de personne, le maître avait acheté quelques mines de charbon, de minerai, et des hauts fourneaux.

En 1870, Krupp employait en tout 12.000 ouvriers.

Après cette époque, il formula les « Règlements généraux » de sa cité industrielle. Chaque détail y est mentionné, toute l'organisation du travail, toute l'administration des usines y sont très nettement réglées. Ils servirent de base à la cité actuelle.

Ce fut pendant cette période qu'une grande partie des maisons ouvrières fut construite. En 1873 — après 25 ans de possession personnelle des usines — Alfred Krupp fit restaurer dans son état primitif la petite maison où son père était mort, où sa famille avait lutté : bel et humble exemple rappelant sans cesse à tous à quoi peuvent aboutir la foi et la ténacité dans le labeur.

A cette occasion, Krupp lança une proclamation à ses hommes en terminant par cette maxime : « Le but et la raison du travail doivent être le bonheur commun, — alors le travail est une bénédiction. »

En juillet 1887, Alfred Krupp mourut. Son fils unique, Friedrich-Alfred Krupp, en était le seul héritier.

L'extension ne s'arrêta point. Le nouveau propriétaire fit adjoindre aux usines des laboratoires de recherches de physique et chimie pour atteindre une perfection toujours plus grande dans la fabrication de l'acier et pour ne plus être tributaire de l'Angleterre. D'où nouveaux ateliers, nouvelles usines, nouveaux magasins.

Puis il augmenta les habitations ouvrières, fonda des institutions pour le personnel. Le nombre des ouvriers était passé à 43.000 hommes !

Quand Friedrich-A. Krupp mourut en 1902, l'aînée de ses filles, Bertha, fut désignée dans son testament comme héritière des usines. Elle était alors mineure, mais, en prévision de ce cas, son père avait demandé que l'on instituât une société par actions dont toutes les parts seraient la propriété de la famille Krupp. En juillet 1903, la Société fut fondée au capital de 160 millions de marks, en 1914 elle atteignait 250.000.000.

Bertha Krupp épousa, en 1906, le docteur Gustav von Bohlen und Halbach, qui devint le président de la Société en 1919.

Le développement suivit sa courbe ascendante. Le programme allemand de 1900 réclama une

extension dans la construction des armements.
De nouveaux ateliers spécialisés s'ouvrirent à
Essen : l'atelier N° XI pour les canons d'artillerie lourde, l'atelier N° IX pour la construction
des tourelles de cuirassés et des donjons côtiers.

Ce fut en 1912 que l'on célébra le centenaire
de la fondation Krupp, en présence de l'empereur
et des nombreux admirateurs de la dynastie
Krupp, venus du monde entier.

Le 13 juillet 1914, il y avait à Essen 81.000 ouvriers.

Le rôle joué par ces usines pendant la guerre
fut connu de tous.

Pendant les hostilités, le chiffre total des hommes employés fut de 115.000, plus 30.000 femmes. En 1923, les effectifs étaient descendus à
45.000. Au premier janvier 1927, ils étaient de
16.500.

Un des problèmes les plus difficiles de l'après-guerre a été, pour la direction des usines Krupp,
celui du remploi des ouvriers spécialisés dans
la construction de guerre, que le traité de Versailles allait contraindre à chômer. Elle a réussi
à le résoudre. On fabrique aujourd'hui, entre
autres, du matériel pour chemins de fer, des
machines agricoles, textiles, des moteurs Diesel,
des camions automobiles et des organes pour automobiles, des caisses enregistreuses ; mais la
production essentielle est celle de l'acier, du fer
et de la fonte, les hauts fourneaux occupant la
place d'honneur dans l'exploitation.

*
* *

Les ouvriers sont nombreux, mais on les voit

à peine. On ne les entend pas. Chacun sait ce qu'il doit faire. Les usines Krupp sont sillonnées de voies ferrées. Des locomotives traînent de longs convois, s'enfoncent et se perdent dans ce dédale, traversent les ateliers, déposent le matériel au passage et continuent leur route.

Mon guide, le baron H. von Verschuer, me fait pénétrer dans l'atelier des essieux. Il fait froid. Il gèle, un vent glacial nous pique. Dans cet atelier, les portes sont ouvertes, mais la chaleur est intense ; des blocs d'acier énormes sont aplatis par les marteaux et les presses. L'une de celles-ci, hydraulique, a une puissance de 4.000 tonnes. Ici, on fabrique des arbres coudés pour la marine, des tubes, des récipients forgés sans soudure, résistant aux plus hautes pressions.

Nous sommes maintenant dans une véritable ville à deux étages encombrée de ponts roulants et tournants. Il faut faire attention. Nul ne vous crie gare. Une machine arrive dans votre dos sans que vous vous en doutiez ; vous êtes à côté d'une autre, elle oscille sur elle-même et menace de vous laminer. C'est le paradis de la mécanique. Le paradis? Lisez plutôt l'enfer !

Nous sommes en effet devant les fours où l'acier est en ébullition. A travers un écran bleu, je jette un regard : on dirait une mer en furie, vue du rivage.

Pour me reposer de cette féerie, le baron von Verschuer me fait visiter l'atelier des machines agricoles. Le travail se fait ici à la chaîne. Je vois arriver la matière, je la suis dans toutes ses transformations et je la trouve au bout de l'immense local prête à être expédiée. Une perforatrice fait sept opérations à la fois.

J'assiste ensuite à la coulée de vingt-six tonnes d'acier au four Martin. L'effet est fantastique, indescriptible de ce fleuve se répandant au milieu d'étincelles dans une formidable cuve. Il bouillonne, crachant des scories à la surface. Lorsque le four a fini de vomir, il referme son effroyable gueule et un pont roulant transporte l'acier qui va remplir alors six lingotières.

C'est la « coulée en source ». Une fumée s'élève, indiquant que l'acier commence son ascension à l'intérieur des lingotières. Chaque lingot sera de 1.800 kilos. Et le glouglou de ce feu liquide se poursuit, tandis que dans la pénombre des hommes apparaissent à travers les lueurs sanglantes qui montent du sol. Ils vont et viennent au milieu de cette infernale vision, donnant l'impression d'équilibristes au-dessus d'un cratère en éruption.

Puis c'est l'atelier avec quatre fours Martin basculants, d'une capacité de 150 tonnes chacun. Là, toutes les lingotières sont réunies. Trente d'entre elles se remplissent en même temps. On enlève l'étrier et le lingot apparaît rouge blanc. Ces fours restent allumés trois ou quatre mois de suite, jusqu'à ce que les briques réfractaires soient usées.

Auprès d'eux, des grues immenses glissent le long d'un rail, allant puiser dans un amoncellement de vieilles ferrailles. Elles peuvent en absorber 15.000 kilos à la fois qui, mélangés à la fonte brute, au manganèse et silicium, referont de l'acier, grâce au merveilleux travail du four Martin, — invention d'un Français. Leurs énormes mâchoires déposent les bennes sur le rebord du mur de l'atelier. Aussitôt, un arbre de machine oscillante vient s'incruster et prendre la charge, l'enfonce dans le four où il la fait basculer, se retire. Et la trappe se rabat, cachant à nos yeux l'œuvre mystérieuse.

Voici enfin l'atelier des locomotives, le plus grand de tous, couvrant 74.000 mètres carrés. Il remonte à 1916-1917. C'est là que l'on construisait les affûts pendant la guerre. Il mesure 350 mètres de long, 250 mètres de large et contient 19 nefs. La production mensuelle permettrait de fabriquer 30 à 40 locomotives. Cet atelier avait été transformé aussitôt après la guerre. Un an plus tard, le 6 décembre 1919, en sortaient une locomotive et dix wagons de marchandises.

Mon guide me montre les puits pour tourelles de cuirassés de 16 mètres de profondeur et 11 mètres de diamètre, comblés avec du ciment armé, en exécution du traité de Versailles.

Pendant cinq ans et demi, la commission de contrôle, commandée par un colonel anglais, est restée à Essen : 48.000 tonnes de machines pour la guerre, représentant plus de 100.000.000 de marks, ont été détruites et remboursées, paraît-il, pour une très faible partie par le Reich.

Les usines Krupp sont outillées largement pour regagner ces sommes énormes !

*
* *

Un autre problème, moins pressant peut-être, mais d'une ampleur beaucoup plus considérable, était celui du logement des ouvriers. Il fut toujours une des préoccupations essentielles de la dynastie.

La cité ouvrière actuelle comporte 11.000 logements, dont 9.000 pour les travailleurs manuels. C'est une véritable ville dans la ville. On ne peut rien imaginer de plus élégant, de plus coquet que ces villas aux loggias fleuries enfouies sous le lierre, bâties selon toutes les règles de l'hygiène. Depuis la guerre, l'augmentation du prix de la construction a obligé à édifier des immeubles avec plusieurs appartements.

Il y a le quartier des ouvriers, celui des contre-maîtres et celui des chefs.

En outre, on voit deux immenses établissements pour les célibataires, avec 1.800 lits ; 5.000 repas peuvent y être servis. Des coopératives sont installées, dont les bénéfices sont partagés à la fin de l'année entre les clients, au prorata des achats. 1.500 personnes travaillent dans ces 144 magasins, plus 11 restaurants et 35 cantines.

Au point de vue sanitaire, la famille Krupp a fait bâtir à Essen un hôpital avec établissement de bains médicaux, laboratoires de rayons X, etc. Il occupe 222 infirmières et employés et possède 600 lits. Après avoir perdu son second enfant, le ménage Krupp von Bohlen fit construire une vaste clinique d'accouchement très moderne avec 52 lits : l'*Arnoldhaus*.

Ajoutez à cela une maison de convalescence à Essen, une maison d'enfants à Heidhausen, des villas à Sayn pour les vacances des chefs (1).

On comprendra que les mécontents sont rares dans le personnel des usines Krupp...

____

(1) Par suite de la dureté des temps, on a dû fermer la maison des célibataires, et une partie de l'*Arnoldhaus* est occupée par l'administration municipale.

CHAPITRE III

L'état de l'aviation

L'aviation allemande est uniquement commerciale. Tous les techniciens qui sont allés en Allemagne s'en sont rendu compte.

En ces dernières années, nous croyions tous que les constructeurs allemands faisaient un effort pour construire des appareils destinés à la chasse ou au bombardement et pour que leurs avions civils puissent, en quelques instants, être transformés en avions d'arme.

Pendant ce temps-là, nous continuions à encourager notre aviation militaire et à délaisser l'aviation commerciale. Nous battions des records, nous accomplissions de magnifiques exploits, mais nous nous désintéressions du transport des passagers. Nous avions créé et, une fois de plus, nous nous laissions dépasser.

L'Allemagne travaillait. Elle s'est soumise aux obligations du traité de Versailles, qui semble avoir été le catéchisme idéal de l'aviation commerciale. Les alliés, en croyant amoindrir la puissance germanique, lui ont rendu le plus signalé des services, je l'ai maintes fois démontré.

J'ai visité toutes les organisations allemandes d'aviation, j'ai vu l'aéroport de Tempelhof à Berlin, celui de Cologne, les chantiers de Staaken, j'ai vu les bureaux de la Luft-Hansa, Mauerstrasse n° 63. Et j'avoue que si j'ai admiré, j'ai, par contre, ressenti une impression de profonde tristesse. Car si nous ne réagissons pas — et vite — nous serons irrémédiablement distancés dans un avenir prochain.

*
* *

Tempelhof est l'aérodrome de Berlin, à 4 kilomètres du centre de la ville et à 15 minutes de l'administration de la Luft-Hansa. Il appartient à la ville.

Des autobus, empruntant d'excellentes routes de création récente, amènent à la gare aérienne voyageurs et colis. Sur le terrain dont les dimensions sont de 4 kilomètres sur 3 s'étale un immense « Berlin » incrusté dans le sol.

Un vaste hangar. J'entre. J'y trouve l'administration, la douane, la salle des marchandises, celle des passagers où chacun signe sur un registre, les bureaux du chef de l'aérodrome. Le service, depuis 1927, fonctionne l'hiver, mais naturellement avec une régularité relative et une exactitude qui dépend des conditions atmosphériques. Aussi voit-on les pilotes, revêtus de leur combinaison, se promener les mains dans les poches en attendant le signal du départ.

Devant le hangar central, des fosses souterraines contiennent 60.000 litres d'essence. Une autre, plus loin, en recèle 40.000.

Cette gare, aussi puissante que bien organisée, n'est que provisoire. La Deutsche Luft-Hansa, qui régit l'aviation commerciale, fait construire un édifice de pierre luxueux, moderne, avec restaurant et terrasse. Déjà une partie en est terminée et occupée ; c'est là que se trouve le service postal disposant de tubes pneumatiques pour les correspondances urgentes, ce que nous demandons depuis si longtemps pour le Bourget. Au premier étage, seront installés les bureaux, les services de statistique, les chambres destinées aux passagers en attendant que l'hôtel projeté soit bâti (1).

Entre la gare actuelle et celle que l'on termine s'élève le pavillon de T. S. F. D'une plate-forme, une sentinelle communique en permanence avec une autre, sur le terrain, au moyen de drapeaux ; elles indiquent aux avions s'ils peuvent partir ou se poser, afin de parer aux risques des collisions.

Au rez-de-chaussée, les bureaux de la station de radio et de météo.

Sur une grande carte sont indiquées toutes les lignes aériennes, et il y en a ! Chaque aérodrome est marqué d'un point bleu s'il possède un poste météorologique, d'un point blanc s'il n'en possède pas. Chaque jour, une fois en hiver, trois fois en été, par ballon-sonde on procède à l'étude de la vitesse du vent. Des instruments de précision donnent cette vitesse au sol, sur un diagramme enregistrant en même temps la force et la direction de la brise.

Un pylône surmonté d'un avion en miniature permet également aux aviateurs de se rendre compte de la direction du vent. Quatre projecteurs l'éclairent la nuit. Sur l'aérodrome, sans cesse brûle un feu d'herbes dont la fumée fournit aussi une indication précieuse.

---

(1) A l'heure actuelle, le nouvel aéroport est ouvert au public.

Toutes les vingt minutes, l'avion commercial en vol doit télégraphier sa position. Il reçoit de la station les renseignements nécessaires.

Sur le terrain, sept groupes de lampes orientables très puissantes servent aux atterrissages nocturnes. Les avions pour le courrier ont, de chaque côté des ailes, trois fusées (*landelichter*) dont la charge permet un éclairage de 10 minutes.

Des avions attendent le signal du départ : voici un petit Junkers avec deux places à l'avant et double commande. L'équipage se compose toujours, en effet, de deux pilotes ou d'un pilote et d'un mécanicien sachant piloter. C'est une garantie de sécurité. Derrière le poste de manœuvre, se trouve la cabine bien close avec quatre places très confortables ; on se croirait dans une limousine de marque. Les passagers règlent à volonté la chaleur. Ici, des avions postaux avec les colis dans le fuselage. Là, des avions de la grande maison d'édition Ullstein, pour le transport de ses journaux. Ils sont au nombre de quatre, biplans jaunes à raies noires, avec, sous les ailes, les initiales « B. Z. » du « *B. Z. am Mittag* ».

Il faut que le temps soit vraiment exécrable pour que ces appareils ne prennent pas leur vol.

Je vais visiter le hangar des grands appareils: je vois des avions à couchettes pour les longs parcours, le quadrimoteur d'Udet (deux moteurs de chaque côté) à huit places, plus un équipage de trois personnes, l'observateur étant placé à l'avant.

Un Focke-Wulf, bimoteur, sert au transport des passagers des petits aérodromes désirant se

rendre aux gares aériennes des grandes lignes. Il
transporte trois voyageurs. Un Fokker est réservé
aux parcours au-dessus des montagnes. Voici enfin un magnifique engin : un Junkers démonta-
ble, chargeant neuf personnes, plus le pilote et
le mécanicien. Les réservoirs sont dans les ailes.
A l'intérieur de la cabine, est installé le radio-
télégraphiste. De vastes fauteuils, de larges fenêtres permettent de suivre la route très agréablement.

Notons, enfin, une attention fort appréciée en
certaines circonstances. Dans chaque cabine, on
trouve des sacs de papier imperméable à l'intérieur d'une poche qui porte cette inscription :
« Pour le mal d'air ».

*
* *

Pendant mon séjour à Berlin, le président de
l'Aéro-Club, M. von Kehler, organisa un déjeuner en mon honneur. Toutes les célébrités de
l'aéronautique allemande avaient bien voulu y
assister, chacune m'apportant de précieux documents. Je partis du *Flugverband*, surchargé de
livres, d'ouvrages et d'opuscules. J'avais l'air de
sortir d'une distribution de prix. A vrai dire,
durant toute ma vie scolaire, je n'en avais jamais
obtenu autant.

Ce déjeuner me montra combien les membres
de l'Aéro-Club d'Allemagne ont su comprendre
l'importance du plus lourd que l'air et avec quel
intérêt ils suivent les performances accomplies
à l'étranger, surtout en France.

Longtemps, je parlai avec le professeur August
von Parseval, l'illustre inventeur de dirigeables
qui, par ses conceptions, réalisa des appareils

moins colossaux, mais aussi beaucoup moins meurtriers que ceux du comte Zeppelin.

La conversation roulait sur les possibilités d'un rapprochement franco-allemand et l'on me déclarait qu'unis nos deux pays n'auraient rien à craindre du monde. Le professeur Parseval me fit alors part d'un projet que je trouvai si intéressant que, ne voulant pas trahir la pensée du vénérable savant, je lui demandai de m'envoyer une lettre où il me répéterait sa proposition. Il tint parole et m'écrivit en français :

« J'ai l'honneur de vous faire part que je serais prêt à une collaboration avec des hommes d'affaires et de science français en matière d'aérostation, pourvu qu'une société franco-allemande ou française pût être formée où, de ma part, j'apporterais mes brevets, mes expériences et mon savoir. J'ajoute que je suis complètement libre.

« Je vous autorise à communiquer cette déclaration aux cercles français qui pourraient s'y intéresser. »

Cette lettre d'une telle personnalité, véritable lumière de l'aéronautique, montre l'indépendance du docteur Parseval. N'indique-t-elle pas une tendance allemande à laquelle on ne saurait trop prêter attention ?

Au cours du repas, l'un des convives, qui revenait de Paris où il était allé visiter le salon de l'Aviation, me dit en plaisantant :

« Si nous étions aussi pointilleux que certains étrangers, nous pourrions, avouez-le, mener de terribles attaques contre votre pays. Que ne proclamerions-nous ? Nation caporaliste, militariste, impérialiste, que sais-je ? Nation préparant la guerre, ne songeant qu'à se battre.

« En effet, dès l'entrée et durant toute la visite, on n'apercevait que des appareils avec des tourelles de mitrailleuses ou des lance-bombes, avions de bombardement, de reconnaissance, de chasse. Ma parole, on dirait que vous avez honte de vos succès sportifs ! »

Je dus convenir que j'avais fait la même observation dans plusieurs de mes articles, mais j'ajoutai :

— Que voulez-vous ? Un commerçant fabrique plus volontiers les denrées qu'il a le plus de chance d'écouler. En France, les pays étrangers viennent acheter des avions militaires, l'armée est une cliente intéressante et à peu près sûre, tandis que l'aviation commerciale est pauvre. Nos constructeurs flattent le goût de ceux à qui ils peuvent vendre. Qui pourrait le leur reprocher ?

— L'aviation commerciale, répondit mon interlocuteur.

Hélas! je ne le sais que trop et j'en suis encore plus convaincu depuis que j'ai observé de près celle de l'Allemagne. Lorsque les yeux qui devraient voir s'ouvriront, ne sera-t-il pas trop tard ?

Après le déjeuner, MM. von Hoeppner, secrétaire général de l'Aéro-Club et fils du général défunt qui commandait l'aviation pendant la guerre, et César, chef de la propagande, me firent les honneurs du Flugverband. Cet immeuble a sept étages. Outre l'Aéro-Club, il contient les bureaux du Luftfahrtverband ; le club des anciens pilotes (Ring der Flie-

ger) ; les bureaux de l'Industrie aérienne ;
de la société scientifique aérienne ; des maisons
Heinkel et Albatros ; du journal *Luftwacht* ; du
dictionnaire technique en cinq langues de von
Tchudi ; du Deutscher Luftrath (tribunal sportif
des questions aériennes) et une bibliothèque immense. M. César me montra un atlas aérien où
tous les itinéraires sont inscrits avec des explications schématiques pour les atterrissages. Il
contient 73 cartes en couleur au millionième et
le plan au 75.000° de 108 aérodromes. Une carte
de l'Europe et de ses réseaux aériens complète
l'ouvrage.

A l'entrée du Flugverband, une statue en bois
représente en grandeur naturelle le capitaine
von Richthofen, l'as des as tué à la guerre, sur-
nommé « l'aviateur de fer ». Le devant du manteau et le col sont criblés de petits clous. Pour
cinq marks, on avait droit à une pointe. Le prix
des autres variait suivant la dimension. Chaque
acheteur pouvait planter son clou lui-même. Les
sommes recueillies étaient destinées, pendant la
guerre, à l'achat d'avions.

Lorsque je quittai le Flugverband, le professeur Everling, qui représentait à ce déjeuner le
« ministerialrath » Brandenburg, chef de l'aviation du Reich, m'offrit un de ses ouvrages avec
cette dédicace en français :

« Qui travaille pour la liberté de l'aéronautique travaille pour tous les peuples. »

*
* *

L'Allemagne ne méprise pas les raids ni les
records, mais se cantonne dans tout ce qui peut
avoir une utilité pour l'aviation de transport.

L'avenir nous dira de quel côté est la raison !

Le voyageur aime mieux monter dans un train où il sera confortablement installé, où il aura ses aises que d'escalader un wagon grâce auquel il gagnerait peut-être quelques quarts d'heure, mais où il serait odieusement bousculé et assis sur des banquettes dures et sans ressorts.

Doit-il en être de même pour l'avion de commerce ?

Je crois que poser la question c'est la résoudre. Certes il est indispensable que nous continuions la politique permettant de montrer nos capacités, certes il est nécessaire de persévérer dans la voie du progrès. Mais il faut que le progrès soit certain. Il ne faut pas que les appareils destinés aux raids ne soient que des transformations ingénieuses de types déjà anciens.

Le Français est difficile à convaincre. Il ne veut pas comprendre son intérêt lorsque cet intérêt est attaché à une œuvre qui ne produira ses fruits que dans l'avenir. Il ne songe qu'au présent. Il vit au jour le jour. Résultat : il se laisse rejoindre et dépasser, là où ses chercheurs, ses rêveurs ont acquis la suprématie. Il faudrait continuer, persévérer : l'effort de création suffit. A d'autres le soin de progresser, de fignoler, de profiter de l'élan donné.

Tant que nous ne chercherons pas à envisager les choses plus objectivement, nous devrons enregistrer sans cesse de semblables mécomptes.

L'Allemagne, au contraire, vit de réalités. Elle sait ce qu'elle peut attendre de l'aviation. Tout le monde a confiance, tout le monde collabore à cette œuvre nationale, soutenue largement par les pouvoirs constitués.

C'est en 1917 que l'Allemagne créa sa première société de lignes aériennes : la *Deutsche Luft-Reederei*. Cette compagnie n'avait d'autre objectif que d'étudier les possibilités de l'aviation civile. D'autres groupes se fondèrent qui croyaient, chacun, faire fortune et s'imaginaient que la foule allait se précipiter vers leurs avions plus ou moins accueillants. Les uns disparurent, les autres comprirent que les efforts éparpillés ne pouvaient rien. Alors fut fondé, en 1923, le *Deutscher Aero-Lloyd*, qui concurrença la société Junkers. Le grand constructeur allemand avait en effet organisé une compagnie de transports aériens. A une époque où les obligations des Alliés rendaient très difficile, pour ne pas dire impossible, l'industrie d'aviation, le professeur Junkers avait en effet trouvé le moyen de conserver ses ouvriers, d'employer son outillage en donnant naissance à une société qu'il fallait alimenter.

Le duel fut farouche entre le *Deutscher Aero-Lloyd* et la *Junkers Luftverkehr*. L'un et l'autre savaient qu'il n'y avait pas place pour deux, mais, en dehors de leur rivalité, ils tenaient à faire progresser l'idée, à la répandre dans le public. Et il arriva souvent qu'un transport original créé par la compagnie Junkers fut mis en valeur par les services de propagande de la *Deutscher Aero-Lloyd*, et réciproquement.

Car, là-bas, il existe des services de propagande !

Et ceux qui combattaient entre eux n'ignoraient pas que la publicité faite en faveur de l'aviation commerciale profiterait d'abord à celle-ci, ensuite à la société qui subsisterait.

Cet exemple est à noter et me semble remarquable : je ne vois guère le moyen de le faire imiter en France. Vous imaginerez difficilement un concurrent attirant l'attention sur vos produits, même s'il a une certitude presque absolue de bénéficier à son tour de cette attention. C'est la logique, c'est la raison pourtant, mais ce n'est pas une conception française !

Le 1er janvier, il n'y eut plus de *Deutscher Aero-Lloyd*, ni de *Junkers Luftverkehr*. Ce qui resta se transforma et s'améliora, donnant naissance à la *Deutsche Luft-Hansa*, seule société dirigeant entièrement le réseau commercial aérien allemand. Cette compagnie a un capital de 25 millions de marks. Ses actions sont réparties entre les banques, l'industrie, le commerce, les sociétés de navigation. Le ministère des communications du Reich, des Etats confédérés, des villes sont également parmi les actionnaires, mais pour de faibles parts.

Le conseil d'administration comprend 64 membres, représentant la fortune et la puissance de l'Allemagne. Les directeurs sont au nombre de trois : MM. Merkel, Milch et Wronsky. Chacun a son département. Tous trois sont des hommes énergiques et d'une haute culture. Ils savent qu'ils sont à la tête d'une nouveauté et qu'une nouveauté ne saurait se contenter de procédés ordinaires. Ils ont transformé leur immeuble de la Mauerstrasse en un gigantesque cerveau, sans cesse à la recherche de perfectionnements, transmettant ses ordres à travers tout le Reich pour l'amélioration et l'organisation des services. Partout, on travaille et chacun a son initiative, de même que sa responsabilité.

Le résultat ? Il n'y a qu'à consulter les progrès faits par l'aviation commerciale allemande en l'espace d'une année. C'est un début, et quel début !

Déjà de nombreuses compagnies étrangères collaborent avec la Luft-Hansa, les services ont continué à fonctionner cet hiver, l'aviation nocturne débute. Le matériel ne comporte que 120 appareils, pour éviter les stocks, pour changer de types sans difficultés financières dès qu'un nouvel engin marquant un progrès est construit. Rien n'est laissé au hasard et les fabricants savent fort bien qu'ils ne travailleront pas en vain : ils font des recherches, ils sont stimulés, ils inventent, perfectionnent. Chaque mois, des améliorations sont apportées.

Admirons ces méthodes, envions-les. En France, nous aurions de la peine à les adpoter, car, malgré notre génie, notre fantaisie, nous avons une telle préférence pour la loi du moindre effort ! Dès que trois employés sont réunis dans un bureau, l'idéal de chacun n'est-il pas de faire faire son travail par les deux autres ? D'ailleurs les initiatives sont-elles encouragées ? Celui qui veut infuser un sang nouveau n'est-il pas considéré comme un révolutionnaire ou tout au moins comme un gêneur ?

Et malheureusement, on peut dire que, le plus souvent, dans notre pays, les conseils d'administration, les directions, les bureaux sont des machines à retardement.

La Luft-Hansa a un nombre considérable de lignes, mais beaucoup d'entre elles sont à l'essai. Un tableau est rigoureusement tenu à jour par les services de M. Wronsky. Chaque ligne y est

notée et, tous les mois, on établit son bilan sché-
matiquement : kilomètres parcourus, passagers
transportés, colis chargés. Ainsi, d'un coup d'œil
jeté sur cette immense planche, on suit exactement et minutieusement le rendement du mois.
Une ligne fonctionne-t-elle de façon brillante,
vite un effort est fait pour qu'elle donne encore
mieux. Celle-ci a des heurts, un mois est bon,
l'autre mauvais : aussitôt une enquête est entreprise, afin de se rendre compte des raisons de ces
à-coups. Celle-là est incessamment pitoyable : on
ne la supprimera pas sans appel ; on cherchera
les causes de cette indifférence du public, on orga-
nisera une propagande habile dans la région. Si
l'usager continue à bouder, on cessera le trafic,
mais ce ne sera qu'en dernier ressort.

Par une telle méthode, les trois directeurs de
la Luft-Hansa obtiennent le maximum de résultats.

Ce n'est pas tout : ils ne s'intéressent pas
qu'aux lignes nationales. Ils s'occupent des
réseaux allant au delà des frontières, au delà des
mers. Ils ne cherchent pas à s'assurer la suprématie mondiale : ils tiennent à collaborer avec
les autres pays. C'est ainsi que la ligne Paris-
Berlin fonctionne avec la compagnie Farman.

Mais c'est là justement que nous devons faire
un gros effort, car ces collaborations donnent
lieu à des comparaisons. Il faut que le matériel
employé par le pays collaborateur soit aussi parfait que celui de l'Allemagne. Il ne faut pas que
le passager puisse préférer l'avion allemand, il
est nécessaire qu'il prenne l'appareil en partance
quelle que soit sa nationalité.

Si nos voisins affirment ne pas rechercher la

suprématie, cela ne signifie pas, bien entendu, qu'ils ne font pas tout ce qui est en leur pouvoir pour donner toute satisfaction à leur clientèle. Et vraiment, on ne peut leur en faire un grief.

C'est donc aux collaborateurs étrangers à tâcher de rivaliser de la façon la plus heureuse. De cette espèce de concurrence, l'aviation commerciale tirera un énorme profit. A la nôtre de faire belle figure.

M. Wronsky m'a donné quelques précisions intéressantes sur la façon dont fonctionne financièrement la fameuse société :

« En aucun pays européen, m'a-t-il dit, l'aéronautique commerciale n'est en état, dans la phase présente de son développement, de se maintenir par ses propres moyens.

« Il en a été ainsi — et c'est même encore le cas dans une certaine mesure — au début du trafic ferroviaire et maritime.

« Devant l'importance économique et humanitaire de l'aéronautique commerciale, le public allemand a compris son devoir.

« Le Reich, les pays fédéraux et les communes ont tenu à participer de leurs deniers à l'existence de la *Deutsche Luft-Hansa*. S'adaptant à la structure politique du Reich qui se caractérise par les relations existant entre l'Etat central et les Etats fédéraux, de nombreuses sociétés de trafic aérien, réparties sur toute l'étendue de l'Allemagne, se sont constituées depuis 1924. Ce sont les sociétés régionales d'aéronautique commerciale des « Pays » et celles des provinces prussiennes.

« Des communes importantes ont également créé leurs propres compagnies de navigation aérienne. Mais celles-ci ne se livrent à aucun trafic aérien proprement dit, leur activité est purement préparatoire, complémentaire et limitée à leurs propres districts.

« La compagnie qui organise les lignes aériennes et qui représente le point de ralliement de tous les efforts tentés par l'aéronautique civile allemande est la *Deutsche Luft-Hansa*.

« C'est de ce mode d'organisation que résulte le système des subventions. Tandis que le Reich subventionne et soutient principalement les grandes lignes de trafic international aérien, la plupart des lignes intérieures allemandes reçoivent des secours des « Pays », provinces et communes par l'intermédiaire des sociétés régionales.

« Si l'on compare la somme que l'étranger affecte à l'aéronautique avec celle que le budget du Reich y consacre, on constate que, par exemple, dans la dernière année budgétaire l'Allemagne n'a dépensé que 30 pfennigs environ par habitant, tandis qu'en France ou en Angleterre, cette contribution s'est élevée à 4 ou 5 marks par tête. L'importance des dépenses faites de ce chef par les Etats étrangers s'explique par les budgets consacrés à l'aviation militaire que le traité de Versailles a interdits à l'Allemagne.

« Comme c'est le cas pour les compagnies étrangères d'aéronautique, *les subventions constituent la source principale des recettes de la Deutsche Luft-Hansa*. Une autre source est celle des recettes directes d'exportation, c'est-à-dire des recettes provenant du transport des passagers, des plis postaux et des colis ou bagages.

« L'ensemble de l'économie privée allemande : commerce, industrie, trafic, banques, participe parallèlement aux pouvoirs publics à l'apport du capital investi dans la *Deutsche Luft-Hansa*. C'est ce que démontre tout particulièrement la composition du conseil d'administration où figurent des personnalités dirigeantes du monde économique. Si l'on considère le pourcentage de participation des différents groupes au capital total, on constate que l'économie privée en a fourni la part de beaucoup la plus considérable. »

Je désirais avoir d'autres renseignements sur le côté officiel même de l'aviation. Je les obtins du ministère des communications où le « Geheimrat » Fisch, assistant de M. Brandenburg, voulut bien me recevoir et me faire ces déclarations :

« La vie économique internationale exige un moyen de locomotion rapide ne dépendant ni de la nature, ni de la configuration du sol. L'aéroplane constitue, par conséquent, le type de la locomotion à grande distance pour l'avenir. Il est nécessaire d'en développer l'extension pour des raisons non seulement économiques, mais également politiques.

« En effet, rien n'a contribué jusqu'ici à propager l'idée de la réconciliation et du rapprochement des peuples autant que l'avion, sous les ailes duquel les plus grands Etats ne paraissent plus avoir que la superficie exiguë d'arrondissements rapidement survolés.

« C'est pourquoi l'objectif de l'aéronautique

allemande, conformément à la nature même de sa destination de commerce et de trafic, n'est, ni ne peut être, ouvertement ou clandestinement, en aucune façon militaire. Ce fait est d'ailleurs reconnu par cette même presse étrangère, qui entrevoyait jadis une menace de guerre dans le développement de notre aéronautique privée.

« On ne doit pas davantage considérer comme un danger la concurrence pacifique engagée dans les airs, car l'aéronautique, par les moyens de locomotion internationale rapide qu'elle met en œuvre, implique non pas une lutte pour la suprématie, mais, au contraire, une communauté de travail. Son champ d'action est avant tout le domaine économique non seulement national, mais mondial.

— Comment les pilotes sont-ils instruits ? demandai-je à mon éminent interlocuteur.

— En Allemagne, des subventions provenant des deniers publics ne sont accordées pour l'instruction des aviateurs qu'aux fins de locomotion et de l'industrie. L'aviation sportive n'est pratiquée que par les associations privées et à leurs frais.

« L'Ecole allemande d'aviation ne forme de pilotes professionnels que dans la mesure des besoins économiques. Cette école comprend une classe de novices, une classe d'élèves plus avancés et une section tout particulièrement consacrée à la formation des pilotes d'hydravion. Les aptitudes des candidats sont examinées dans une école préparatoire.

« Suivant le degré d'instruction de l'élève, les cours durent deux ou trois ans.

« Les élèves des rares écoles privées peuvent

obtenir le brevet d'aviation de sport. Les frais d'apprentissage varient entre 3.000 et 5.000 reichsmarks. »

Je demandai également quelques renseignements sur les modèles d'avions adoptés.

« La navigation aérienne, répondit le « Geheimrat » Fisch, dispose en Allemagne de toute une série d'avions à cabine, construits pour le transport. A cet égard, nos ingénieurs ont reconnu de bonne heure les avantages inhérents à la construction du « type métallique » et ont réalisé cette fabrication.

« Aussitôt après la guerre, nos constructeurs se sont inspirés de la nécessité d'avoir de grandes unités aériennes capables de transporter un nombre assez important de voyageurs, mais, jusqu'au mois de mai 1926, diverses interdictions relatives à la construction et le souci scrupuleux de certains concepts techniques les ont empêchés de tenir compte de la nécessité primordiale qu'il y a à agrandir l'aéroplane pour le rendre productif.

« La locomotion aérienne étant encore très coûteuse aujourd'hui, les perfectionnements de l'avion doivent viser à une organisation plus rémunératrice de ce moyen de transport. Les objectifs à atteindre dans cette voie sont, en tout premier lieu : l'augmentation de la charge utile et de la vitesse, — la garantie toujours plus grande de stabilité et de sécurité, — la mise en pratique d'un service aérien régulier, même de nuit et par le brouillard, — la réduction du prix des dispositifs de propulsion. »

Notre conversation se poursuivit longtemps

encore et le docteur Fisch me donna cette vision d'avenir :

— Les routes aériennes de l'Est et vers New-York feront plus tard une concurrence ardente au train et au paquebot. Nous en avons la conviction. Il faut trouver le moyen de voler à travers les nuages, la brume, la nuit sans danger. Les procédés actuels de sécurité sont déjà excellents, mais il faut sans cesse les développer. Nous pouvons même envisager l'époque où les parcours se feront dans la stratosphère aux altitudes les plus élevées permettant de couvrir 500 kilomètres à l'heure. Dans dix ou quinze ans, ce sera le seul moyen pratique de voyager, et, dans notre pays, tout le monde partage cette confiance.

Puis mon interlocuteur me quitta sur cette phrase :

« En Allemagne, personne ne songe à l'aviation militaire. Nous ne cherchons qu'à faire le meilleur avion commercial. Et nous sommes certains que l'aviation réunira les peuples. »

Souhaitons que ces propos officiels soient confirmés par l'avenir.

**

Je suis allé visiter Staaken. C'est là que le comte Zeppelin connut tant de triomphes. Sur ce terrain, combien d'espoirs s'élevèrent qui s'effondrèrent tragiquement. Aujourd'hui, dans les ateliers Zeppelin on fabrique des voitures d'enfants, dans le fameux hangar on tourne des films.

Le reste des installations et le terrain sont occupés par les chantiers de la *Deutsche Luft-*

Hansa. M. Wronsky m'ayant donné l'autorisation de tout visiter, j'en profitai.

La Société commerciale allemande a pour principe de faire toutes les réparations elle-même. Elle y trouve plusieurs avantages : économie, rapidité, commodité. Elle a constitué ainsi une armée de spécialistes remarquables.

Les chantiers comprennent d'abord la section des moteurs. Selon sa puissance, tout moteur est revisé complètement après 150 ou 200 heures de vol.

Quand il arrive, il est démonté et chaque organe est expédié dans son atelier spécial. Toutes les opérations sont terminées au même moment. Par la spécialisation, on obtient un gain de temps considérable. Avant le remontage, toutes les pièces passent au gabarit. La vie moyenne des moteurs est de mille heures.

Après l'atelier des réservoirs, de la tôlerie, des tapisseries et menuiseries, voici celui des avions, le plus vaste bien entendu. Là encore, tout s'effectue selon les principes de la taylorisation. L'ingénieur est un chef suprême distribuant ses ordres. Chacun, même le plus petit manœuvre, a sa part de responsabilité, comme à Essen, comme dans toutes les grandes usines. Dès qu'une erreur se produit, immédiatement on connaît le coupable. Aussi chacun a-t-il à cœur de travailler avec conscience.

Outre le contrôle direct du chef, existe celui d'inspecteurs, indépendants de ceux de Staaken et vérifiant les machines le long des lignes. Un défaut est-il constaté ? Ils interdisent la continuation du voyage. Ce sont les contrôleurs techniques de la *Luft-Hansa.*

Si un type nouveau semble avoir un vice, on ne le met pas au rebut. On lui permet de faire appel ! On étudie si c'est l'effet du hasard, d'une mauvaise conception ou d'une construction maladroite. Lorsqu'un accident se produit, les rapports les plus complets sont aussitôt fournis à la D.V.L. (*Deutsche-Versucht Amstalt*) service du Reich, sorte d'institut aéronautique pour les inventions, les expériences et le contrôle. Ce service est extrêmement sévère. Chaque fois qu'un avion est réparé, on procède d'abord aux essais avec l'ingénieur du contrôle de la Luft-Hansa, ensuite avec celui de la D.V.L. Toute garantie est ainsi prise pour assurer la sécurité ; aussi les accidents sont-ils très rares.

La réparation des avions en duralumin se fait à part, à proximité des hangars où je vois un aéroplane d'avant guerre transformé en chasseur de chenilles et d'insectes. Il vole au ras des arbres et laisse tomber sa poudre qu'une manche à air, placée sur le côté, permet d'éparpiller en larges nappes.

Je visite également l'atelier des fuselages, la soudure, puis les laboratoires d'essais et de métallographie, les ateliers où travaillent les mécaniciens de précision pour les compteurs, les altimètres, etc...

Les chantiers de Staaken sont plus importants et plus complets que maintes usines d'aviation.

De l'autre côté de l'immense champ d'aviation, se trouve l'école de pilotage d'Etat, indépendante du ministère des Communications. Je demande quelques précisions :

— Nous avons de 15 à 20 élèves par an, pas davantage, les seuls débouchés pour un pilote étant la *Deutsche Luft-Hansa*, les meetings ou l'étranger. D'autre part, l'apprentissage est très long et demande de deux à trois ans pour le diplôme de pilote de trafic civil, car nous exigeons les plus grandes précautions. Il ne saurait être question d'avoir des aviateurs brutaux, imprudents ou pas assez entraînés.

« Nous savons trop l'importance que peut avoir un accident dans l'esprit du public. Une catastrophe aérienne recule de plusieurs années le progrès. C'est pourquoi, autant pour le personnel que pour le matériel, nous sommes extrêmement sévères.

« Nous avons quelques boursiers, tels des élèves de l'école Polytechnique ou des fonctionnaires de la *Luft-Hansa*. Plusieurs écoles existent en Allemagne, préparant au cours supérieur de Staaken. »

— Et les pilotes de guerre ?

— Ils ont, pour la plupart, abandonné l'aviation. A part Udet, qui est notre plus grand virtuose et dont la réputation assure le succès, Fieseler, le recordman du vol retourné, Koennecke et Doerr, tous deux de la *Luft-Hansa* et chevaliers de l'ordre *Pour le Mérite*, presque tous les as et autres occupent des situations n'ayant aucun rapport avec l'espace. J'imagine qu'il en est de même chez vous, car n'oublions pas que du temps s'est écoulé depuis la fin de la guerre. Ceux qui avaient conservé le feu sacré sont devenus trop vieux et ont été remplacés par des jeunes. »

*
* *

Je dois faire maintenant un magistral *mea*

culpa : j'ai écrit bien souvent que les avions commerciaux allemands pouvaient être transformés en quelques heures en avions militaires. Je le croyais, je l'ai dit.

Je les ai vus, je les ai étudiés de près, j'y suis monté, je ne le crois plus, ma conscience m'oblige à faire cet aveu.

D'ailleurs, je ne suis pas le seul à avoir cette opinion. Le général Boucabeille écrivait dernièrement :

« Spécifiquement, cette aviation commerciale allemande n'est pas transformable, du jour au lendemain, à mon sens, en une aviation militaire. »

« L'Allemagne ne commet pas cette lourde erreur de constituer une aviation commerciale avec des avions militaires. » Telle est l'opinion de M. Verdurand, directeur général de l'*Air-Union*.

Les constructeurs allemands construisant en Allemagne, et la *Luft-Hansa* se soucient peu des avions militaires. Je pense que les usines et filiales établies à l'étranger ne s'occupent pas exclusivement d'appareils commerciaux, mais, dans cet ouvrage, je parle de ce que j'ai vu, c'est tout. Eh bien ! je vous affirme que les avions employés sur les lignes de la *Luft-Hansa* ne sauraient rendre de services à l'armée et c'est extrêmement grave pour nous.

D'ailleurs, à ce sujet, M. Wronsky me déclara :

— L'industrie allemande des avions a suivi pendant les années d'après guerre la voie nettement tracée par les circonstances politiques, et qui a pour objectif la création d'un avion dont l'exploitation soit rémunératrice. A cela tendent tous les perfectionnements, le seul acheteur se présentant sur le marché étant presque exclusivement l'aviation commerciale.

« Le besoin de machines de sport est minime, et l'État qui, dans d'autres pays, commande des avions de guerre par séries, ne joue aucun rôle sous ce rapport en Allemagne.

« Les avions de la *Deutsche Luft-Hansa* sont tous, sans exception, des avions à cabines. Les types les plus récents ont plusieurs moteurs et transportent dix passagers et même davantage. Comme le rendement économique est fonction du relèvement de la limite de charge, il s'ensuit que l'on construit des avions toujours plus grands.

« Or, plus un avion est grand, plus il est pesant, et cette conséquence qui ne handicape nullement l'aviation de transport, où il ne s'agit que de décoller, de voler en ligne droite et d'atterrir, rend l'avion de commerce complètement inutilisable aux buts d'un combat aérien, qui exige une grande rapidité de mouvement et d'évolution.

« Dans les débats qui se sont déroulés à Genève, il a été question de la possibilité théorique d'employer les avions de commerce au lancement de bombes. En tant que ces suppositions visent les appareils de la *Deutsche Luft-Hansa*, ceux-ci ne pourraient être utilisés pour une pareille besogne sans avoir subi une transformation qui équivaudrait à une reconstruction complète.

« La pression de l'air empêche les portes de s'ouvrir à l'extérieur, et les fenêtres sont trop petites.

« Abstraction faite de ce point de vue, la

vitesse de ces engins est si inférieure à celle des avions de combat qu'en cas de guerre ils ne pourraient même pas être pris théoriquement en considération. Ils sont construits uniquement en vue du transport des passagers, de marchandises et de plis postaux. »

*
**

J'eus l'occasion de voir à Paris le lieutenant Udet, l'as des as allemand, qui continue à voler.

Les déclarations qu'il me fit alors sont extrêmement intéressantes et trouvent leur place dans cette étude. Comment sommes-nous entrés en relations? Cela remonte au mois de décembre 1919. Cet officier, dont j'avais publié les mémoires dans *la Guerre aérienne*, sous le titre « *La Croix contre la Cocarde* », m'avait envoyé une lettre pour me demander s'il lui était possible de s'abonner directement à mon journal :

« J'ai été très heureux, ajoutait-il, de la traduction — sans objection — de mon petit livre, et surtout des différents commentaires. »

Et, ajoutait-il en post-scriptum :

« Je vous serais très reconnaissant si vous pouviez faire la commission suivante au lieutenant J. Cael : je possède encore son insigne de la Cigogne et je lui retournerais volontiers ce souvenir de Foucaucourt. »

J'avoue que cette lettre m'avait été agréable, car elle provenait d'un pilote ennemi contre lequel je n'avais jamais entendu prononcer la moindre parole désobligeante. Ceux qui furent descendus par lui affirmèrent en effet qu'il était un beau combattant, un très habile virtuose et un parfait gentleman.

Au cours des nombreuses conversations que j'ai eues avec le lieutenant Udet, qui est un charmant causeur et une grande intelligence, nous avons, bien entendu, parlé des questions aériennes les plus diverses.

Je voulus connaître son opinion sur le rôle de l'aviation dans une guerre future.

— Evidemment, me dit-il, il faut y penser, mais il serait bien souhaitable que ce jour-là France et Allemagne ne fussent pas l'une contre l'autre.

Nous abordâmes la grande question de l'avenir de l'aviation commerciale.

— Il est immense, m'a-t-il répondu, et nul semble se douter encore, pas plus en Allemagne qu'en France, je le crois, des ressources que tous les pays pourront en tirer.

« Mais avant tout, pour qu'elle vive, elle doit être internationale. Il est nécessaire qu'une entente arrive à se faire entre les diverses nations pour qu'un avion arrivant à une frontière ne s'en voie pas interdire le passage.

— Croyez-vous que les traversées maritimes puissent devenir un jour pratiques ?

— Pas avant que des îles flottantes, munies de hangars, d'ateliers de réserves soient créées sur les mers et les océans à des distances assez rapprochées. La dépense serait de peu d'importance étant donné les services rendus.

— Comment concevez-vous l'avion commercial idéal ?

— Il doit pouvoir atterrir à 40 kilomètres de vitesse au maximum. Il ne pourra guère emporter plus de vingt passagers, car il ne faut pas qu'il soit trop volumineux, ni trop chargé, pour conserver toute sa maniabilité. Il sera à plusieurs moteurs. Mais pour lui permettre d'accomplir sa tâche sans difficulté, il faudra que chaque ville établisse à ses portes, pour une somme modique, un terrain d'atterrissage.

« Quant à la navigation, il devrait être interdit de voler par le brouillard. Le « tenter » est un véritable suicide. Voyez Alcook, qui avait traversé l'Atlantique, il croyait pouvoir tout oser. Comment s'est-il tué ? En heurtant un pommier qu'il n'avait pas vu dans la brume. Je ne crois pas aux dispositifs permettant de s'envoler malgré cet ennemi mortel des aviateurs. Au contraire, ils ne seraient qu'encouragement au danger.

« De plus, tout pilote conscient de ses devoirs ne devrait jamais essayer de passer au-dessus des nuages, surtout dans les pays accidentés, car il ne sait pas ce que lui réserve le sort s'il est obligé d'atterrir rapidement. Il faut, même s'ils sont bas, se tenir au-dessous. L'avion que je préconise avec une vitesse réduite pour l'atterrissage aura toujours un excédent de puissance suffisant.

— Croyez-vous aux parachutes ?

— Je serais vraiment un ingrat de ne pas y croire. Pendant la guerre, nous en avions dans la chasse. Fort heureusement, sans quoi je ne serais pas ici. A deux reprises, je dus me lancer par-dessus bord, confiant en mon ange gardien. La seconde fois, mon appareil étant en flammes alla se briser contre les tranchées françaises, tandis que je réussissais à me poser du côté de nos lignes. Je vous avoue que, ce jour-là, un lapin ne m'aurait pas rattrapé à la course.

J'ai fait également la connaissance de Peter Supf dont j'avais déjà parcouru de nombreux essais sur la philosophie et le développement de la pensée du vol. Je les avais lus dans le beau magazine *Ikarus*, organe de la *Deutsche Luft-Hansa*. En France, nous n'avons rien de semblable : nos compagnies aériennes dédaignent la propagande et s'étonnent que le Français s'intéresse peu à elles. Ah ! s'il n'y avait pas les étrangers !

Peter Supf a réuni ses essais en un volume intitulé *le Monde sans horizon*. C'est l'œuvre d'un poète et d'un aviateur, ce qui n'est pas incompatible : tous deux n'ont-ils pas l'azur comme domaine ?

Aviateur pendant la guerre et gravement blessé, Supf écrivit ses *Chansons de l'air* (1), qui constituent le premier livre de poèmes d'un aviateur allemand.

Depuis, il s'est consacré à l'anthologie de la poésie aérienne allemande. Peut-être un jour, en France, cet exemple sera-t-il imité : que de chefs-d'œuvre ressusciterait-on ainsi !

Tous les ouvrages du poète Peter Supf — *l'Enfance à Nuremberg*, *Danse macabre*, *Musique isolée*, *Oh ! l'homme !* — sont remplis, selon Thomas Mann, « d'une humanité profonde et d'une puissante originalité. »

Je citerai une anecdote : pendant la guerre, l'église de Fromelles ayant été détruite, le lieutenant Peter Supf sauva le tabernacle précieux, des pièces d'art, parmi lesquelles un tableau de

----

(1) « Chansons de l'air », par Dr. Peter Supf, Eugen Diederichs, éditeur, Iéna.

la famille de Wattrelos et alla les remettre au curé français de Wavrin. J'ai vu le reçu donné par ce prêtre.

Lors de mon voyage en Allemagne, Peter Supf m'a fait connaître plusieurs personnalités, grâce auxquelles j'ai pu rapporter une documentation complète.

Et je suis heureux que la traduction de cet ouvrage en allemand ait été faite par ce fin lettré.

*
* *

J'ai cité plus haut le général Boucabeille. Je me permettrai pour terminer de lui emprunter cette dernière phrase :

« Le réseau aérien allemand est actuellement le plus développé du monde et cette œuvre exceptionnelle est surtout l'œuvre... des Alliés. Ceci n'est pas un paradoxe si l'on songe que le traité de Versailles, en interdisant aux Allemands toute aviation militaire et en limitant la puissance de leurs moteurs, les a obligés à porter tout leur effort dans la voie qui leur était laissée ouverte, c'est-à-dire la voie de l'aviation commerciale et économique. »

Ces lignes sont récentes. Je me permets de demander à ceux qui veulent bien me lire régulièrement de faire appel à leurs souvenirs : depuis le jour où fut signé le traité de Versailles, je n'ai jamais cessé de soutenir cette thèse.

Oui, nous avons rendu le plus grand service aux Allemands, nous avons été les artisans de leur éclatant succès aérien. Nous les avons obligés à nous donner leur matériel. Nous, au contraire, nous rafistolions nos appareils de guerre pour les intituler avions commerciaux. Eux, partis de zéro, avec une technique complète, ne cherchèrent qu'à faire du nouveau. Dornier, dans un ouvrage qu'il m'a fait remettre par son directeur, M. Milatz, architecte du gouvernement, s'est amusé à montrer l'un au-dessous de l'autre chacun de ses types copiés par les constructeurs étrangers. Et vraiment, on est obligé de reconnaître la ressemblance absolue. Hélas ! pour les modèles ainsi identifiés, ceux de Dornier sont plus âgés de cinq ou six ans !...

A nous de rivaliser maintenant pour ne pas faire figure de parents pauvres : nous avons des avions militaires permettant de beaux exploits, mais nous négligeons trop notre aviation commerciale.

Travaillons, étudions, envoyons des missions en Allemagne, rien ne vaut l'expérience personnelle. Déjà, de grands constructeurs sont allés là-bas. Quelle moisson utile pourraient en rapporter ceux qui se consacrent aux lignes de transport aérien.

Chapitre IV

Les Partis politiques en Allemagne

Un membre du Reichstag a bien voulu me documenter de façon complète sur les partis politiques allemands, question trop peu connue dans notre pays.

La vie politique est de date beaucoup plus récente en Allemagne qu'en France. Pendant la Révolution française, le peuple allemand manifesta les sentiments que lui inspirait cet événement. Presque partout on l'accueillit avec joie, mais lorsque vint la Terreur, les représentants de l'idée humanitaire, tels Gœthe et Schiller, ne suivirent plus le mouvement. A l'époque de Napoléon, une grande partie du peuple allemand reconnut que l'absolutisme avait fait son temps et que la forme de gouvernement existant encore en Allemagne ne suffisait plus. On réclamait la liberté à l'intérieur, l'unité à l'extérieur. Certains pays allemands, la Bade par exemple, obtinrent une Diète et une Constitution. Toutefois, au moment de la Restauration, l'opposition libérale se trouva impuissante contre la pression des gouvernements. Le premier grand mouvement libéral remonte seulement à 1848, lorsque l'écho de la révolution de février parvint en Allemagne. C'est alors que fut convoquée l'Assemblée nationale à Francfort-sur-Mein. Elle élabora une Constitution très libérale, mais les princes, s'étant ressaisis, refusèrent de l'appliquer. Néanmoins,

la Prusse se vit octroyer en 1848 une représentation du peuple. Le Reichstag allemand n'existe
que depuis 1871. On peut donc dire que la vie
parlementaire est de deux bonnes générations
plus jeune en Allemagne qu'en France.

En Allemagne, comme dans tous les autres
pays, on trouve deux courants, l'un conservateur, l'autre libéral. Le libéralisme se rattache à
la philosophie du rationalisme dont Kant est le
père.

Jusqu'à la fondation de l'Empire allemand, en
1871, ce sont les libéraux qui marchèrent à la
tête du mouvement.

Leur programme se résumait en deux mots :
Unité, Liberté. Ils comprenaient évidemment
des modérés et des radicaux. Les uns étaient toujours prêts à aller de l'avant, alors que les autres,
d'un caractère plus conservateur, ne se mon-
traient libéraux que dans ce qu'on appelait les
questions de culture, en s'élevant contre l'influence exercée par l'Eglise sur l'école. Aujour-
d'hui encore, ces deux courants subsistent côte
à côte et sont représentés par les démocrates et
les populistes.

Le parti démocratique fut, après la Révolution
de novembre 1918, le premier parti bourgeois
acceptant la République. Les démocrates décla-
rèrent tout de suite qu'ils n'appuieraient pas les
exigences des socialistes concernant la vie économique, telles que la nationalisation des moyens
de production conformément à la doctrine de
Marx, et ils rallièrent par leur attitude une bonne

partie de la bourgeoisie espérant voir ce parti réussir à tirer rapidement l'Allemagne de la misère politique et économique.

Certes, l'activité du parti démocratique a été fort importante, et c'est à lui qu'on doit pour une bonne part la préparation rapide par l'Assemblée nationale de Weimar d'une nouvelle Constitution (la Constitution de Weimar est entrée en vigueur le 11 août 1919. La fête de la Constitution a été fixée pour cette raison à cette date). Toutefois, le maintien du blocus ne permettait pas que la situation s'améliorât.

Puis vinrent les conditions de paix qui, selon l'opinion générale en Allemagne, étaient en contradiction avec les fameux points du programme de Wilson, et le parti démocratique, refusant de les accepter, sortit du gouvernement. Cela ne l'empêcha point de perdre des partisans.

D'ailleurs, dans toutes les révolutions, les partis modérés ne perdent-ils pas vite du terrain au profit des extrémistes ? Le parti démocratique ressentit fortement les effets de cette loi. En outre, à de courtes interruptions près, il fit continuellement partie du gouvernement, ce qui, dans un pays parlementaire, est loin d'être un avantage pour un parti politique.

Actuellement, les démocrates ont 32 sièges au Reichstag, sur un total de 493. Le chef du parti est l'ancien bourgmestre Erich Koch, avocat. L'un des membres les plus éminents est Mme Gertrude Baumer, connue en France depuis le Congrès international des femmes tenu à Paris, en 1926.

La presse du parti comprend la *Gazette de Francfort*, la *Gazette de Voss* et le *Berliner Tage-*

blatt. On ne peut pas dire que le parti démocratique s'appuie sur un groupement économique spécial. Il compte parmi ses adhérents de grands négociants, à côté de petits commerçants, des paysans, particulièrement dans le pays de Bade et dans le Wurtemberg, un peu partout des fonctionnaires de la classe moyenne et subalterne, beaucoup d'employés et même des ouvriers. Par suite, le programme économique du parti n'est pas rédigé pour satisfaire certaines classes ou certaines professions ; il tend à aplanir les antagonismes économiques et préconise l'abaissement général des droits de douane en Europe.

Dans les questions de politique extérieure, les démocrates ont toujours été en faveur de la Société des Nations. Le président de la Ligue allemande pour l'alliance des peuples est l'ancien ambassadeur allemand comte Bernstorff, membre et député du parti. Le célèbre ministre Rathenau était démocrate, et c'est, guidé par lui, que le parti s'est prononcé en faveur d'une politique de réconciliation et de coopération économique avec la France.

Ce parti peut être comparé à celui de nos radicaux et, comme ce dernier, il est associé à l'entente des partis radicaux, qui a eu son Congrès au début de l'année à Carlsruhe. Il existe, cependant, une petite différence : sans être partisans de la laïcité intégrale, les démocrates sont contre un concordat, contre l'influence de l'Eglise, et pour la liberté de l'école et de la science.

****

L'autre parti libéral, le parti populiste alle-

mand, n'a pas suivi une ligne politique si nette.
En 1918, il ne se déclara pas en faveur de la
République et laissa ouverte la question de la
forme d'Etat. La République n'ayant pas eu dès
l'abord le succès espéré par les masses, il
s'orienta encore plus à droite. Ses chefs se pro-
noncèrent pour le rétablissement de la monarchie, ce qui s'explique probablement par la pression qu'exercèrent sur eux leurs adhérents recru-
tés surtout dans la classe des hauts fonctionnaires et en général dans les milieux intellectuels.
Beaucoup étaient hostiles à la nouvelle forme
de gouvernement parce qu'ils voyaient leur
situation sociale menacée, ainsi que leurs privilèges, la République permettant aussi l'accès aux
hautes fonctions à des personnes n'ayant pas
fait d'études universitaires. L'influence des
industriels, fortement représentés dans le parti,
renforçait la tendance d'opposition. Les industriels, en effet, ont cru à certains moments que
les intérêts économiques des entrepreneurs étaient
diamétralement opposés à ceux du nouvel Etat.
Aussi, s'efforçaient-ils d'en rabaisser autant que
possible l'influence.

Dans la politique extérieure, ils envisageaient
les questions seulement au point de vue des possibilités économiques, au lieu de rechercher les
améliorations, arrangements, compromis que
l'on pourrait atteindre par une action politique.
Le type de ces industriels était Hugo Stinnes ;
on se rappelle son attitude à Spa. Ses conceptions renfermaient cependant un germe positif.
Au moment où le premier gouvernement républicain majoritaire, formé par les socialistes,
le centre et les démocrates, fut mis en minorité

à la suite des élections de 1920, le parti populiste allemand entra dans le gouvernement, Il en sortit à la suite d'un incident de politique extérieure (Conférence de Londres de 1920) mais y rentra bientôt, et, depuis août 1923, il y est continuellement resté.

Par cela même, sa politique s'est fortement modifiée. On ne parle plus de monarchisme comme en 1920 ; le chef éloquent du parti, M. Stresemann, célèbre dans ses discours les tendances libérales de 1848. On a commencé par afficher l'intention de collaborer dans le cadre d'un gouvernement républicain, sans cacher l'espoir de voir revenir paisiblement l'ancien régime ; aujourd'hui, on collabore simplement.

Le parti a combattu d'abord la politique de réconciliation avec la France, puis M. Stresemann a résolument mis fin à la lutte dans la Ruhr et entamé de sa propre initiative la politique qui a conduit l'Allemagne à Locarno, à l'entrée dans la Société des Nations, à Thoiry. Il est intéressant de constater que l'initiative d'une telle politique est venue de l'Allemagne et d'un homme politique ; pour des raisons de politique intérieure, un parti peut bien en venir à modifier sa politique extérieure. Nous verrons plus loin qu'un autre parti a suivi un développement analogue.

Le parti populiste tout entier suit son chef dans les questions de politique extérieure. S'il est entré dans une coalition avec le parti nationaliste, cela tient non pas à la politique extérieure, mais à certaines questions de politique intérieure, notamment économiques et sociales : la réglementation de la journée de huit heures,

tarif des heures de travail supplémentaires, questions douanières.

Le parti possède à Berlin un organe, la *Tae-
gliche Rundschau*, mais la *Gazette de Cologne*
est plus importante. La *Deutsche Allgemeine
Zeitung*, à Berlin, feuille qui appartenait autrefois à Stinnes, a des attaches avec le parti. Le
parti populiste allemand a 52 sièges au Reichstag. Ses membres les plus connus sont M. Stresemann et l'éminent juriste Kahl. L'orateur
pour les questions de politique extérieure est, le
plus souvent, le baron de Rheinbaben.

**
* **

Le parti du centre a été mû par des raisons
analogues à celles qui ont décidé le parti populiste à s'allier au parti national, pour former un
gouvernement de droite. Il est d'abord essentiel
que nous nous rendions compte exactement du
caractère politique de ce parti. Nous savons que
le centre est l'organisation politique des catholiques pratiquants en Allemagne ; chez nous, les
catholiques étant le plus souvent des extrémistes
de droite, même des monarchistes ou des fascistes, nous pensons qu'il en est de même en Allemagne. Il n'en est rien. Le centre allemand
serait plutôt à comparer au parti des anciens
Popolari italiens.

Il a été créé en Allemagne à une époque où,
souvent, l'Etat empiétait sur les droits des Egli-
ses, notamment de l'Eglise catholique. Les catholiques qui, en Allemagne, représentent une
minorité (environ deux cinquièmes de la population) crurent ne pouvoir se protéger qu'en

fondant un parti. Tous les catholiques ne s'y sont pas affiliés, mais le parti comprend des catholiques appartenant à toutes les classes, avec des opinions souvent divergentes sur les questions politiques et économiques, si bien qu'on pourrait dire avec une certaine raison que le parti représente déjà à lui seul un petit Reichstag. Il en résulte que, pour pouvoir subsister comme parti, le centre ne peut jamais prendre une attitude extrême dans les questions politiques ou économiques; il doit, au contraire, chercher à surmonter les antagonismes, à aplanir les contrastes, à trouver des compromis. Il ne doit jamais être tout à fait à droite, ni tout à fait à gauche. Outre ce caractère fondamental, il ne faut pas oublier que sa conception de l'Etat lui est dictée par la religion catholique selon laquelle toute autorité vient de Dieu et exige l'obéissance à l'autorité existante. C'est pourquoi, dès 1918-1919, le centre s'est tourné vers la République. Puisque nous sommes en République, le centre est républicain.

Cette attitude a eu parfois une influence décisive sur le cours des choses. Après la débâcle, beaucoup de gens s'étaient ralliés à la forme d'Etat républicaine, mais avant tout dans le secret espoir que tout irait soudain beaucoup mieux, et que la République pourrait leur épargner les misères de l'après-guerre et de la défaite. Lorsque se fit la réaction, le centre, qui s'était placé sur le terrain de la République, retint ses adhérents et empêcha que les menées monarchistes, telle la révolte de Kapp en 1920, fussent couronnées de succès. C'est le centre, avec l'aide des démocrates et des socialistes, qui a créé la Cons-

titution de Weimar ; de ses rangs est sorti
M. Wirth, l'ancien chancelier qui, avec Rathenau, donna à la politique étrangère de l'Allemagne sa première orientation positive. Dernièrement encore, au Congrès paneuropéen à Vienne, en s'adressant directement aux Français, il a
précisé le sens de sa politique : « Pour nous, l'entière liberté ; pour vous, la complète sécurité. »
Ce programme est pleinement approuvé par le
parti. Le prélat Kaas, député du centre, qui souvent parle sur les questions de politique extérieure, est un chaud partisan de la politique de
M. Wirth ; en automne 1926, il faisait partie de
la délégation allemande à la Société des Nations.
Le centre a 68 sièges au Reichstag. Ses organes
les plus importants sont, à Berlin, la *Germania* ;
à Cologne, la *Kœnische Volkszeitung* ; à Francfort-sur-Mein, la *Rhein-Mainische Volkszeitung*.

Nous avons déjà dit que toutes les classes de la
société sont représentées dans le centre. Il a un
grand nombre de partisans parmi les ouvriers
catholiques du district de la Ruhr ; il comprend
également des artisans et des commerçants dans
les petites villes du pays de Bade, du Wurtemberg, du Bas-Rhin, en tant que la population y
est catholique. En font partie également les
vignerons de la Moselle, les éleveurs de la Westphalie et les nobles catholiques de la Silésie.
C'est pourquoi le parti suit une ligne médiane
dans les questions économiques. Toutefois, il a,
depuis 1918, adopté une politique qui convenait
surtout à son aile gauche ; aussi fallait-il prévoir
qu'un jour le parti évoluerait pour satisfaire
également son aile droite, notamment dans les
questions douanières concernant les produits

agricoles. De plus, le parti veut réaliser certains désirs touchant la politique ecclésiastique : d'abord conclure un Concordat avec le Saint-Siège, puis promulguer une loi sur l'instruction publique, d'après laquelle l'enseignement serait donné, en règle générale, dans des écoles divisées par confessions. C'est là une question de la plus haute importance pour l'Allemagne, car il y a beaucoup de contrées où protestants et catholiques sont fortement mélangés, notamment dans les grandes villes où, par suite de l'accroissement de l'industrie, le mouvement de la population est très considérable. Or, les démocrates étant pour l'école primaire non divisée par confessions et les socialistes réclamant la laïcisation, les centristes savent qu'avec ces partis ils ne sauraient atteindre le but désiré, aussi ont-ils placé tout leur espoir dans les partis de droite qui, du moins en ce qui concerne le parti national allemand, partagent dans la question des écoles la manière de voir du centre avec la droite. Remarquons du reste que, lors de son entrée dans cette coalition, le centre a fait les déclarations les plus solennelles : il en ressort qu'il ne veut en rien dévier de la ligne suivie jusqu'à présent dans la politique extérieure et ne permettra aucune modification sur ce point.

Mais l'évolution à droite du centre a encore une autre cause. Autrefois, et jusqu'après la guerre, les catholiques de la Bavière appartenaient également au parti du centre, puis ils s'en sont séparés et ont formé le parti populiste bavarois, qui a 18 sièges au Reichstag. Son chef est un ecclésiastique bavarois, le chanoine Leicht. La séparation s'est produite pour les raisons suivantes : après la révolution de 1918, la Bavière a eu, peu de temps, un gouvernement communiste et, selon l'habitude, le triomphe de l'extrémisme a provoqué une forte réaction. Le centre bavarois ne voulait plus faire cause commune avec les socialistes ; de plus, l'ancienne dynastie bavaroise jouit encore d'un certain prestige. Or, maintenant que quelques années se sont écoulées depuis cette séparation, le centre caresse l'espoir que le centre bavarois finira par se réunir au gros du parti. Ceci ne peut se faire que si le centre fait partie d'un gouvernement de droite, car les chefs des catholiques bavarois ont combattu si longtemps et si âprement la gauche et surtout les socialistes qu'ils auraient de grandes difficultés avec leurs partisans si tout à coup ils annonçaient leur volonté de pactiser avec « ces méchants hommes » de la gauche. Ce ralliement, du reste, ne changerait rien à la politique extérieure du parti, car la fraction bavaroise n'a jamais gêné au Reichstag la politique de réconciliation, malgré tout ce qu'a pu dire parfois, à la Diète bavaroise, le Premier bavarois actuel.

Après avoir indiqué longuement les raisons qui ont amené le centre et le parti populiste allemand à s'unir au parti national allemand, parlons de ce parti lui-même.

Le parti national allemand a 110 députés au Reichstag, il est donc le plus fort après les socialistes. Ses organes principaux sont la *Deutsche Tageszeitung*, organe du « Landbund », et représentant surtout les intérêts des milieux agricoles ; la *Kreuzzeitung*, légitimiste ; la *Deutsche Zeitung*, fortement nationaliste, et le *Lokalanzeiger*, qui par son propriétaire, le docteur Hugenberg, a de fortes attaches avec la grande industrie. Le noyau du parti national allemand est formé par les grands propriétaires fonciers de l'Est de l'Allemagne, par les hobereaux prussiens, les « Krautjunker », comme on les appelle. Ils s'agitent depuis longtemps en faveur de hauts droits protectionnistes, notamment sur les blés, car on cultive surtout du blé à l'Est. Cette petite noblesse, propriétaire d'immenses biens, exerce sur ses ouvriers, ses employés et aussi sur les artisans et les marchands des petites villes, une grande influence économique qu'elle sait exploiter au service de sa politique, souvent au moyen du boycottage. Dans l'ancienne Prusse d'avant guerre, ces milieux s'étaient assuré, à la Diète, la majorité moyennant le système électoral à trois degrés où le vote était public. Ils fournissaient une grande partie du corps des officiers et des fonctionnaires : on peut dire que, par eux, ils dominaient l'Etat prussien. Pendant la guerre, ce parti était contre toute réforme à l'intérieur et foncièrement annexioniste. Après la guerre, il resta fidèle à la monarchie. Ses partisans conservèrent, pendant longtemps, l'espoir de renverser le régime républicain au moyen d'une nouvelle révolution. C'est ce qu'ils tentèrent en 1920 avec Kapp et en 1923 avec ce mouvement qui partait de Munich, mais s'appuyait sur le nord de l'Allemagne. Ces deux tentatives échouèrent. Tant que les nationalistes espérèrent pouvoir renverser la République, ils furent ses plus âpres adversaires et les ennemis acharnés de toutes les institutions républicaines. Ils avaient beau jeu auprès de la grande masse des électeurs auxquels ils avaient fait croire que la misère de l'après-guerre était causée par l'impéritie des gouvernements républicains. Ils imputaient à ceux-ci la chute du mark et gagnèrent de nombreux adhérents dans la population des villes, parmi les milieux ayant surtout à souffrir de la désorganisation de la vie économique, c'est-à-dire la moyenne bourgeoisie, les petits rentiers, les petits capitalistes et aussi les fonctionnaires qui n'avaient pas su sauver de l'inflation leur pécule. A ces mécontents se joignirent beaucoup de ceux qui avaient fait des études universitaires, leur situation privilégiée d'avant guerre leur étant enlevée.

*
**

A côté du parti national allemand se forma, en 1923, au moment où la détresse de l'Allemagne était la plus grande, à l'intérieur comme à l'extérieur, un autre parti, les racistes. Dès le début, ils se composaient d'éléments disparates ; ils étaient unis par un fort antisémitisme. C'est une vieille coutume en Allemagne, et non pas seulement dans les moments de détresse, de rejeter toutes les fautes sur les Juifs. Aussi, beaucoup d'électeurs se tournèrent-ils instinctivement vers ce parti, si bien qu'aux élections de mai 1924 il put remporter 32 sièges au Reichstag; mais ce n'était qu'un succès passager, car dès le mois de décembre de la même année, aux nouvelles élections, les racistes ne purent faire passer que 14 des leurs, et cette petite troupe a été déchirée depuis par de telles dissensions qu'on ne saurait plus parler d'un parti raciste, qui, du reste, a cessé d'exister comme tel. En politique extérieure, les racistes sont des extrémistes nationalistes. On parle beaucoup d'eux à l'étranger, surtout en France. On exagère énormément leur importance et leur influence. En effet, que représentent 14 députés sur 493 ! Quelle influence peuvent-ils avoir s'ils ne s'entendent même pas entre eux ! Et pourtant, lorsque ces gens font une démonstration, lorsque leur chef Hitler, un ouvrier peintre de provenance autrichienne, fait un discours à Munich, suivi d'échange de coups de poing, tous les journaux, et surtout les journaux parisiens en parlent. De même lorsque les soi-disant Unions patriotiques ont un Congrès. Alors qu'on ne parle jamais des grandes démonstrations des partis de gauche. Aussi quoi d'étonnant si l'on exagère en France l'importance du mouvement nationaliste en Allemagne !

Même dans les contrées où, par moments, les racistes et les Unions patriotiques ont pu exercer une grande influence, on les voit en déroute. Dans le Mecklembourg, par exemple, ils ont été complètement battus aux élections de l'été de 1926. Le parti national allemand lui-même a dû enregistrer de nombreuses pertes dans ce pays, qui est pourtant un pays de grands propriétaires fonciers.

Personne en Allemagne ne prend au sérieux le parti raciste, ni l'homme qui, croyait-il, devait le mener vers une ère politique nouvelle, le général Ludendorff. Pendant quelque temps, il est vrai, le parti national allemand lui-même se laissa influencer non point par ce groupe, mais par le fait qu'il existait. Il redoutait de suivre une politique calme, parce qu'il avait peur de voir les racistes lui enlever avec leur violente agitation un grand nombre de ses partisans.

Mais depuis que le nombre des racistes a tellement diminué, qu'on ne peut presque plus parler d'un parti raciste, l'attitude du parti national allemand a changé. Dans ses rangs, le nombre a augmenté de ceux qui se disent : « Nous ne pouvons pas renverser la République, nous ne pouvons non plus nous contenter de combattre perpétuellement la politique des gouvernements républicains, il nous faut faire partie nous-mêmes du gouvernement pour gagner de l'influence et réaliser plus aisément nos buts économiques ». Tel fut le principal motif pour lequel le parti national allemand insistait pour collaborer au gouvernement. Il avait déjà été au pouvoir en 1925. Ses ministres s'étaient retirés au moment où il s'agissait de ratifier l'accord de Locarno. Pourquoi ? Les ministres, eux, seraient bien volontiers restés, mais le parti songeait aux électeurs auxquels il avait affirmé des années durant qu'on ne pouvait pas conclure d'accord avec l'ancien ennemi, que c'était là une politique antipatriotique. On avait raconté cela parce que, surtout au moment de la tension causée par la guerre dans la Ruhr, c'était un excellent moyen d'agitation politique. Et l'on avait continué après l'époque de la Ruhr, bien qu'aucun des chefs nationalistes n'eût pu dire quelle politique il fallait adopter si celle de M. Stresemann ne valait rien. Bref, les électeurs ne comprenaient pas que les députés et les ministres du parti fussent prêts à approuver les résultats de

Locarno. Une grande indignation s'éleva, il fallut convoquer un Congrès du parti qui décida que les ministres devaient se retirer. C'était à peu près ce qui s'était passé avec le parti populiste allemand trois années auparavant.

Lorsqu'au début de 1927 le centre a voulu conclure une nouvelle coalition avec le parti national allemand, il a essayé de se garantir contre le retour de pareilles éventualités. Les nationalistes ont dû souscrire à un programme qui les contraint en fait à renoncer à leurs idées monarchistes et antirépublicaines et qui les oblige à reconnaître la ligne suivie dans la politique extérieure (Genève, Locarno). Aussi, les nationalistes ont-ils ratifié les résultats des dernières sessions de Genève. Naturellement, les difficultés avec leurs électeurs n'en persistent pas moins, ils tâchent de faire croire qu'ils continuent l'ancienne politique ; c'est pourquoi ils redoublent de phrases monarchistes et nationalistes. Mais il ne faudrait pas exagérer l'importance de tels propos : ce n'est que combat de retraite devant l'opinion publique. En fait, le parti national allemand a fortement évolué, et cette évolution est une nouvelle et solide garantie pour le système actuel de gouvernement.

Ce système n'est pas non plus menacé à gauche. Le plus fort parti politique en Allemagne, le parti socialiste, a toujours déclaré qu'il reconnaissait la Constitution républicaine et la défendrait. C'est un parti absolument démocratique et républicain. Il a 130 sièges au Reichstag. Son seul organe bien connu est le *Vorwaerts*, publié à Berlin ; les socialistes disposent toutefois d'un grand nombre de feuilles locales de plus ou moins d'importance dans toutes les parties de l'Allemagne. Le premier président du Reich, Ebert, comptait parmi ses membres. Scheidemann, Hermann Muller, et le président actuel du Reichstag, Loebe, sont parmi ses chefs. Son leader le plus connu pour les questions de politique étrangère est M. Breitscheid, que l'on connaît bien en France où il a souvent pris la parole aux Congrès du parti socialiste. Les socialistes allemands ont toujours été, pendant la guerre également, contre toute annexion ; ils préconisent depuis longtemps l'idée d'un rapprochement entre la France et l'Allemagne comme nécessaire pour les deux peuples. Dans le domaine de la politique intérieure, ils défendent les intérêts de la classe ouvrière ; leur plus fort appui sont les syndicats. Notons que, dans ces syndicats, ce sont les ouvriers qualifiés, donc les ouvriers les mieux payés, qui ont la plus grande influence. Et ceux-ci repoussent toute politique extrémiste, ils ne veulent point du communisme russe. Certaines parties de la petite bourgeoisie et du corps des fonctionnaires subalternes se sont affiliées au parti socialiste. En Prusse, ce parti joue un rôle prédominant, ses membres y occupent depuis 1920 les postes les plus importants dans le cabinet, à savoir celui de premier ministre et de ministre de l'Intérieur. En Prusse, le gouvernement repose sur la coalition des socialistes, des démocrates et du centre. Il n'est pas inutile de le répéter, car nombre d'entre nous s'imaginent encore que la Prusse est réactionnaire et monarchiste.

Le parti socialiste allemand a eu, lui aussi, à faire face, au cours des dernières années, à de nombreuses difficultés. Il s'est éloigné de plus en plus de la théorie socialiste telle que Marx l'avait créée : on le voit aux modifications de son programme. Ce fait, et aussi celui que le parti n'hésita pas à accepter les responsabilités du gouvernement, sans pouvoir cependant porter rapidement aide à la masse du peuple, contribuèrent à favoriser la création de partis extrémistes.

Aux élections de 1920, un parti socialiste indépendant eut un grand succès ; aux élections de mai 1924, ce fut le tour du parti communiste. Ce parti, constitué en 1918-1919 sur le modèle du parti communiste russe, n'avait pu se développer après avoir tenté une série de révoltes qui échouèrent. Il avait vu son influence renaître en 1923, grâce surtout à la misère causée par l'occupation de la Ruhr. Aux élections de mai 1924, il remporta 60 mandats, mais il reperdit du terrain dès les élections de décembre de la même année, alors que la monnaie commençait à se stabiliser et que se faisaient déjà sentir les effets du plan Dawes sur la politique extérieure. Aujourd'hui, il y a 45 communistes au Reichstag, mais ils ne forment pas un parti homogène. De même que les racistes, ils sont divisés en plusieurs groupes. Aux élections partielles ils ont subi de nouvelles pertes, dans plusieurs Etats confédérés, et ne peuvent aucunement être considérés comme un danger pour l'avenir de la politique intérieure. En politique extérieure ils sont ennemis de l'Ouest capitaliste et amis de la Russie. Ils n'ont aucune influence sur la marche de la politique extérieure.

Lorsqu'on parle des partis allemands, il ne faut pas oublier de faire remarquer ce qui les différencie des partis français. Chaque parti allemand a une organisation complète et non pas seulement un comité directeur. Dans chaque grande ville existe une association politique, qui comprend souvent de nombreux membres. En un mot, tous les partis en Allemagne sont organisés comme ne le sont en France que les communistes et les socialistes. Ils ont leurs propres feuilles, publient des livres et des brochures. Par suite, les modifications de partis se font dans le cadre de ces organisations ou par le fait que les électeurs non organisés vont d'un parti à l'autre. On compte qu'environ 10 % des électeurs d'un parti sont affiliés à l'organisation, c'est-à-dire à l'association locale du parti. Ce sont ces organisations solides qui servent de lien aux partis et en déterminent nettement l'action.

On peut dire que l'ère de la stabilisation dans la politique intérieure est arrivée pour l'Allemagne.

Chapitre V

Une heure avec M. Stresemann

M. Stresemann, ministre des Affaires étrangères du Reich, se méfie des journalistes depuis qu'à Genève, avec deux mots de lui, un reporter américain a publié une interview de plusieurs colonnes. Cet incident faillit m'empêcher d'obtenir une audience. Mon enquête cependant aurait-elle été complète si je n'avais pas été admis à causer avec l'homme d'Etat le plus populaire d'Allemagne ?

Le dimanche 26 décembre, malgré les fêtes de Noël qui provoquent un repos général, je fus convoqué à onze heures à la *Wilhelmstrasse*.

M. Stresemann voulait bien m'accorder cinq minutes de son temps précieux : il me garda une heure. Une heure qui me sembla infiniment courte. Son cabinet vaste — de style empire — est d'une sobriété luxueuse. Entre deux fenêtres, le bureau, sur lequel était placé le traditionnel arbre de Noël.

M. Stresemann, robuste, puissant, la tête énergique, les yeux profonds révélant l'intelligence et la volonté, rappelle un peu M. Edouard Herriot.

Très affable il vient à ma rencontre, me serre la main. Il reprend place dans son fauteuil, m'offre une cigarette et me questionne sur mon voyage, me demandant mes impressions, m'interrogeant sur les personnalités que j'ai rencontrées, les documents que j'ai recueillis, ce que j'ai vu.

— Toutes les personnes que j'ai interrogées, lui dis-je, et à qui j'ai nettement posé la question, m'ont semblé désireuses d'un rapprochement de nos deux pays. Selon elles, ce serait une question vitale pour l'avenir de l'Europe. Cette opinion est-elle vraiment celle de la majorité ?

— Je suis persuadé, répond M. Stresemann en insistant sur chacun de ses mots pour leur donner plus de force, que la grande majorité de l'Allemagne pense ainsi : notre peuple veut travailler et prospérer en paix. Il soutiendra toujours la politique qui le lui permettra.

Nous parlons ensuite du jugement de Landau qui venait d'être rendu et je fais remarquer que, malgré l'émotion que cet incident a provoquée en Allemagne, je n'ai pas enregistré une seule note de haine personnelle contre le Français que l'on reconnaissait en moi.

— Vous rencontrerez presque partout cet esprit pacifique et discipliné, riposte le ministre ; toutefois, vous comprendrez que la tâche d'un ministre des Affaires étrangères n'est pas précisément facile s'il est exposé à trouver chaque matin, sur son bureau, une dépêche annonçant quelque nouvelle complication dans les territoires occupés. Malheureusement, tant que durera l'occupation, il faut s'attendre à de tels troubles venant entraver notre politique.

« Je tiens à insister sur l'empressement mis par le gouvernement français à signer la grâce des condamnés de Landau afin de montrer son désir sincère d'arriver à des relations moins tendues entre les deux pays.

J'ajoutai :

— Il ne manque pas de gens en France comme en Allemagne également qui, sans doute par crainte de l'opinion publique, n'osent pas encore défendre cette idée naguère inconcevable.

M. Stresemann sourit :

— Il faut avoir parfois le courage de résister à l'opinion publique, dit-il. Si je n'en avais fait l'essai, ma politique aurait échoué au bout de six mois, alors que l'on peut dire aujourd'hui que la plus grande partie du peuple allemand appuie la politique extérieure de l'Allemagne.

Tout cela est exact, M. Stresemann, à ce sujet, déclarait dernièrement encore :

« C'est justement parce que chaque pas en avant est le résultat de négociations méticuleu-ses et parfois difficiles que les positions atteintes doivent être considérées comme sûres et comme base de progrès ultérieurs. Il ne faut pas se représenter les négociations entre la France et l'Allemagne comme des marchandages étroits, en vue d'avantages restreints. Les deux ministres de France et d'Allemagne se trouvent plutôt dans la situation de deux chefs de consortium qui se réunissent en vue d'étudier en toute franchise comment il est possible, par la collaboration programmatique des forces communes, de faire progresser chacune des deux entreprises, et de servir en même temps l'intérêt général de l'économie. Depuis notre rencontre à Locarno, M. Briand et moi avons considéré un compromis franco-allemand comme le noyau d'une grande politique européenne, mais nous ne nous sommes jamais dissimulé que ce but ne pourrait être atteint que par étapes et en tenant minutieusement compte

de certains facteurs, notamment de la situation
parlementaire dans les deux pays et des conditions psychologiques. »

Ce n'est plus une interview, la conversation
se poursuit, fort agréable. C'est alors, de part et
d'autre, le souvenir de faits caractéristiques,
montrant les tendances et l'appui du peuple
pour la politique du rapprochement, notamment
les couplets aimables pour la France chantés par
le comique Paul Morgan dans la revue de l'Ad-
miral-Palast. On m'avait d'ailleurs raconté que,
dans un spectacle, auquel le ministre avait assisté
récemment avec Mme Stresemann, un acteur
ayant chanté « Tout ira bien si Stresemann
continue à s'occuper de nos affaires extérieures »
la foule s'était tournée vers l'homme d'Etat en
l'acclamant.

Je rappelais qu'ayant entendu parler d'un
restaurant de l'Ouest de Berlin, où chaque soir,
aux sons de la musique militaire, des buveurs
nationalistes, vêtus de « Windjacken », enton-
naient des chants patriotiques et insultaient les
juifs et les étrangers, j'avais tenu à y aller pour
me rendre compte. Or, quelle ne fut pas ma sur-
prise en apprenant que cet établissement avait
fait faillite.

Puis, nous parlons de nos hommes politiques :

— J'aime beaucoup travailler avec M. Briand,
dit M. Stresemann. Il y a aussi un de vos ministres que j'apprécie beaucoup : c'est M. Edouard
Herriot. Je l'ai vu pour la première fois à Leipzig
où il était venu au sujet de la participation des
industriels allemands à l'exposition de Lyon de
1914. Je l'ai rencontré plus tard à Londres où il
prenait part, en sa qualité de président du Conseil

français, aux pourparlers concernant le plan
Dawes. J'ai conservé de lui un très bon souvenir, et j'ai fort admiré entre autres son très grand
talent d'orateur.

— J'entends cet hommage avec d'autant plus
de plaisir que M. Herriot fut mon professeur de
rhétorique et que je lui dois beaucoup.

Nous abordons les sujets les plus divers. Je fais
part de mon étonnement d'avoir vu partout à
Berlin tant de souvenirs de Napoléon.

— Chez M. le président von Kleefeld, votre
beau-frère, dis-je, j'ai remarqué le même enthousiasme et son livre de chevet n'est autre que
« les Pensées de Napoléon ».

— Pour l'Allemand cultivé, reprend M. Stresemann, Napoléon est une des plus grandes figures de
l'histoire. On trouve peut-être plus d'images de Napoléon en Allemagne qu'en France — de même
qu'on y joue Shakespeare bien plus qu'en Angleterre et Pirandello plus souvent qu'en Italie (1).

Il sourit et ajoute :

— C'est ce qu'on appelle le nationalisme allemand !

M. Stresemann est d'ailleurs lui-même un collectionneur de souvenirs napoléoniens, il en possède 134, dont un vase donné par Napoléon à la
princesse Borghèse.

— J'ai l'intention, me dit-il, de publier dans
une revue française un petit essai écrit jadis sur
Goethe et Napoléon.

Maintenant, c'est de la presse que nous parlons, de ce véhicule si puissant destiné à créer
et à répandre l'opinion.

____

(1) Le film « Napoléon », projeté à la fin de 1927, à
Berlin, fut exonéré des droits.

— Au point de vue des rapports franco-allemands, précise le ministre, la collaboration du journalisme, à condition qu'elle soit loyale, est une des plus importantes. Malheureusement la presse française cite trop souvent des feuilles extrémistes qui n'ont qu'un tout petit nombre de lecteurs. C'est ainsi que l'on donne une fausse image de l'opinion publique allemande.

Je riposte que la réciproque est vraie et qu'il est d'ailleurs toujours facile, en extrayant dix lignes d'un article, de leur faire dire le contraire de la thèse soutenue dans tout le reste du texte.

Le ministre me demande dans quels journaux et revues j'ai l'intention de publier les souvenirs de mon voyage. Je les lui énumère et j'ajoute que je ferai des conférences à la T. S. F.

— Voilà une excellente idée, remarque-t-il, la T. S. F. s'adresse à tout le monde, on peut parler, par cette voie, au même instant, à des milliers et des milliers de personnes de couleurs politiques différentes, alors que les journaux ne sont lus le plus souvent que par les gens d'une même opinion.

— Je compte également, ajoutai-je, écrire un livre.

— Qu'il soit impartial, et vous aurez toute l'élite avec vous. Tout ce qui permettra à l'Allemand et au Français de se connaître opérera efficacement pour l'accord des deux peuples. Nos pays ont toujours souffert d'une crise d'ignorance réciproque.

Les cinq minutes d'audience sont écoulées depuis longtemps. N'est-ce pas abuser ? Je m'excuse d'avoir dérangé mon interlocuteur le dimanche de Noël, au moment où la politique l'absorbe particulièrement.

— C'est moi qui regrette de n'avoir pu vous

recevoir qu'aujourd'hui, me répond-il, mais, voyez-vous, nous avons malheureusement chez nous la coutume d'avoir une crise ministérielle à Noël. Voilà trois ans que cela se reproduit. Peut-être, ajoute-t-il en riant, est-ce pour le plus grand bien des ministres : on cherche à leur procurer quelques loisirs à l'occasion des fêtes ! J'espère vous revoir bientôt et je serai heureux de vous recevoir encore, car je regrette toujours que si peu de Français viennent en Allemagne. Le Français nous ignore, l'Américain nous connaît mieux : pour vingt visiteurs américains, c'est à peine si l'on trouve un Français. Ce serait à croire vraiment que Washington est moins loin de Berlin que Paris. Dites-le et répétez-le. Vous devriez voyager davantage, et cette invite ne s'adresse pas seulement aux journalistes et aux politiciens, mais aux maîtres de l'industrie, aux universitaires, et, en général, aux personnalités dirigeantes de votre pays.

« Ainsi, je serais très heureux de pouvoir saluer M. Loucheur qui avait été invité à parler ici en octobre dernier et qui n'est pas venu. J'espère que ce n'est que partie remise (1).

Et, me serrant la main à la porte de son cabinet, M. Stresemann m'exprima encore une fois l'espoir de me voir faire un nouveau séjour en Allemagne :

« Revenez bientôt, me dit-il, encouragez vos compatriotes à le faire, c'est ce qui peut arriver de mieux à nos deux pays. »

____

(1) Partie remise, en effet, puisque M. Loucheur alla prononcer à Berlin, sur le malaise économique actuel, une conférence qui fut accueillie par une ovation prolongée des auditeurs.

CHAPITRE VI

La Prusse, garantie de l'existence de la République allemande, par M. Otto Braun président du Conseil de Prusse

M. Braun, président du Conseil prussien, est né à Koenigsberg, le 28 janvier 1872. Dès sa jeunesse, il s'affilia au parti socialiste, où il remplit successivement les emplois de typographe, imprimeur et rédacteur dans un journal du parti. Il se spécialisa bientôt dans les questions d'assistance aux malades. Pendant plusieurs années, il fut membre, avec Haase, du Conseil municipal de Kœnigsberg, où la social-démocratie n'avait que quatre représentants. Il fit partie également du comité central du parti socialiste. Elu mandataire du peuple, le jour de la Révolution, il prit le portefeuille prussien de l'Agriculture qu'il conserva jusqu'en avril 1921. M. Otto Braun remplaça Paul Hirsch à la présidence du Conseil prussien et conserva le ministère de l'Agriculture. Après la courte durée du ministère Stagerwald, il ne garda que la présidence du Conseil, où il s'est maintenu depuis lors, exception faite d'une période de quelques semaines, en février 1925, pendant laquelle ce haut poste fut occupé par le chancelier du Reich, Marx.

M. Braun me fit savoir qu'il me recevrait avec plaisir. Malheureusement, au jour fixé, il était retenu au lit par un accident. J'eus toutefois l'occasion de faire, en la personne de son remplaçant, le Dr Weissmann, secrétaire d'Etat au

Ministère d'Etat prussien, la connaissance d'une personnalité non moins intéressante.

Après une brillante carrière juridique, le Dr Weissmann devint, à la suite de l'échec du « putsch » Kapp, secrétaire d'Etat à la Sécurité publique, fonction qu'il remplit jusqu'au moment où il devint secrétaire d'Etat, le 1er juin 1923. Le Dr Weissmann est républicain, mais il ne s'est jamais affilié à aucun parti politique. A plusieurs reprises il prit part, aux côtés du chancelier du Reich en exercice et du Dr Stresemann, ministre des Affaires étrangères du Reich, aux grandes conférences internationales, à Londres, à Genève, à Locarno. Il est un des plus ardents partisans de l'idée de mutuelle compréhension internationale.

Au très intéressant entretien qu'il m'accorda, était aussi présent le général von Winterfeld, qui ne nous est pas inconnu à nous Français, car il fut avant la guerre attaché militaire à Paris ; il fut victime d'un grave accident alors qu'il assistait aux grandes manœuvres du Sud-Ouest en 1913. Il me dit, d'un ton qui, malgré sa brièveté militaire, ne laissait pas d'être convaincant :

— Si la France et l'Allemagne ne marchent pas la main dans la main, c'en est fait de l'Europe. L'Amérique et l'Orient jaune l'engloutiront un jour.

A l'issue de ma visite, le Dr Weissmann me remit ces déclarations, de la part du président du Conseil prussien :

« C'est avec une vive sympathie que le gouvernement prussien et moi, nous suivons les efforts faits par vous pour donner au public français des idées plus claires en ce qui concerne

la nouvelle situation politique que la révolution
a créée en Allemagne. Rien ne contribue plus à
dissiper l'ancienne méfiance et à rapprocher les
deux nations que le fait qu'elles apprennent
réciproquement à connaître l'état de choses de
part et d'autre.

« Il est assez difficile, à la vérité, à un Français
d'envisager la situation de l'Allemagne, parce
qu'il connaît la forme fortement centralisée de
l'Etat unitaire telle qu'elle existe en France
depuis plusieurs générations, et qu'il trouve en
Allemagne une organisation fédéraliste très com-
pliquée. Il est fort regrettable que le grand public
français soit si peu au courant des institutions
politiques de l'Allemagne et des modifications
qui y ont été apportées depuis la fin de l'empire.
D'importants changements politiques, absolument fondamentaux, se sont en effet accomplis,
transformant du tout au tout la notion de l'autorité et consolidant la nouvelle forme républicaine de l'Etat.

« Parmi les pays qui, unis par la Constitution
fédérale, forment le Reich allemand, la Prusse
est non seulement le territoire relativement le
plus important au point de vue de la superficie
et du chiffre de la population, mais elle l'est
aussi d'une façon absolue, car elle dépasse le
total des autres pays.

« Des 62 millions et demi d'habitants que
compte l'Allemagne, 38, en effet, donc plus de
la moitié, sont prussiens. La superficie du Reich
compte, en chiffres ronds, 468.000 kilomètres
carrés, dont 292.000 constituent la Prusse. Grâce
à son grand appareil administratif, la Prusse, qui
s'étend de l'extrême frontière orientale à celle

de l'ouest, forme en quelque sorte l'armature du Reich. Aussi est-il important de constater que c'est précisément elle, qui, de tout temps, a pu influencer d'une façon décisive la politique du Reich. C'est là que germèrent des modifications qui sautent tout particulièrement à l'œil et qui montrent d'une manière palpable et convaincante que grâce à la collaboration du Parlement — tenu à l'écart, à vrai dire, sous plusieurs rapports, dans les questions décisives concernant la guerre et la paix — l'Allemagne a remplacé résolument le régime impérial par un système purement démocratique. La *Constitution* de Weimar, élaborée par le regretté Hugo Preuss, le spécialiste démocratique en matière de droit public, n'a pas à redouter la comparaison avec celle d'aucune démocratie.

« Jusqu'au jour où la Révolution éclata, la Prusse avait un Parlement qui ne représentait pas le moins du monde les aspirations du peuple allemand. Le suffrage universel n'existait pas, les élections se faisaient en trois *classes* superposées d'après le cens. Il en résultait que la classe, numériquement petite, mais très puissante au point de vue politique, des grands propriétaires fonciers et réactionnaires et celle de la bourgeoisie capitaliste formaient presque exclusivement le collège électoral définitif. C'est ainsi que les masses ouvrières, qui comptaient plusieurs millions de voix dans les élections du Reichstag, basées sur le suffrage universel, ne pouvaient pas élire député dans la troisième classe un seul candidat à la Diète de Prusse. Ce ne fut que dans les tout derniers temps de l'empire que les socialistes conquirent quelques mandats. Ainsi,

dans la dernière Diète de Prusse, les masses
ouvrières n'avaient-elles que 10 représentants —
parmi lesquels je me trouvais — en face des
202 députés des deux partis conservateurs (sur
443 députés en tout). Le suffrage universel, en
donnant sept ou huit fois plus de mandats aux socialistes, n'eût laissé aux conservateurs que le
quart ou le cinquième des leurs. Ces faits caractérisent clairement l'ancienne Prusse et son régime
monarchique, que tous les socialistes et les radicaux bourgeois ont énergiquement combattu.

« La révolution a procédé sur-le-champ à la
dissolution de la Diète de Prusse et créé le suffrage universel direct et secret, donnant ainsi
réellement au peuple la possibilité de prendre
part d'une façon décisive au gouvernement. Il
s'ensuit que, depuis la Révolution, la nouvelle
Diète de Prusse a toujours eu une majorité formée par les groupes républicains. Et, aujour-
d'hui encore, le gouvernement prussien, auquel
j'appartiens — abstraction faite d'une courte
interruption, — depuis 1919, soit comme ministre, soit comme président du Conseil, est un
gouvernement de coalition des trois partis *nettement républicains* : les social-démocrates, le centre catholique et les démocrates (coalition de
Weimar).

« Le ministère prussien de l'Intérieur est un
des organes politiques les plus importants de
l'Allemagne, car c'est de lui que relèvent dans
le pays la police de sûreté (*Schutzpolizei*) et
l'appareil administratif. Depuis la révolution, il
a toujours été entre les mains de ministres démocrates ou socialistes. Le dernier détenteur de
ce portefeuille, le ministre socialiste Severing,

dont le nom sonne clair dans les démocraties de toute l'Europe, a travaillé avec une infatigable énergie pour faire de la *Schutzpolizei,* qui compte 65.000 hommes, un corps dévoué à la République, et ayant le pouvoir et la volonté de réprimer toute tentative faite de vive force par les réactionnaires ou les communistes en vue de changer la Constitution. Il a même travaillé avec succès pour que les postes élevés et moyens de l'administration soient occupés dans le pays par des fonctionnaires aux sentiments républicains.

« La République prussienne est divisée en 12 provinces, à la tête de chacune desquelles se trouve un « Oberpräsident » nommé par le gouvernement. Les provinces se divisent à leur tour en *Regierungsbezirke,* administrées par des *Regierungspräsident* (préfets), subdivisées en arrondissements, auxquels sont préposés des sous-préfets, nommés également par le gouvernement. Tous ces fonctionnaires, qui exercent le pouvoir dans le pays et représentent l'autorité du gouvernement en face de la population, étaient choisis, jusqu'à la révolution, par le gouvernement impérial d'alors parmi les conservateurs convaincus et il était impossible à un démocrate ou à un socialiste de parvenir à ces postes. Les hommes de gauche se trouvaient en pratique absolument exclus de la carrière, haute ou moyenne, de fonctionnaire.

« C'est de l'histoire ancienne. Un changement complet a été apporté parmi les présidents supérieurs : seuls des fonctionnaires ou hommes politiques qui ont fait leurs preuves dans les partis républicains occupent maintenant ces postes, de même que la plupart des présidents de régence et

sous-préfets ont été remplacés par des républicains — surtout ceux qui combattaient d'une
façon quelconque le régime républicain. Il va de
soi que dans les offices centraux, c'est-à-dire dans
les ministères, à Berlin, où ne pouvaient siéger
également que des hommes de droite, royalistes
convaincus, beaucoup de républicains sont arri-
vés aux hautes et moyennes places depuis la révolution. Et, je le répète, on en peut dire autant de
la *Schutzpolizei*, de sorte que le gouvernement
prussien tient entre ses mains ces deux pouvoirs,
la police et le personnel administratif, et peut
s'appuyer en même temps au Parlement sur une
majorité, petite, à vrai dire, mais pourtant suffi-
sante et nettement républicaine.

« Ainsi, le gouvernement républicain qui, du
reste, n'est nullement particulariste, et au nom
duquel j'ai assez souvent déclaré que la Prusse
espère pouvoir, dans un prochain avenir, lorsqu'il n'y aura plus de frontières entre les pays
allemands, se fondre dans le grand Etat allemand, unitaire et républicain, peut être considéré non seulement comme le solide noyau de
l'administration allemande, mais aussi comme
le plus fort soutien de la République, dans le
Reich allemand.

« Tous les efforts des monarchistes et des communistes échouèrent, pendant les temps agités
qui suivirent la révolution, contre la solidité
républicaine immuable et la police, sûre et toujours à son poste, du gouvernement prussien.

« Par suite de son orientation démocratique et
républicaine, le gouvernement prussien a toujours soutenu, dès le début, de la façon la plus
énergique et la plus prononcée, la politique que

suivaient les ministres Rathenau et Stresemann à l'égard de la Société des Nations. Il continuera d'intervenir de toutes ses forces dans ce sens, afin que la politique de Locarno, de Genève et de Thoiry aboutisse logiquement à ses fins, dans le sens de la réconciliation et de la paix entre toutes les nations. »

CHAPITRE VII

L'Allemagne a intérêt à la stabilisation du franc

Le docteur Nordhoff, directeur à la Reichsbank, m'a longuément parlé de la crise financière que traversa l'Allemagne et m'expliqua de quelle façon l'équilibre put être rétabli au moment où la débâcle produisait de terribles ravages.

Les Allemands, plus que nous, connurent les affres de l'inflation. Après chaque ville, chaque grande maison émettait des billets. C'était l'âge d'or pour les étrangers qui pullulaient, mais c'était la ruine pour le pays.

L'éminent financier m'indiqua par quels moyens honnêtes, mais évidemment cruels pour les petits rentiers, l'Allemagne fut sauvée.

Il ajouta :

— On trouve fréquemment exprimée en France l'idée que l'Allemagne a suivi avec une certaine satisfaction le mouvement de dépréciation du franc.

« Maintenant que la monnaie française se relève, on rencontre de même quelquefois chez vous le sentiment que l'Allemagne considère ce relèvement d'assez mauvaise grâce.

« Je puis vous assurer qu'en ce qui concerne toutes les organisations bancaires sérieuses, en particulier la Reichsbank, ces interprétations sont absolument erronées. Tous ceux qui connaissent la situation sont d'accord, au contraire, pour convenir qu'en réalité l'Allemagne elle-même a un intérêt majeur à la consolidation du statut monétaire français.

« Cet intérêt se justifie surtout par les motifs suivants : le fait qu'il existe encore des nations à change instable constitue le plus grand obstacle à la restauration du commerce extérieur de tous les pays, au rétablissement des relations économiques anciennes.

« Qu'une monnaie ait tendance à baisser et que cette baisse accroisse les possibilités d'exportation du pays intéressé, ou qu'au contraire la valeur de l'argent s'élève et rende l'importation plus facile, un fait reste acquis : les fluctuations incessantes du change provoquent une incertitude continue dans le processus des échanges commerciaux et cette influence perturbatrice se fait doublement sentir entre deux pays comme la France et l'Allemagne qui, malgré tous leurs dissentiments sont, au point de vue économique, unis à la vie, à la mort.

« Les oscillations monétaires ont pour effet d'entraver fortement le rapprochement commercial qui, heureusement, se dessine de jour en jour davantage entre les deux nations. Qu'il nous soit permis de rappeler à ce sujet notamment l'accord douanier de la Sarre, conclu, au début de novembre 1926, après de laborieuses négociations. Cet accord, par suite du développement de la crise monétaire, était devenu pour ainsi dire sans objet, quelques semaines plus tard.

« Plus que jamais, on voit aujourd'hui se vérifier le principe de la réciprocité « automatique » du bien-être des peuples, exposé dans le récent manifeste économique international.

« L'Allemagne peut faire intégralement siennes les considérations par lesquelles les signataires français du manifeste ont exprimé que : « l'état d'insécurité et de désordre économique dont les pays de l'Europe ont présentement à souffrir a son origine dans les conséquences de la guerre et tout particulièrement dans les crises monétaires qui en sont résultées. Ils croient que pour éviter une aggravation de cette situation inquiétante il est avant tout nécessaire que les pays dont la monnaie n'est pas encore stabilisée s'efforcent, par les voies les plus rapides, de rétablir une monnaie saine ».

« Précisément en ce qui concerne les intérêts allemands, il est important de considérer qu'un véritable apaisement intérieur — dont les effets devront également se faire sentir dans le domaine de la politique extérieure — ne peut apparaître en France qu'à la condition que les soucis créés par l'instabilité de la monnaie soient dissipés.

« L'Allemagne connaît assez, par sa propre expérience, toutes les misères résultant du délabrement de la devise nationale, pour savoir combien une telle situation empoisonne toute l'atmosphère de la vie publique et privée, combien elle compromet l'instabilité de l'évolution générale et combien de telles conditions sont défavorables à un paisible règlement des affaires.

« L'Allemagne croit d'ailleurs pouvoir espérer que l'accalmie politique intérieure, qui résultera évidemment pour la France d'une stabilisation de sa devise, contribuera à éclaircir de façon à la fois objective et définitive les divergences d'opinion subsistant entre les deux pays. »

TROISIEME PARTIE

Chapitre I

La réciprocité des relations entre les sidérurgies
allemande et française
par le docteur Reichert, député au Reichstag,
gérant général de l'Association des métallurgistes
allemands

Quiconque jette un coup d'œil sur la statistique des échanges de produits franco-allemands, en tant qu'il s'agit de ceux de la sidérurgie, peut constater que, dans la période d'avant guerre, le trafic comportait essentiellement les livraisons de charbon et de coke allemands et de minerai français. La France recevait sans doute aussi les produits spéciaux des hauts fourneaux, aciéries et laminoirs allemands, en outre ceux des fabriques allemandes de machines, machines-outils et véhicules ; et, cependant, les livraisons de houille et de coke provenant de Rhénano-Westphalie dépassaient beaucoup tous les autres produits.

Le *traité de Versailles* a soulevé nombre de

questions industrielles d'une importance décisive pour les sidérurgies allemande et française.
Alors que l'ancienne frontière traversait le territoire lorrain, abondant en minerai, de sorte
que chacune des sidérurgies allemande et française pouvait tirer profit de ces énormes richesses naturelles, — aujourd'hui au contraire, toute
la production du minerai est revenue à la France
en vertu du traité de Versailles. C'est pourquoi la
question des livraisons de minerai est devenue
beaucoup plus importante qu'autrefois. D'autre
part, les livraisons de charbon et de coke allemands à destination de la France non seulement
n'ont pas diminué, mais ont même augmenté :
en dépit d'une plus grande production de coke
dans le nord de la France et par suite du rattachement à la France des usines lorraines et,
pour un certain temps, de celles aussi de la Sarre,
le besoin de combustible a grandi dans le territoire douanier de la France.

Aussi, n'est-il pas étonnant de voir l'opinion
publique s'imaginer en Allemagne que *l'échange
du minerai français et du charbon allemand* se
trouve en tête du problème économique international, et que tous les autres intérêts industriels
doivent passer bien loin à l'arrière-plan. Si l'on
examine cependant le cours qu'ont pris les choses, on constate bien une augmentation considérable de l'exportation de charbon et coke allemands, mais l'importation de minette à destination des usines de Rhénanie et de Westphalie
a beaucoup diminué en comparaison de ce qu'elle
était, par exemple, en 1913. Avant la guerre,
l'importation du minerai provenant de France
s'élevait à 3.810.000 tonnes en 1913, tandis qu'en

1925, elle n'atteignit pas même le tiers de ce chiffre d'avant guerre. Mais cela ne signifie nullement que l'entrée en Allemagne du minerai français ne soit pas destinée à jouer à l'avenir un rôle important. Au contraire ! Quand sera passée la période de gêne du franc et de l'augmentation artificielle du besoin de minerai dans les usines françaises, il sera de nouveau lucratif pour la France de produire plus de minerai et de l'offrir à l'Allemagne à un prix raisonnable. Et l'on en viendra vraiment à un échange de minerai et de charbon.

Par suite du traité de Versailles, les nécessités que j'ai mentionnées en ce qui concerne les matières premières sont moins apparentes que celles relatives aux débouchés. C'est ce que prouvent les contingents pour l'entrée du fer en franchise de douane que le traité de Versailles a imposés pour cinq ans à l'Allemagne, jusqu'au 10 janvier 1925, et qui devaient permettre à l'industrie sidérurgique de la Lorraine d'exporter en franchise de douane plusieurs millions de tonnes en Allemagne (fer et acier bruts, produits laminés et, en outre, des produits finis des catégories les plus variées). Par suite de la longue durée de l'inflation monétaire, qui, conjointement avec la politique gouvernementale des prix maxima calculés en or, ne permettait pas souvent aux prix du fer allemand de se rapprocher de ceux qui étaient faits sur le marché mondial, la France, comme on le sait, n'utilisa pas complètement les contingents d'importation, l'industrie lorraine pouvant demander, jusqu'au 10 janvier 1925, en France et pour l'exportation à destination d'autres pays, des prix le plus souvent plus élevés que pour les livraisons à destination de l'Allemagne. La France réussit néanmoins à expédier chaque année en franchise de douane des centaines de mille tonnes dans l'Allemagne du Sud, de l'Ouest et même aussi du Nord, dans quelques cas.

Après l'expiration du délai fixé pour les contingents de fer entrant en franchise de douane en Allemagne, la France attacha une grande importance au *maintien de ces contingents de fer exempts de droits d'entrée*, d'autant plus que la production du fer et de l'acier atteignait peu à peu un chiffre toujours plus élevé, et que la nécessité d'ouvrir des débouchés devint toujours plus urgente, après que l'on eût résolu les questions relatives au ravitaillement en charbon et en coke. Mais le gouvernement allemand n'était pas en état d'accorder à la France ce régime de faveur au moyen d'un traité de commerce, sans quoi tous les autres pays métallurgistes, notamment la Belgique, le Luxembourg, l'Angleterre, la Tchécoslovaquie, la Pologne, l'Autriche, la Suède, etc., auraient pu demander au gouvernement du Reich, par la voie du régime accordé à la nation la plus favorisée, l'octroi des mêmes contingents de fer exempts de droits d'entrée. Pour éviter les demandes d'autres Etats et pour arriver tout de même à un accord avec la France, on se résolut à conclure avec les industriels lorrains un accord visant à un contingentement du fer et passé par la voie purement privée. Ce traité a été signé en 1926. Il prévoit que la métallurgie lorraine aura le droit de livrer à l'Allemagne un contingent d'acier brut et de produits en acier s'élevant à 3,75 % de la vente, en chaque cas, de ces mêmes produits sur le marché intérieur. Une convention analogue règle l'entrée du fer brut. A vrai dire, le nouvel accord privé relatif au contingentement diffère du contingent stipulé dans le traité de Versailles par le fait qu'un tarif douanier obligatoire s'est substitué à l'exemption de droits d'entrée. L'industrie française n'en tire pas moins un grand avantage, les syndicats et cartels métallurgistes allemands ayant pris l'engagement d'accepter dans le cadre du pourcentage mentionné plus haut des marchandises de provenance lorraine et de les payer à la France aux prix fixés en Allemagne sur le marché intérieur.

Un traité passé avec les usines de la Sarre se relie à l'accord germano-lorrain sur le contingentement. Après avoir été englobée dans le territoire douanier de la France, la métallurgie sarroise n'a pu vendre en France que le tiers environ de sa production en fer et en acier, et elle est réduite, pour plus des deux tiers de cette production, aux débouchés qu'elle a sur le marché allemand. La solution la plus pratique, semble-t-il, est que les usines de la Sarre se rattachent aux syndicats et cartels allemands pour ce qui est des contingents destinés au marché allemand. Le marché français se trouvera déchargé de cette manière; et la charge qui en résultera pour le marché allemand sera diminuée par une réglementation de la vente des syndicats allemands.

Depuis des dizaines d'années, grâce à l'ancienne union douanière, il existait avec la *métallurgie luxembourgeoise* des rapports presque aussi étroits qu'entre l'ancienne sidérurgie germano-lorraine et celle de la rive droite du

Rhin ou qu'entre celle-ci et la sidérurgie sarroise. Un syndicat (Arbed) possède des usines dans le Luxembourg, ainsi qu'à Sarrebruck et finalement en Rhénanie, sur la rive gauche du Rhin. Ce syndicat a été divisé en trois parties par le traité de Versailles et englobé dans trois différents territoires douaniers.

Il est résulté de cette situation la nécessité de conclure également avec l'industrie luxembourgeoise un accord en vue d'un contingentement. Celle-ci peut faire valoir son droit à 2,75 % de la vente, dans chaque cas, sur le marché intérieur de l'Allemagne. En ce qui concerne le payement des droits de douane et le calcul des prix, etc., les conditions sont les mêmes que pour les usines lorraines.

Les trois traités mentionnés plus haut imposent des sacrifices considérables à la métallurgie allemande. Celle-ci n'aurait pas été en état de les consentir si elle n'avait pu obtenir d'autre part certains avantages. Ces avantages ressortent de la perspective *d'une entente internationale de l'acier.* En effet, si après les lourdes pertes qui résultèrent pour l'industrie allemande du fer et de l'acier, à l'intérieur et à l'extérieur, de l'inflation du mark, du traité de Versailles, de la politique gouvernementale des prix maxima, de la lutte engagée dans la Ruhr, des charges de la M.I.C.U.M., du dumping résultant de l'inflation du franc, des lourdes charges fiscales par suite de la mise à exécution du plan Dawes, on veut arriver à la garantie d'un gain raisonnable, il faut que le marché intérieur soit réglé, et qu'on arrive à la formation de cartels avec l'étranger. Après l'échec des négociations entamées à Paris pendant l'hiver 1924-1925 par les métallurgistes allemands et français, le docteur Fritz Thyssen eut la grande idée de proposer, en automne 1925, la fondation d'une communauté métallurgique internationale (l'Entente Internationale de l'acier) et il en transforma le projet en fait accompli grâce à l'intelligente bonne volonté avec laquelle les industriels français et belges, luxembourgeois et sarrois accueillirent sa proposition. L'idée fondamentale qui a inspiré le projet d'une entente internationale de l'acier est : vivre et laisser vivre. Chaque pays devra pouvoir maintenir en principe la production qu'il avait en 1926. Les quotes-parts qui ont été fixées comme pourcentage maximum de la participation, la production annuelle étant de 30 millions de tonnes en chiffre rond, s'élèvent à :

Allemagne	43,18 %
France	31,18 %
Belgique	11,56 %
Luxembourg	8,30 %
Territoire de la Sarre..	5,78 %
	100 %

Le pacte de l'acier prévoit tous les trois mois une réunion des industriels, en vue d'une entente intervenant dans chaque cas relativement aux besoins des pays intéressés et aux possibilités d'avoir des débouchés sur le marché mondial. Les industriels veulent éviter de cette manière une surproduction et la baisse des prix. Quoique, abstraction faite des rails de chemins de fer et des tuyaux en fer forgé, on n'ait pas encore créé un trust international, une entente très élastique tout d'abord n'est pas moins intervenue d'une façon favorable sous la forme d'une communauté internationale de l'acier ; et l'on est parvenu de cette manière à relever d'environ 20 % les prix sur ceux qui avaient été les plus bas au printemps de 1926. Or, le but principal de l'accord international de l'acier est de ne faire aucun cadeau aux acheteurs étrangers, mais de leur faire payer, cela va sans dire, les mêmes prix que, par suite du renchérissement de la production, on est obligé de demander aux acheteurs nationaux.

Ce qui est également important, c'est que la France pourra protéger son marché intérieur contre toute concurrence de la métallurgie allemande, tandis que la Lorraine, le Luxembourg et le territoire de la Sarre seront en état d'exporter en Allemagne de grandes quantités de fer et d'acier qui peuvent s'élever annuellement à plus d'un million de tonnes et représentent plus de 15 % de la vente totale de l'Allemagne. C'est le seul exemple qui montre que l'entente internationale de l'acier a protégé complètement les débouchés nationaux sur le marché intérieur. Par contre, la Belgique peut vendre en France son fer et son acier, de même que la France peut faire des affaires en Belgique. D'autre part, les relations de commerce entre l'Allemagne et la Belgique comportent la possibilité d'échanger des produits en fer et en acier.

Il faut noter également que les effets favorables qui résultent de l'entente internationale de l'acier sont dus en partie à la *grève des mineurs anglais* et à diverses causes. Car si la demande du marché extérieur et en particulier les besoins de l'Angleterre n'avaient pas augmenté, il n'eût été probablement pas possible de relever considérablement en six mois la production métallurgique de l'Allemagne, qui traversait une grande crise au début de 1926, de même qu'il eût été impossible à la France, à la Belgique et au Luxembourg de porter leur production en fer et en acier à un niveau encore plus élevé que celui qu'ils avaient déjà atteint, au printemps de 1926. La situation meilleure dans laquelle se trouve la métallurgie continentale, et que nous devons à la grève des mineurs anglais, peut prendre de nouveau fin à bref délai, dans le courant de l'année. Et il est possible qu'à sa place se substituent de graves situations, dans lesquelles il faudra que le rapprochement fasse ses preuves.

On espère en Allemagne que la conclusion de la paix du fer et de l'acier entre l'Allemagne et la France ranimera aussi les anciennes relations qui existaient entre les fournisseurs français, alsaciens et lorrains, et que la France permettra à ses acheteurs de machines de satisfaire à leurs besoins, et cela à des prix raisonnables par suite d'une réduction des tarifs douaniers.

Le prochain et le plus important devoir qui incombera à l'entente internationale de l'acier sera *l'accord à passer avec l'Angleterre* à la suite de ceux qui ont été conclus dernièrement avec la Tchécoslovaquie, l'Autriche et la Hongrie. Les métallurgies allemande et française ont l'une comme l'autre tout intérêt à compléter le régime qui règle le marché du fer et de l'acier en Europe par le rapprochement des autres pays qui n'ont pas encore adhéré au mouvement, auxquels s'ajoutent la Suède et l'Italie.

Chapitre II

L'industrie et le statut des ouvriers

Le docteur Herle, président du *Reichsverband der deutschen Industrie*, union des industries de l'Allemagne, a bien voulu me documenter sur cette gigantesque organisation et sur la situation ouvrière.

« Le *Reichsverband*, m'a-t-il dit, est à la tête des entreprises industrielles allemandes pour tous les genres d'industries. Il est inexact de prétendre que l'industrie dite *lourde* (mines et métallurgie) y exerce une prépondérance quelconque.

« Le conseil d'administration et la direction portent un égal intérêt à toutes les industries. C'est d'ailleurs la raison d'être de la constitution de cette organisation.

« Celle-ci a été fondée en 1919 par la fusion du « Centralverband Deutscher Industrieher » et du « Bund der Industriellen ». Le premier, datant de 1877, accordait une certaine prédominance à l'industrie lourde. On lui devait la conversion de la politique commerc e bismarckienne au protectionnisme. Le but u « Bund der Industriellen », créé en 1896, é..it de défendre les intérêts des industries de transformations contre les puissantes industries de matières premières.

« En outre, l'Association pour la protection des intérêts de l'industrie chimique, qui s'était tenue à l'écart jusque-là, adhéra au Reichsverband.

« La fusion de ces trois groupements fut facilitée par le fait que ceux-ci s'étaient trouvés réunis pendant la guerre en un « Kriegsausschun der deutschen Industrie ». La révolution de novembre 1918 fut le facteur décisif de cette union.

« Le paragraphe 1 des statuts du Reichsverband prévoit une collaboration avec les organisations ouvrières. L'origine de cette mesure remonte à la fondation de la « Zentralarbeitsgemeinschaft », qui prévoyait une collaboration des patrons et des ouvriers non seulement pour les questions de salaires et de travail, mais encore pour toutes les questions économiques. L'industrie était représentée à la fondation de ce groupement, en novembre 1918, par MM. von Borsig (locomotives) et von Raümer (électricité). Depuis 1925, cette organisation est pratiquement dissoute par suite de la démission du « Allgemeiner deutscher geverkschafts bund ».

« Il est inexact de croire que le patronat allemand cherche à diminuer le train de vie des ouvriers. Il sait parfaitement que plus le pouvoir d'achat de la masse est important, plus les affaires prennent d'extension, mais ce qu'il faut avant tout établir, c'est un salaire convenable, adapté au coût de la vie sans perpétuelles augmentations qui, sans augmentation du rendement, agissent dans le même sens que l'inflation.

« Une limite est d'ailleurs fixée au taux des salaires par suite de la concurrence étrangère. L'Allemagne, déjà désavantagée par les grandes charges sociales et celles du plan Dawes, irait à une crise certaine par suite de mévente si l'on était obligé d'augmenter le prix des marchandi-

ses allemandes. Et de cette crise, l'ouvrier serait
également victime.

« L'ouvrier allemand est pacifiste. Ses organisations, en tant que facteurs politiques, ren-
draient une guerre absolument impossible, peut-
être même s'il s'agissait d'une guerre défensive.

« Il est indiscutable que les moindres prépa-
ratifs militaires — création secrète d'une industrie d'armements, de fabriques de munitions,
etc. — échoueraient par suite de la mentalité
nouvelle des ouvriers.

« Le fait que les organisations ouvrières sont
nettement internationalistes, regardent d'un
œil amical les Soviets et n'hésiteraient devant
aucun moyen pour détruire toute industrie de
guerre en son germe, les fait paraître méprisa-
bles à tous les milieux nationalistes et patriotiques.

« Mais ce fait existe et il faut compter avec lui.
L'ex-ministre de la Guerre, Gessler, dans un discours au Reichstag, a dû le reconnaître, le jour
où il réclama la publication des rapports de la
commission militaire interalliée.

« Dans certains clans politiques et surtout dans
une partie de la presse démocratique et socialiste, l'on a la conviction que l'industrie lourde
est nationaliste, fasciste et belliqueuse. C'est une
erreur.

« Les fabrications pacifistes de matériel sont
bien plus importantes dans les industries métal-
lurgiques qu'une éventuelle production forcée de
matériel de guerre. Dans cet ordre d'idées, il est
à remarquer que l'un des principaux trusts internationaux — celui de l'acier belgo-franco-alle-
mand — intéresse l'industrie lourde, fait que la

presse allemande de gauche a enregistré pour sa portée politique plutôt que comme événement économique.

« Je vous parlerai en dernier lieu de la position de l'Allemagne vis-à-vis des prestations en nature. L'occupation de la Ruhr a été précédée d'un mémoire de M. Raymond Poincaré, signalant des manquements en ce qui concernait les livraisons de charbon, bois et pavés sur le compte dû et les imputant principalement au gouvernement allemand.

« Les Français croient à une action gouvernementale dans ce domaine, parce qu'en France l'Etat joue un rôle beaucoup plus actif qu'en Allemagne. On peut être convaincu aujourd'hui que ces quelques manquements ne représentaient pas du tout un sabotage délibérément voulu.

« L'industriel allemand se réjouit de chaque commande, même de celles passées au compte des réparations.

« Les résultats des deux premières années du plan Dawes ont montré que plus de mille contrats attendaient au bureau parisien des réparations une homologation, parce que la quote-part de la France était absorbée.

« Les craintes de la France de ne pas pouvoir utiliser à fond les disponibilités du plan Dawes dans l'avenir ne peuvent pas, semble-t-il, se justifier jusqu'à présent. Si, par hasard, ce fait se produisait, soyez certain qu'il faudrait en chercher la cause non pas du côté des industriels allemands, mais au contraire du côté de la France qui, comme l'expliqua en détails le *Journal des Débats*, ne peut pas se décider à faire certaines commandes.

« N'hésitez pas à dire et à répéter que l'industrie allemande accepte avec empressement toute commande, même au compte des réparations, étant donné l'abîme existant entre sa faculté de production et la capacité d'absorption des marchés divers. »

L'assurance sociale allemande se compose d'une assurance contre les maladies, contre l'invalidité et contre les accidents. Les règlements ont été donnés par des lois, principalement par celle de 1911, résumant et précisant les arrêtés qui se succédèrent depuis 1883.

L'assurance contre les maladies fixe l'organisation des caisses de maladies.

Celles-ci sont alimentées par des apports montant actuellement à 7 % du total brut des salaires ou appointements. Obligatoirement en sont membres tous les ouvriers ou employés gagnant moins de 225 marks par mois. Deux tiers du montant sont supportés par l'ouvrier, un tiers par le patron. Le payement total est effectué par l'employeur. C'est la direction qui gère ces caisses, les ouvriers et les patrons y sont représentés proportionnellement.

On distingue généralement la caisse pour malades de l'endroit, celle pour quelques grands métiers et celle des entreprises. Par exemple A.E.G. (Société générale d'électricité) a une caisse spéciale pour ses usines et une autre pour ses ateliers annexes de Berlin.

Il y a des caisses supplémentaires. Il s'agit d'associations où les ouvriers soumis à l'assurance peuvent entrer volontairement comme membres. Ces groupements sont peu nombreux. Il s'agit, en principe, de caisses qui existaient avant la promulgation des lois sur les assurances. Ceux qui, par leur salaire, ne sont pas tenus d'être inscrits à une caisse, peuvent devenir membres d'une caisse d'assurance s'ils le désirent.

Actuellement, on exige, en même temps que le versement pour les caisses de maladies, un paiement supplémentaire pour l'assistance aux chômeurs. Il est de 3 % du salaire de base et est payé moitié par l'ouvrier, moitié par le patron.

L'assurance contre l'invalidité ne concerne que les ouvriers dans la loi de 1911. L'assurance des employés a été fixée par une loi de 1909. Pour les deux institutions, il s'agit de versements hebdomadaires ou mensuels supportés moitié par l'employeur, moitié par le salarié. Tous les ouvriers peuvent s'assurer. Les employés n'en ont pas le droit, lorsque leur traitement dépasse 500 marks par mois. L'assurance est touchée à partir du moment où l'invalidité est produite par la maladie ou par l'âge.

L'assurance contre les accidents fonctionne dans les exploitations concernant l'industrie, le commerce, les communications et la navigation. La caisse est alimentée par les versements des patrons calculés suivant les salaires et le nombre des employés.

Les entreprises sont groupées en « coopératives de métiers ». Celles-ci ne doivent pas seulement intervenir en cas d'accident, elles doivent également prévenir les accidents. Elles rédigent des règlements préventifs et ont le droit de faire inspecter les exploitations diverses par des agents spéciaux, chargés de voir si les règlements ont été observés.

Enfin, une loi du 1er juillet 1925, avec effet rétroactif, assimile les maladies de métier aux accidents. On range dans cette catégorie les maladies résultant des exploitations où l'ouvrier manipule le plomb, le phosphore, le mercure, l'arsenic, le benzol, etc.

*
* *

Dans toutes les usines importantes, les patrons font beaucoup pour l'ouvrier. Nous avons parlé des fondations Krupp. Chez A.E.G., à Obersprée, la plus grande usine de câbles d'Europe, une sorte de cité a été créée pour les ouvriers chargés de famille. Les maisons sont louées à des prix très réduits et beaucoup furent vendues pendant l'inflation. Certaines furent acquises ainsi par des ouvriers moins de cent marks-or.

Il faut d'ailleurs reconnaître que les patrons n'obligent pas des ingrats. Le personnel qu'ils logent ainsi à des conditions si avantageuses, a le plus grand souci de la propreté et même de la coquetterie dans l'installation. Tout est net.

Dans la banlieue de Berlin, on voit des masures en planches où les ouvriers viennent se reposer le dimanche. Les fenêtres sont grandes comme un mouchoir de poche ; les carreaux sont soigneusement lavés et des petits rideaux bordés de dentelles d'une blancheur impeccable égaient ces demeures minuscules. Devant, des jardinets d'environ deux mètres de long sur un mètre de large ; des allées entourent une pelouse de poupée.

Les jardins ouvriers sont remarquablement

tenus, grâce aux soins, également, de la Croix-Rouge qui s'est vouée à cette œuvre depuis la guerre. Les maisons ouvrières ont donné lieu à une architecture moderne, aux couleurs vives, en partant de ce principe que les couleurs claires réjouissent les yeux et l'âme.

Dans les grandes usines, il existe toujours des *casinos* pour employés et ouvriers où l'on sert des repas chauds moyennant, par exemple, 30 pfennigs pour l'ouvrier, 45 pour l'employé.

C'est le tarif aux usines A.E.G.

Dans ces vastes établissements où l'on emploie en grandes quantités des matières tels que goudron, asphalte, huile, essence, coton, jute, bois, papier, etc., le service de secours est organisé de façon impeccable. Des avertisseurs distribués sur toute l'étendue de l'usine, des toiles ignifugées partout accessibles, des extincteurs et des boîtes à sable facilitent cette tâche. Une commission d'hygiène et de sécurité formée d'employés et d'ouvriers veille au bon entretien des dispositifs de sécurité et à l'observation des prescriptions du travail industriel ; elle fait en outre des propositions pour la création d'institutions hygiéniques et enquête sur tous les accidents. Les blessés reçoivent les premiers soins dans une infirmerie munie de tous les instruments nécessaires, même d'un appareil de rayons X. Deux voitures automobiles d'ambulance sont toujours prêtes à conduire les victimes à l'hôpital.

En outre, de vastes salles de bains sont à la disposition des ouvriers, soit gratuitement, soit contre le paiement de quelques pfennigs.

Dans la grande salle, après la fermeture des

bureaux et des ateliers, des conférences instruc-
tives et attrayantes sont souvent données.

Signalons aux usines A.E.G. une institution
qui a donné les meilleurs résultats et provoqué
une saine émulation. Il s'agit de la commission
des récompenses, ayant pour objet d'examiner
les projets d'amélioration présentés par les
ouvriers. Les projets retenus sont récompensés
par des primes en espèces, suivant leur valeur.
De cette façon, l'esprit de l'ouvrier est sans cesse
en éveil et l'usine profite des suggestions heureuses.

Enfin, les câbleries A. E. G., à l'entrée de la
région d'Obersprée, aux bois immenses, ont profité de cette situation pour établir au milieu de la
forêt une maison de convalescence. Non loin de
là, au bord de la Sprée, se trouvent le garage des
canots de l'Association nautique « Elektra » et,
sur l'autre rive, les installations du groupe de
natation « Elektron », clubs de ces vastes usines.

Le docteur Preuss, directeur aux usines A.E.G.
et fils de l'ancien ministre de l'Intérieur, père
de la Constitution, m'a fait visiter ses établissements où l'on fabrique d'abord des câbles et fils
isolés, à haute tension et téléphoniques. La plus
haute tension actuelle est de 60.000 volts pour les
câbles les plus modernes. Ils sont triphasés à
grand alternateur. Puis ce sont les ateliers pour
matériaux isolés, caoutchouc, « tenacite » (isolant employé depuis six ans par A.E.G.), pei-
gnes, etc. Enfin, c'est la fonderie pour le laiton,
le cuivre, l'aluminium, l'étirage pour les tubes
et profils, etc.

Ces usines s'étendent sur plus d'un kilomètre
et demi de long. En 1897, au moment où a com-

mencé la fabrication des câbles, 2.000 tonnes de cuivre furent employées. En 1924-1925, 37.000 tonnes furent nécessaires ; l'année suivante, 23.000 seulement, à la suite de la grande crise.

« La guerre, m'a déclaré le docteur Preuss, est une macabre stupidité dans les temps modernes où la seule lutte admissible est la lutte industrielle. La dernière fut voulue et décidée par un noyau puissant de militaires dont c'était le métier et qui espéraient avancement et honneurs. Mais la foule ne voulait pas de cette guerre qu'on lui imposa.

« Après, ce fut la révolution, véritable abcès qui creva, pour ne plus revivre, une période aussi sanguinaire. Il fallut alors recréer. Les ouvriers accordèrent leur collaboration aux chefs qui ne touchaient alors que 100 marks par mois.

« Il fallut lutter contre le chômage. Lorsque l'ouvrier est sans travail, le patron lui donne 80 marks. Les grèves sont infiniment rares. Le patron et l'ouvrier collaborent. A l'heure actuelle encore, les salaires sont au-dessous des tarifs normaux : 10 % pour les ouvriers, 20 % pour les chefs d'atelier, 30 % pour les directeurs. Mais cette situation ne peut que s'améliorer et les salariés ont compris leur intérêt en l'acceptant.

« Autour des chefs, la garde d'ouvriers, où toutes les opinions sont représentées, surveille et observe, empêche les troubles. Chacun met du sien. Le patron n'est plus l'être inabordable et insoucieux du sort de ceux qu'il fait travailler.

Il se repose sur ses ouvriers comme ceux-ci savent pouvoir compter sur lui. »

Lorsqu'on visite les usines allemandes, on se rend compte que cette méthode a du bon et que les travailleurs savent l'apprécier. Ceux-ci mettent toute leur conscience et leur dévouement dans leur labeur ; ils savent que de leur rendement dépend la fortune de l'usine et qu'ils bénéficieront de celle-ci.

Il faut savoir s'attacher le personnel par des gestes.

Chapitre III

L'Artisanat

Le développement croissant des formes que revêt actuellement la civilisation nécessite des réactions différentes de l'homme en face de la nature. Tout étant coordonné au progrès de la mécanique, la vie organique elle-même, la vie spirituelle aussi se transforment, ou tout au moins la technique essaie de les asservir à nos exigences, à nos besoins d'organisation.

Il serait puéril d'essayer d'enrayer le mouvement ; le tourbillon de la vie nous entraîne à une allure folle vers l'avenir et nous arrivons à industrialiser tout, pour devenir plus puissants, plus forts.

Nous instituons des systèmes permettant de fournir davantage, plus rapidement et à meilleur compte, nous supprimons ainsi toute création individuelle, nous tuons l'art qui ne peut pas être l'esclave des méthodes fixes, de règles déterminées et nous mettons au service de l'artisanat un art inférieur répondant uniquement à des formules.

La mécanique aboutit à limiter l'art à l'homme et l'esprit de l'homme à la machine. L'artisan ne cherche plus son inspiration dans la nature, dans la contemplation de l'éternité. Ses yeux et son cerveau, limités par la technique, sont tournés uniquement vers l'avenir ; il aspire à produire davantage, au lieu de *créer mieux*. Toute responsabilité esthétique est alors supprimée. Si parfois on fait appel à l'artiste, on se trouve très souvent en présence de projets irréalisables. L'artiste isolé, habitué à un art supérieur, esclave seulement de son imagination, de son tempérament, ignore tout du métier de l'artisan, des propriétés esthétiques des matériaux à employer — le bois, le fer, la pierre, le tissu — des possibilités même encloses dans la machine.

Dès 1908, en Allemagne, une association, le « *Deutsche Werkbund* », fut fondée dans le but de réagir en cherchant à établir l'organe collectif qui coordonnerait les efforts multiples, tentés par quelques personnalités isolées, où s'attestait la volonté d'associer l'esprit artistique, d'une part, et l'activité devenant chaque jour plus prosaïque des métiers du commerce et de l'industrie, d'autre part.

Les fondateurs du *Werkbund* considéraient l'ennoblissement du travail comme une question éthique. Le travailleur qui invente et crée prend conscience de son rôle esthétique vis-à-vis des hommes, et son labeur s'exécute avec plus d'ardeur et de joie.

Il ne s'agissait pas là d'une association d'esthètes théoriciens, mais d'hommes ayant la volonté d'agir, prenant en main les intérêts les plus profonds de la vitalité d'une nation, de ses manifestations extérieures, de l'âme même d'un peuple. La tâche fut aride. Il fallut reviser complètement toutes les questions relatives à l'importance de la forme dans la vie, faire collaborer l'artiste à la machine. A ce sujet, un des fondateurs du *Werkbund* nous dit ceci :

« L'homme conscient doit envisager sérieusement cette question. Car il sait dans quelle large mesure toute notre organisation économique et, par conséquent aussi, toute notre vie intellectuelle reposent sur le principe de l'épargne réalisée par la machine et il sait comment celle-ci n'a cessé d'envahir des terrains toujours nouveaux. Il serait absurde de vouloir la bannir des domaines où non seulement elle s'avère comme économiquement supérieure à la main humaine, mais où elle s'égale à celle-ci au point de vue de la forme. Seulement, ce serait commettre une erreur mortelle que de prétendre imposer à la machine des tâches réservées au travail manuel, c'est-à-dire des objectifs qui, par la qualité de leur essence même, répugnent manifestement à la régularité du travail mécanique. Du reste, la machine n'est, au fond, elle aussi, qu'un outil dirigé par la volonté de l'homme ! C'est en accentuant les distinctions qui les séparent que les deux types de travail, le type industriel mécanique et le type artisan-manuel, tirent le plus de profit d'une prise de conscience qui leur révèle à eux-mêmes leurs deux natures caractéristiques. »

Le *Werkbund* exigea ensuite une forme convenable pour tous les objets de la vie courante, pour l'habitation, pour les monuments. Il associa à sa tâche l'Etat et la législation, intervenant auprès des autorités publiques pour les aider de ses avis dans les travaux qu'elles commandaient, et on assista à la construction d'établissements, de fabriques de bon goût, à l'écoulement de marchandises industrielles pleines de caractère ; dans toutes les branches on a trouvé une exécution plus précieuse du travail, chacun étant animé d'une foi nouvelle.

En outre, la guerre, en appauvrissant intérieurement l'Allemagne, provoqua une avalanche d'acheteurs étrangers. Le premier devoir était donc de tirer parti le plus possible des richesses intellectuelles nationales et de les mettre au service des matières premières étrangères dont l'Allemagne peut difficilement se passer. Mais la forte demande de marchandises allemandes risquait de compromettre la qualité du travail : le *Werkbund* s'efforça alors de maintenir sur le marché intérieur la perfection du labeur.

Mais toute une série d'autres devoirs incombe maintenant à cette association, pour atteindre le but qu'elle s'est fixé. Il lui faut travailler à augmenter la culture générale de l'ouvrier, de l'artisan, pour qu'ils aient un sens plus exact et plus précis de la beauté de leur travail.

Puis, tâche plus ardue, il faut éduquer l'acheteur et, avant lui, le commerçant qui sert d'intermédiaire entre le producteur et le consommateur.

Telles sont les directives des recherches du *Werkbund* dont les résultats si pratiques peuvent se constater chaque jour sur le marché allemand.

Chapitre IV

Une visite au Kaiser Wilhelm Institut, à Dahlem

C'est à Dahlem, dans la banlieue de Berlin, à peu près ce que Meudon est à Paris. Des villas cossues, au milieu de jardins aux arbres encore jeunes, de petits parcs publics, de vastes champs monotones par endroits témoignent de l'extension récente de la ville. L'Institut s'élève au milieu d'un grand jardin, à une distance respectueuse des trépidations de la rue, ou plutôt de la route, soigneusement asphaltée : aucun ébranlement du sol ne doit venir troubler les galvanomètres qui, dans les salles grises, envoient leur petit rayon de lumière se balancer sur les échelles graduées.

Le professeur Freundlich n'a pas hésité à se déranger le dimanche pour me recevoir. Il m'accueille dans son cabinet de travail, étroit, encombré de tables et de papiers. Grand, au visage expressif d'intelligence et d'activité, avec ses cheveux noirs et bouclés, il paraît encore très jeune dans ses gestes rapides et nerveux. Il excuse le directeur de l'Institut, le professeur Fritz Haber, promoteur de la synthèse industrielle de l'ammoniaque, qui aurait voulu me faire les honneurs de la maison, mais qui est en ce moment en voyage.

Il me donne quelques mots d'explication sur la *Kaiser Wilhelm Gesellschaft* et la fondation des instituts.

Cette « Société de l'Empereur de Guillaume » fut fondée en 1911 : à cette époque commençaient à fonctionner en Amérique deux fondations privées, qui ont fait depuis, des Etats-Unis, un des premiers pays du monde pour la recherche scientifique : l'Institut Carnegie, de Washington, le « Rockefeller Institute » de New-York. Ces organismes, où se groupent des savants de diverses spécialités, démontrèrent au monde scientifique que la recherche, confondue autrefois avec le haut enseignement dans les universités, a tout à gagner à être cultivée isolément. Les qualités d'un chercheur sont souvent exactement l'opposé de celles d'un professeur ; la spécialisation qu'entraînent les techniques modernes, l'extrême contention d'esprit nécessaire pour défricher et mettre en valeur des notions nouvelles ne sont point facilement compatibles avec les soucis du professeur chargé de plusieurs cours, accablé périodiquement par les tracas des examens et des formalités administratives.

Un certain nombre d'intellectuels, au premier plan desquels il faut citer le théologien protestant von Harnack, qui préside encore la Société, de gros industriels et des banquiers, et enfin de hauts fonctionnaires impériaux, se réunirent pour réaliser en Allemagne ce que l'initiative de deux gros capitalistes avait créé de toutes pièces en Amérique.

La Société reçut la protection officielle de l'empereur, d'importantes subventions gouvernementales et privées. Elle est administrée par un « sénat » de 38 membres dont 18 nommés par l'Etat prussien et le ministère de l'Instruction publique.

Au début, la Société devait vivre en grande partie sur les revenus de l'important capital qui lui avait été alloué. L'inflation vint réduire à peu de chose ce capital. Certains instituts (Instituts de chimie, de biochimie, de métallographie, des combustibles) sont soutenus par l'industrie privée, par la grande industrie chimique en particulier.

D'autres Instituts (Institut de biologie) sont subventionnés par l'Etat. Dans tous les cas, les Instituts ont, dans les limites de leur budget, une autonomie très grande. Chaque professeur est de même entièrement indépendant dans la section qui lui est confiée.

Les Instituts sont aujourd'hui au nombre de 29, dispersés dans toute l'Allemagne, et mettent à la disposition de 500 travailleurs le matériel de recherche le plus perfectionné que l'on puisse imaginer.

Les Instituts de chimie physique, de biochimie, de chimie, de biologie et d'entomologie, tous les cinq à Dahlem, groupés à peu de distance les uns des autres, ne s'intéressent qu'à la science pure. Tout à côté — une rue à traverser — les instituts des textiles, des silicates et de métallographie s'attaquent à des problèmes pratiques.

A Mulheim, dans la Ruhr, fonctionne un institut spécialisé dans l'étude de la synthèse des combustibles liquides, ce que l'on appelle parfois la « liquéfaction du charbon ».

Un institut du fer existe à Dusseldorf, un institut du cuir à Dresde, un institut aérodynamique à Göttingen.

Plusieurs stations biologiques relèvent également de la société, ainsi que les instituts de psy-

chiatrie et de neurologie de Berlin et de Munich.
Enfin, en 1926, ont été fondés à Berlin un institut de droit international public et un institut
de droit international privé.

L'activité de la société tend à s'étendre sur tous
les domaines de l'esprit, montrant que ce système d'organisation est bien adapté à son but.

Faisons remarquer que notre Collège de
France fondé par François 1er, notre Muséum,
dont l'origine remonte à Louis XIV, l'Institut
Pasteur qui date du siècle dernier représentent
en France depuis des siècles, en partie, l'équivalent de ces Instituts flambant neufs, créés à
coup de millions en Amérique et en Allemagne.

La grandeur de la France est dans le passé
autant que dans le présent. Ce n'est pourtant
point sans un certain sentiment d'envie que
nous voyons l'étranger chercher, par une activité fébrile et un développement incessant de
ses instruments de travail, à se créer une prépondérance spirituelle qui complète sa prospérité
matérielle ou bien renouvelle entièrement une
tradition intellectuelle qui s'était perpétuée jusqu'ici dans des universités remontant au moyen-
âge.

Saurons-nous, en France, nous renouveler,
nous aussi? Une noble émulation nous poussera-
t-elle à revivifier nos institutions centenaires, à
qui le passé est lourd et le présent difficile ? Il
nous suffira, je pense, d'attirer l'attention sur
l'essor prodigieux de la science étrangère dans
ces vingt dernières années pour faire comprendre
que la question est d'importance : la France ne
doit pas devenir un Musée de vieilles choses que
l'on salue respectueusement en passant. La

France doit vivre, c'est-à-dire agrandir, développer ses institutions (1).

Que l'on songe qu'il y a vingt ans, à Dahlem, il n'y avait que de la lande et du sable et qu'aujourd'hui dix Instituts y forment une ville scientifique où une centaine de travailleurs s'assoient chaque jour devant des balances, des polarimètres et des appareils à rayons X.

La science qui sort de ces Instituts n'est pas de la compilation, mais le développement hardi de théories nouvelles appuyées de faits nouveaux. Nous avons un retard impossible à nier, mais possible à rattraper.

*
* *

Le professeur Freundlich, l'œil vif derrière ses lunettes, nous fait faire le tour du propriétaire. L'Institut, consacré uniquement à la recherche, est divisé en deux parties : la division Freundlich pour la chimie des colloïdes ; la division Haber pour la chimie physique.

La grande idée du professeur Freundlich est l'analyse minutieuse de tous les phénomènes physiques se rattachant aux phénomènes que nous présentent les êtres vivants.

Nous voici dans une grande salle sombre, encombrée d'appareils. Le professeur verse le contenu d'un flacon (de l'hydrazide d'acide amidophtalique) dans une burette, dispose un gobelet d'eau de Javel au-dessous, tourne le robinet de la burette : chaque goutte devient un éclair bleu, c'est une cascade lumineuse, des gouttes de lumière jaillissent partout. Approchez sans

---

(1) La fondation de l'Institut Rothschild pour la biophysique, à Paris, en mai 1927, comble en partie ces vœux.

crainte, tendez la main, recevez sur vos doigts
cette lumière mystérieuse, aucune brûlure ne
vous menace. O ver luisant, modeste dans ton
buisson, tu pâlirais en voyant ces magnificences
jusqu'ici inconnues de la chimie !

Raphaël Dubois, à Lyon, montra un jour que
ton petit lumignon vert et glacial était produit
par l'oxydation d'une substance, la luciférine,
sous l'action d'un ferment, la luciférase.

La constitution de ces substances était restée
inconnue ; mais voici qu'à Dahlem le mystère
s'éclaircit, l'oxydation à froid de substances
définies nous permet de concevoir ce qui se passe
dans le corps du petit animalcule.

Le professeur nous ramène dans son cabinet de
travail. Il sort d'un placard un tube de verre,
bouché à l'émeri, à moitié rempli d'une substance noire. Il retourne le tube, rien ne bouge.
C'est une masse solide qui est à l'intérieur. Le
tube est agité quelques instants : miracle ! La
substance noire est maintenant liquide, elle
coule, elle forme des bulles. Le tube se redresse,
immobile, entre les mains du professeur, la substance se rassemble, se fige ; ce n'est plus à nouveau qu'une pâte solide qui ne bouge plus lorsqu'on retourne le tube. Quel est le produit mystérieux et compliqué enfermé dans ces parois de
verre ? De l'eau, de la rouille et du sel marin,
pas autre chose ! Le tout est de savoir préparer
et doser convenablement les deux substances. Le
professeur nous explique que ces alternatives de
coagulation et de liquéfaction s'obtiennent aisément avec toutes sortes de colloïdes en solutions
salines concentrées. Il est vraisemblable que le
phénomène est analogue à ce qui se passe, beau-

coup plus lentement, dans la division cellulaire.
Les recherches récentes, notamment du regretté
Delage, de Paris, ont montré qu'elle est consti-
tuée essentiellement par des alternatives de liquéfaction et de solidification.

Nous pénétrons dans une autre salle. Voici un
nouveau procédé de cataphorèse, d'une simplicité élégante : une lame de verre porte un morceau de parchemin humide, pris entre deux élec-
trodes métalliques, maintenues à 110 volts de
différence de potentiel. Déposons une goutte de
solution de rouge Congo : la couleur quitte le
liquide, se rassemble en un croissant au bord de
la goutte. Le procédé permet de reconnaître instantanément la charge électrique des particules
de colorants.

Un coup d'œil dans un microscope : un four-
millement de points blancs, incessamment agités par une inquiétude sans fin. Chacun de ces
corpuscules atteints de danse de Saint-Guy n'a
pas plus d'un millionième de centimètre. C'est
le mouvement brownien, bien connu depuis les
travaux du professeur Perrin, de la Sorbonne, et
de Zygmondi, de Göttingen, tous deux prix Nobel
de physique pour 1926. Association symbolique
de deux nations qui se complètent réciproquement !

Voici un liquide jaunâtre. Il a l'air parfaitement homogène, comme tous les liquides. Re-
gardons-le maintenant par l'oculaire d'un polarimètre, en faisant tourner le tube autour de son
axe entre nos doigts ; nous voyons une magnifique croix noire ! Cette croix noire est l'indice
des propriétés d'un cristal et d'un cristal aniso-
trope. Le liquide est en réalité rempli de petits

cristaux allongés, invisibles à l'œil nu ou au microscope ordinaire, mais visibles sous forme de filaments à l'ultramicroscope. Les membranes végétales montrent au polarimètre la même croix noire. Elles sont également constituées de cristaux invisibles, malgré leur aspect amorphe.

Observons au polarimètre ce liquide incolore qui remplit à moitié ce tube scellé : les couleurs les plus vives, le rouge écarlate, le bleu indigo, le jaune serin se peignent sur la surface ondoyante du liquide, rempli de molécules très longues, très symétriques, qui s'attachent les unes aux autres pour former des cristaux invisibles.

Après les féeries de l'alchimie et les tours de prestidigitation, l'austérité de la science livresque : les deux hautes salles de la bibliothèque sont tapissées de haut en bas d'ouvrages consacrés uniquement à la chimie physique. Tous les périodiques scientifiques français sont là, ainsi d'ailleurs que ceux des autres pays. Il y a quarante ans, la chimie physique n'existait pas. Aujourd'hui, il faut lui consacrer des bibliothèques! L'édifice de nos connaissances s'élève à vue d'œil pour qui se tient au courant et prend les proportions d'un gratte-ciel. Malheur à ceux qui ont le vertige ! Malheur à ceux qui vivent dans le passé !

Dans ces sciences neuves, les peuples jeunes vont vite, la tradition compte peu, les sens affinés de l'homme de vieille culture ne sont pas indispensables. Le professeur Freundlich nous parle de son récent voyage en Amérique, de l'essor prodigieux de cette nation :

« Si nous ne réalisons pas d'ici vingt ans les

Etats-Unis d'Europe, nous dit-il, nous serons dépassés par les Américains, au point qu'aucune initiative ne nous sera laissée dans aucun des domaines de l'activité humaine. »

Nous descendons au rez-de-chaussée, dans les salles réservées à la division Haber. Nous sommes dans le laboratoire où l'on a récemment étudié la teneur en or de l'eau de mer ; elle est non pas d'un milligramme par tonne, — ce qui eût rendu l'exploitation industrielle possible, — mais seulement d'un centième de milligramme, ce qui rend toute idée d'exploitation chimérique. La teneur en or varie d'ailleurs avec la provenance de l'échantillon d'eau, en rapport avec la structure géologique des côtes voisines.

Ici travaille le professeur Ladenburg, attaché à la division Haber, mais pratiquement indépendant. Le professeur Ladenburg a développé la théorie des quanta appliquée à la structure de l'atome, et a pu en déduire, en 1926, les propriétés magnétiques et optiques des métaux à l'état dissous. La théorie des quanta, qui jusqu'ici n'avait guère été appliquée qu'à l'étude des spectres de gaz, devient, par cette extension, une des plus générales de la physique. Le professeur Ladenburg peut expliquer, par des raisonnements très simples, pourquoi fer, nickel, cobalt sont magnétiques, pourquoi les sels de cuivre sont bleus, ceux de manganèse rosés.

La science se simplifie en grandissant, gagne en harmonie et en unité.

Nous visitons la salle de cours, où le professeur Freundlich fait un cours libre tous les mardis, où, deux fois par mois, des travailleurs de l'Institut viennent exposer, devant l'assemblée de leurs professeurs et de leurs camarades, le résultat de leurs recherches. Ainsi le travail se fait en commun, en camarades et tous profitent des efforts de chacun.

Un coup d'œil encore à la salle des machines, à la salle des rayons X, au laboratoire du professeur Polanyi — un Hongrois — au « club », au fumoir, à la salle à manger où les étudiants prennent leur repas du milieu de la journée : tout brille et luit. Une imposante équipe de frotteuses et de balayeuses a pour seule mission de faire régner la propreté à l'Institut.

« Vous avez visité, nous dit le professeur Freundlich, l'Institut de haut en bas. Il est vrai que, pendant la guerre, nous avons fabriqué ici des gaz asphyxiants. Vous avez pu vous rendre compte que nous n'en faisons plus, et je vous assure que nous ne songeons pas à en faire, en quelque quantité que ce soit. Toute notre activité est tournée vers la science pure, et qui plus est, vers la biologie, la science de la vie. Notre institut est ouvert à tous, nous accueillons avec le plus grand plaisir les étudiants étrangers qui veulent poursuivre des recherches nouvelles sous notre direction. Parmi les 23 étudiants qui travaillent sous ma direction, trois sont Américains, un est Anglais, un Japonais, un Serbe, trois Russes. Vous savez qu'à l'Institut de biologie travaille un jeune agrégé français. Il vient souvent ici consulter la bibliothèque. Parmi les trente étudiants du professeur Haber, vous trouveriez la même proportion d'étrangers. Loin de nous entourer de mystère, tous les résultats de nos recherches sont publiés aussitôt obtenus. »

Le Kaiser Wilhelm Institut pour la biologie : un grand bâtiment de trois étages, géométrique, gris, rendu cependant avenant par un toit mansardé. Tout autour un immense jardin ; plus loin, des prés, des champs. La vue est bordée à l'ouest par la forêt de Grunewald ; au loin, la silhouette de deux clochers au-dessus de la plaine monotone ; un moulin hollandais et ses quatre ailes toujours au repos. C'est la rase campagne aux portes de Berlin, un site rêvé pour faire de la biologie.

L'Institut été construit de 1915 à 1919 ; il ne fonctionne que depuis 1920. La guerre n'a pas arrêté les constructions dans ce pays surpeuplé : l'après-guerre n'a pas ralenti le travail désintéressé, malgré les misères de l'inflation. Il y a là une belle leçon d'énergie ! Pas très loin de l'Institut, était encore au début d'octobre 1926 une prairie sèche et grise ; vers novembre, des arpenteurs ont un jour planté des piquets ; le lendemain, des terrassiers ont remué la terre ; le surlendemain, des camions apportèrent des piles de briques. Fin décembre, s'achevait le premier étage d'un grand bâtiment. Le bâtiment devenait, en juillet 1927, un Institut d'anthropologie et, en septembre, un congrès international des savants spécialisés dans l'hérédité était convié à visiter l'institut champignon. Le temps de convoquer les savants du monde et l'on fait sortir de terre des châteaux consacrés à la science.

A l'intérieur de l'Institut, des couloirs spéciaux, aérés, méticuleusement propres ; des laboratoires encombrés comme tous les laboratoires où l'on travaille : dans tous les coins, sur les tables, sous les tables, ou fixés au mur, des appareils se démènent avec un ronronnement de machines satisfaites. La biologie exige de longues manipulations.

Les recherches se poursuivent dans des directions assez diverses. Le professeur Correns, aimable vieillard très blond, a redécouvert, il y a trente ans, les lois de croisement entre variétés voisines, ou lois de Mendel. Il continue toujours, sur une grande échelle, ses recherches de génétique, la sexualité chez les végétaux supérieurs.

Son collègue Hartmann, auteur d'un récent traité de biologie, vient d'élucider la question de la sexualité chez les algues inférieures. Il a découvert l'homosexualité physiologique chez une petite algue brune, très commune sur nos côtes : une même cellule reproductrice peut fonctionner comme mâle ou comme femelle selon la qualité sexuelle de la cellule qu'on lui oppose. Il y a des cellules reproductrices « fortement mâles », des cellules « fortement femelles » ; des cellules « faiblement mâles » peuvent être fécondées par des cellules « fortement mâles » et des cellules « faiblement femelles » peuvent être fécondées par des cellules « fortement femelles ».

Les professeurs Otto Meyerhof et Otto Warburg sont les fondateurs d'une école nouvelle : leur idée directrice est de faire entrer les phénomènes fondamentaux dans le cadre des lois de la thermodynamique. Le professeur O. Meyerhof vient de renouveler complètement nos connaissances sur le mécanisme de l'activité musculaire. Il a démontré que la contraction musculaire est provoquée par une réaction de dédoublement d'une molécule de glucose en deux molécules d'acide lactique, réaction complètement indépendante de la présence de l'oxygène de l'air. L'oxygène intervient postérieurement pour refaire du sucre avec l'acide lactique.

Le professeur Meyerhof est allé beaucoup plus loin : il a prouvé que cette réaction fondamentale de dédoublement du sucre peut se faire *in vitro* sous l'action d'un ferment extrait du muscle écrasé et coupé en morceaux ; ce ferment peut être purifié et concentré. C'est la première fois que l'on purifie et que l'on concentre un ferment contenu dans une cellule animale. En d'autres termes l'on manipule chez le professeur Meyerhof la fragile substance vivante, comme ailleurs on manipule des réactifs chimiques dont la stabilité est relativement énorme. Ces belles recherches ont valu à leur auteur le prix Nobel de physiologie en 1923, la plus haute distinction scientifique de notre époque.

Le professeur O. Warburg est l'auteur d'une théorie de la respiration. Il s'est occupé, avec le même esprit de physicien, de choses aussi différentes pour le profane que le développement des algues et la biochimie du cancer. Par des expériences nombreuses, le professeur Warburg a montré en quoi consistait le cancer au point de vue chimique. Un ouvrage réunissant ses travaux sur le cancer a paru en librairie à Berlin en juillet 1926. Nous croyons savoir qu'une traduction de cet ouvrage paraîtra bientôt en France.

Enfin, le professeur Mangold a trouvé les lois qui régissent la formation des monstres. Chez les tritons, petits animaux voisins des salamandres,

il obtient à volonté des animaux à deux têtes,
ou à deux queues, ou à huit pattes, etc. De la
connaissance de la monstruosité, on peut déduire
la connaissance de l'individu normal.

L'esprit qui règne dans l'Institut de biologie
est tout aussi large, aussi dépouillé de toutes
préoccupations politiques qu'à l'Institut de chimie physique : trois Américains, un Anglais,
trois Japonais, un Hongrois et un Français y travaillent à côté des assistants allemands.

Ce que l'on appelle en jargon de laboratoire
le « rendement » est extrêmement élevé à Dahlem ; les mémoires qui sortent chaque année, à
raison d'un volume de deux cents pages environ
par laboratoire et par an, comptent parmi les
meilleurs de ceux qui paraissent en Allemagne.
La concentration à Dahlem de chercheurs jeunes,
pleins d'activité, ayant à leur disposition un outillage perfectionné, a rendu possibles, en l'espace
de six ans, des découvertes qui eussent été impossibles dans des laboratoires mal outillés et
isolés. Ce n'est point par hasard que nous avons
parlé successivement de l'Institut de chimie physique et de l'Institut de biologie : les chercheurs
des deux instituts se fréquentent, et les biologis-
tes apprennent beaucoup des physiciens, les physiciens empruntent des problèmes aux biologis-
tes.

Chaque travailleur jouit de la liberté la plus
complète ; l'émulation est telle que chacun accomplit avec ponctualité sa besogne. Le génie
n'est qu'une longue patience. Encore faut-il
avoir cette patience, et de quoi l'exercer.

Et nous ne pouvons pas nous empêcher de
comparer la pauvreté de nos laboratoires au con-

fort de ceux de l'Allemagne. Nos savants aussi pourraient organiser de semblables instituts, s'ils étaient moins délaissés par les pouvoirs publics. Quand nous déciderons-nous à savoir tirer parti de nos richesses intellectuelles ?

Un foyer pour la science internationale :
Harnack-Haus,

par le professeur Dr Adolf von Harnack
Président de l'Association « Kaiser Wilhelm »

Quand, lors d'une récente séance de la commission des économies du Reichstag, la phrase suivante fut lancée : « *La culture est nationale, mais la science est strictement internationale* », tous les partis approuvèrent. C'est là une preuve magnifique de l'élévation et de la santé d'esprit du peuple allemand en ce qui concerne le patrimoine idéal de culture et de science.

Cette phrase avait été prononcée à l'occasion d'une motion demandant qu'une grosse somme fût affectée à la construction d'une « Fondation hospitalière » que l'association « Kaiser Wilhelm » voulait édifier. Cette importante association, qui existe depuis l'année 1910, et qui entretient depuis lors 29 instituts de recherches, a su gagner la confiance générale du Reich et des autres pays. La motion fut adoptée à l'unanimité.

Quel est l'esprit de cette « Fondation hospitalière » ? Quels buts se propose-t-elle de remplir ?

La science internationale vit de l'échange des livres et des traités scientifiques, échange qui, malgré la diversité des langues, se poursuit entre tous les pays civilisés ; elle vit, en outre, des grands congrès internationaux qui, depuis la fin de la guerre mondiale et des années pénibles qui ont suivi, ont repris en plus grand nombre qu'autrefois ; elle vit enfin aussi des échanges d'étudiants entre certaines nations civilisées, échanges qui sont également devenus plus actifs que par le passé.

Mais ces moyens ne suffisent pas : *les grands savants des divers pays doivent se rapprocher plus encore ;* il faut qu'ils apprennent à se connaître personnellement ; il faut que les méthodes scientifiques particulières soient connues selon le point de vue même d'après lequel les maîtres de la science travaillent. Il s'agit aussi bien en cette affaire des faits positifs que de certaines données valables, mais si impondérables qu'elles ne peuvent devenir agissantes que par un échange de vues et un commerce personnel.

Le succès que l'on doit espérer est à portée de la main. Le savant pourra non seulement exciter ses collègues dans la spécialité où il travaille et s'enrichir lui-même intellectuellement — du silex et de l'acier jaillira la lumière ! — mais encore tout cela servira à la bonne amitié et à la paix des nations.

Les buts de la « Fondation hospitalière » sont ainsi tracés. Cette fondation ne sera pas une « Maison d'étudiants », mais un lieu d'habitation et de travail offert aux savants éprouvés, jeunes et vieux. En principe, ceux-ci seront invités par l'association « Kaiser Wilhelm » ; à la « Fondation », ils trouveront un domicile, que ce soit pour des semaines, des mois ou même des années ; ils pourront y poursuivre leurs travaux ;

ils pourront y entrer en relation étroite les uns
avec les autres. L'association recevra et exami-
nera volontiers les communications qui lui seront faites.

La « Fondation hospitalière » sera édifiée à
Berlin-Dahlem, parmi les grands instituts qu'elle
y possède (Institut chimique, Institut chimico-
physique, Institut biologique, Institut chimico-
biologique, Institut pour l'étude de l'anthropologie, pour les recherches sur les silicates, etc.).
Là, les hôtes scientifiques trouveront non seulement des logements, mais des laboratoires scientifiques voisins. Ils auront des salles communes,
des lieux de réunions, des salles de récréation,
une bibliothèque.

On ne peut dire encore quel sera le développement futur de cet établissement, les moyens
nécessaires n'étant pas encore réunis, et la fondation devant d'abord faire ses preuves. Mais on
envisage qu'elle pourra d'emblée donner asile
d'une *façon agréable et confortable à, au moins,
une douzaine de savants* et qu'un certain nombre
d'appartements de familles pourront être tenus
à leur disposition. L'association « Kaiser Wilhelm » entreprendra cette année (1) la construction des bâtiments, et elle espère qu'à peu près
certainement la « Fondation hospitalière » pourra
être ouverte dans le courant de l'année qui vient,
car non seulement le Parlement, mais encore les
plus nombreux milieux ont apporté leur approbation cordiale et agissante aux plans projetés.
On se rend compte avant tout qu'un plan original d'interpénétration a été apporté, grâce au-

---

(1) Ces lignes ont été écrites en 1927.

quel la science pourra faire de nouveaux progrès.
L'Allemagne et les pays étrangers en éprouve-
ront les bienfaits. Les Allemands habitant à
l'étranger mériteraient au reste la plus grande
gratitude s'ils participaient à la réalisation de
cette œuvre.

Dans quel sens la « Fondation hospitalière » se
développera-t-elle pratiquement, et quelle sera
la portée de cette nouvelle création, voilà qui est
encore du domaine de l'avenir. Mais, je ne doute
pas que, là encore, il soit possible d'appliquer
le mot de Wilhelm von Humboldt, à savoir que
« toute idée de valeur justement conçue peut être
assurée d'une réalisation fructueuse ».

QUATRIEME PARTIE

CHAPITRE I

Le Mouvement de la Jeunesse

par le Dr Norman Koerber

Le Dr Norman Koerber était l'homme le plus qualifié pour nous parler du mouvement de la jeunesse en Allemagne. En 1919, il fonda, à Berlin, une Association de la Jeunesse qui s'affilia au Mouvement de la Libre Jeunesse Allemande. En 1920, il participa à la fondation de la « Nouvelle Œuvre, » dont il fut l'un des chefs jusqu'en 1924. Actuellement, il est l'un des chefs les plus actifs et les plus écoutés de l'importante « Union des Wandervoegel et des Pfadfinder ». Il est en outre l'auteur de plusieurs ouvrages, tels *le Mouvement de la Jeunesse en Allemagne*, *l'Heure de la Jeunesse Allemande*, et, en collaboration avec le Dr Arnold, *Jeune semence*.

Le Dr Norman Koerber a bien voulu nous

documenter d'une façon complète sur la question capitale des causes et du développement du mouvement de la jeunesse en Allemagne.

I. — *Les divers aspects du mouvement*

« Il est à craindre qu'en Allemagne et hors de l'Allemagne le mot de « Jugendbewegung » (Mouvement de la Jeunesse) ne devienne une appellation à la mode dont se serviront pour parvenir à leurs fins les groupes et les mouvements les plus divers qui souvent n'ont absolument rien à voir avec la jeunesse.

« Le vrai Mouvement de la Jeunesse en Allemagne est bien réellement sorti de la jeunesse et repose sur elle ; de plus, les adhérents sont venus à la suite d'événements qui, ayant profondément influencé leur vie spirituelle, ont provoqué un changement de leur conception du monde.

« Ne font donc pas partie, à notre point de vue, du « Mouvement de la Jeunesse », toutes ces associations confessionnelles et politiques fondées pour endoctriner les jeunes générations, non plus que ces soi-disant « Associations de combat », qu'il s'agisse du « Frontkämpferbund », à gauche, du « Reichsbanner » au centre, des « Sociétés patriotiques » (Wehrwolf, Stahlhelm, Wiking, etc.), ou encore de l' « Ordre de la jeunesse allemande » (Jungdo) à droite. L'importance de ces groupements pour la nouvelle Allemagne ne correspond ni à leur chiffre d'adhérents, ni au bruit qu'ils font. La majorité comprend des gens qui, depuis longtemps, ont dépassé l'âge de la jeunesse. A certaines nuances près, ce ne sont que des créations éphémères, nées pour les besoins de la lutte dans le domaine de la politique intérieure et qui perdront en importance à mesure que la situation intérieure se fortifiera en Allemagne. Elles n'ont du reste de commun avec le Mouvement de la Jeunesse que certaines formes qu'elles lui ont d'ailleurs empruntées.

« Faisons une exception pour l'Association de la jeunesse ouvrière, association contrôlée par le parti socialiste et comptant actuellement environ 80.000 membres. Elle a été créée dans le but d'assurer le recrutement du parti, mais grâce à certaines circonstances, notamment à son entière autonomie dans le choix de ses chefs et à la prudente réserve du parti lui-même, cette association est vraiment devenue le pivot du Mouvement de la Jeunesse prolétaire.

II. — *L'origine du mouvement*

« Le Mouvement de la Jeunesse allemande né vers la fin du siècle dernier n'est pas un effet du hasard. C'était alors l'apogée du matérialisme dans la vie et les idées, conséquence d'une éducation autoritaire et perdue dans les formes, d'un culte mal compris des héros et du rapide développement économique favorisé par une longue paix. Une telle époque n'était point disposée à concéder à la jeunesse qu'elle pût avoir un caractère propre et des droits à elle. On ne voyait dans cet âge qu'un état de préparation pour devenir un bon citoyen, un bon patriote, un homme capable dans son métier. Le culte de l'autorité, maintenu à l'école par toutes sortes de moyens artificiels, interdisait toute vraie camaraderie entre maîtres et élèves. Le Maître n'était point pour les jeunes gens le guide, le conseiller, mais le fonctionnaire qui ne songeait qu'à s'acquitter de la tâche prescrite par les programmes. L'idéal de l'école ne dépassait pas celui d'un institut de « bachot » ; on ne savait pas éveiller l'intelligence de l'élève, la capacité de sentir, de retrouver, pour ainsi dire, par lui-même, les principes de la science. A la maison, le rythme trépidant de la vie et du travail et les rudes principes d'autorité de la vieille génération rendaient de plus en plus rare toute vraie compréhension entre parents et enfants. De même, dans les associations confessionnelles, sociales et à demi militaires, fondées sans exception par des hommes faits, dans des buts intéressés d'éducation et de dressage, la jeunesse de la fin du siècle dernier ne trouvait pas le moyen de se développer conformément à sa vraie nature.

« Mais l'esprit de rébellion d'une jeunesse entravée dans son devenir était dans l'air. Il suffisait d'une secousse pour déchaîner le mouvement de la jeunesse. Le branle fut donné de deux côtés, de certains milieux de pédagogues d'une part, de réformateurs jeunes et enthousiastes d'autre part, sous la conduite du génial Hermann Lietz, plus tard du Dr Gustave Wynecken qui fondèrent les premiers « Foyers d'instruction libre à la campagne » (*Landerzienhungsheime*) en Allemagne à Ilsenburg, Haubinda et Wickersdorf, où l'esprit juvénile et la camaraderie entre maîtres et élèves trouvèrent enfin leurs droits. La communauté scolaire à Wickersdorf, en Thuringe, devait même, suivant les propres paroles

de son fondateur Wynecken, devenir un nouveau foyer de « Juvéniculture » qui serait au
mouvement des « Wandervoegel » ce que la
pointe de la lance est à la hampe.

« Le mouvement des « Wandervoegel » venait
de naître peu avant la fondation de l'école libre
d'Ilsenburg ; c'était un mouvement tout à fait
indépendant de ces tentatives de réforme scolaire. Né dans un faubourg de Berlin, à Steglitz, il
s'était propagé rapidement à travers toute l'Allemagne. Un élève de première du lycée de Steglitz, Karl Fischer, devenu ensuite étudiant en
droit, avait réuni autour de lui, en 1896, quelques
élèves, natures passionnées, rebelles et difficiles,
et les emmenait chaque dimanche dans la
« Fohlenkoppel », prairies qui s'étendent le long
de la Nuthe au sud de Potsdam, et même plus
loin dans la Marche. L'été suivant, il s'en alla
à la tête de ses « Pachants » et « Escholiers » dans
les lointaines forêts de la Bohême. Il préparait
soigneusement de telles randonnées ; il s'était,
du reste, occupé longtemps et avec une profonde
conscience des mythes, des mœurs, des coutumes de l'ancienne Germanie et avait fait de longues études sur l'histoire des civilisations et des
races avant de réunir autour de lui ses premiers
« Escholiers ». Ces marches dans les forêts autour de Berlin et en Bohême, les feux de bivouac
allumés, la nuit au bord de la Nuthe, les délibé-
rations solennelles tenues sous les cieux étoilés,
les vieilles danses et les vieilles chansons retrouvées par les rudes compagnons de Karl Fischer,
tels furent les commencements de ce Mouvement
des « Wandervoegel » qui, à peine 15 années
plus tard, au début de la grande guerre, comptait

60.000 adhérents répandus dans toute l'Allemagne ; dépassant de beaucoup son importance numérique, il exerça la plus forte influence sur la vie de la jeunesse allemande et son attitude dans l'ensemble de la nation. Il mit en action la partie la plus éveillée de la jeunesse allemande, il fut le principal facteur, le noyau de ce « Mouvement de la Jeunesse allemande » qui ne tarda pas à se morceler en une multitude de groupes et d'orientations incompréhensibles pour l'étranger.

« Le « Wandervoegel » toutefois resta la cellule vitale de tout le mouvement, en fécondant toutes les ramifications, non sans perdre, il est vrai, en profondeur, en originalité, en valeur prime-sautière. Il ne manque pas de gens qui pensent que le « Wandervoegel » a accompli maintenant sa tâche historique qui fut d'être le héraut d'une jeune génération l'incitant à se souvenir des origines de sa race, à se replier sur soi-même, à revenir à la nature et à la vie naturelle. Il est de fait que ce Mouvement, qui avait groupé à l'origine toutes les natures indépendantes, devait perdre en force d'attrait et en vie intérieure à mesure que s'écroulaient les obstacles : les conceptions autoritaires désuètes d'un système scolaire desséché et d'un Etat autocratique. Le mérite historique du Mouvement de la Jeunesse et notamment du « Wandervoegel » est d'avoir déterminé, dans les classes importantes, pour l'évolution civilisatrice, un changement fondamental dans les idées concernant la jeunesse, sa situation au sein de la société et les lois de son développement. Toutefois, les obstacles, et ils ont encore grandi dans l'après-guerre, qui s'oppo-

sent à la vie organique et les risques qu'ils lui
font courir, à savoir le mécanisme et l'atomisme
d'une époque tout orientée vers la vie économique, sont encore assez forts pour donner sans
cesse une nouvelle impulsion au Mouvement de
la Jeunesse, à la recherche d'une certaine unité,
d'une certaine autonomie spirituelle.

III. — *Le développement du Mouvement jusqu'à la grande guerre*

« Après les premières années d'une infiltration
pour ainsi dire souterraine, le Mouvement se
répandit rapidement par toute l'Allemagne,
notamment dans les grandes villes du nord, de
l'ouest et du sud, et gagna en diversité avec le
nombre des problèmes auxquels se heurtait la
jeunesse qui prenait conscience de sa valeur.
Toutefois, la caractéristique du Mouvement jusqu'à la guerre est d'être resté un mouvement
purement éthique et culturel et même, vu plus
profondément, absolument religieux. Une seule
exception est formée par le Mouvement de la
Jeunesse ouvrière qui, débutant en 1906 par la
création d'associations d'apprentis pour la protection contre l'exploitation économique de la
jeunesse, se trouve dès l'origine sous l'égide du
parti socialiste ; il a pour objet d'amener la
jeunesse au parti et, par conséquent, est fortement imbu d'idées purement politiques avec des
tendances à la politique sociale. Il n'en pouvait
être autrement, car la jeunesse prolétarienne se
trouvait en pleine lutte pour la vie, plus que
les « Wandervoegel », provenant surtout de la
bourgeoisie, et, plus tard, la « Freideutsche

Jugend » : elle avait été exposée aux dangers du furieux développement industriel de l'Allemagne. Ce mouvement naquit donc de l'amère nécessité économique et sociale ; et ce n'est que peu à peu et bien difficilement qu'elle put s'acheminer vers des buts intellectuels et civilisateurs.

« Le Mouvement de la Jeunesse bourgeoise, par contre, est né de sa détresse morale en se voyant en face d'un monde étranger, sans aucune compréhension pour sa passion de la vérité, de l'unité et de l'absolu. Aussi a-t-il fait le chemin inverse, animé d'abord d'idées purement humanitaires, civilisatrices, éthiques et religieuses ; ce n'est que peu à peu qu'il en vint à envisager les problèmes posés par l'Etat, la Nation, l'Economie et la Société. La courte phase politique qu'il traversa sous l'influence de la guerre et de la révolution porte plutôt le caractère d'idéologie et d'abstraction que de rude expérience et de misère sociale.

« Le « Wandervoegel », par nature, a toujours poursuivi des buts positifs et pratiques. C'est pourquoi ce sont moins des théories abstraites, des programmes idéologiques qui ont amené le morcellement et les nouveaux groupements, que des faits et des expériences purement sociologiques, comme par exemple « l'invasion des filles » dans le mouvement, dès les premières années de ce siècle ou la lutte et les compétitions entre des chefs à la personnalité également forte. Ainsi le « Wandervoegel » du début se divisa-t-il sous la conduite de Fischer en « Vieux Wandervoegel », le « Deutscher Bund für Jugenwanderer » (qui admettait aussi les jeunes filles) et le

« Jeune Wandervœgel ». En outre se formèrent,
par la suite, bon nombre d'autres groupements
qui, en partie, comme le « Nerother Wandervœgel » dans les pays rhénans, atteignirent un assez
notable développement.

« Mais, entre temps, l'esprit d'émancipation
de la jeunesse avait trouvé un écho dans des cercles plus intellectuellement orientés et abouti à
la formation d'un grand nombre de groupes
réclamant les réformes les plus diverses. Citons,
entre autres, les groupes d'étudiants réunis dans
le « Bund Deutscher Wanderer », l' « Akadé-
mische Freischar », les milieux groupés autour
de la revue à tendances antialcooliques « Der
Vortrupp », de l'éditeur Eugène Diederichs,
d'Iéna, les maîtres et élèves des foyers d'éducation à la campagne (*Landerziehungsheime*) et
notamment la « Libre Communauté scolaire » de
Wickersdorf sous la direction de Gustave Wynecken.

« Tous ces jeunes apôtres d'une ère nouvelle
se rencontrèrent, à l'automne 1913, avec de
nombreux groupes du Wandervœgel sur le
« Hohe Meissner », montagne des environs de
Cassel, et y célébrèrent durant plusieurs jours
une fête dans le goût et le style du nouveau mouvement pour protester contre les bruyantes fêtes
patriotiques ordonnées pour le centenaire de la
Bataille des Nations près de Leipzig. Ce fut pour
ainsi dire le baptême de la « Libre Jeunesse
allemande » qui, à dater de ce jour jusqu'à 1921
environ, a été le support le plus marquant du
Mouvement de la Jeunesse. Fait caractéristique :
avec la constitution de la « Libre Jeunesse
allemande » sur le Hohe Meissner, le Mouve-

ment de la Jeunesse allemande se présentait pour la première fois devant la conscience publique et avec une attitude patriotique, il est vrai, mais antinationaliste, antimilitariste, sinon pacifiste. Des hommes comme Wynecken, Avenarius, Popert, l'éditeur du *Vortrupp*, et Eugène Diederichs parlèrent là à une nouvelle jeunesse, aux vêtements simples et de couleurs gaies, qui préparait ses repas elle-même au bivouac, dansant de vieilles danses, chantant de vieilles chansons retrouvées, écoutant de graves discours et qui, avec un joyeux naturel, dans la conscience naissante de sa mission de créer une nouvelle Allemagne, vécut d'inoubliables jours au sein de la nature sur ces magnifiques montagnes. Symptomatique était « la Profession de foi du Hohe Meissner », où il était dit :

« La libre jeunesse allemande entend former sa vie de sa propre volonté, sous sa propre responsabilité, dans une entière sincérité. Elle est résolue à défendre coûte que coûte cette liberté intérieure ! »

« Le désir instinctif des « Wandervoegel » de vivre leur vie d'après leur propre volonté, « leur propre loi », devient à ce moment profession de foi. La « Libre Jeunesse allemande » étant plus intellectuellement orientée, formule en exigences de programme, en mots d'ordre de combat ce que les « Wandervoegel » n'avaient fait que sentir et vivre instinctivement. Par là le Mouvement de la Jeunesse a reçu un caractère qui a renforcé ses effets, mais qui, jusqu'à ce jour, est resté complètement étranger aux associations des « Wandervoegel », d'où pourtant ce mouvement est sorti.

IV. — *La grande guerre et le mouvement*

« Le Mouvement de la Jeunesse se trouva, à proprement parler, pris au dépourvu par la guerre, comme du reste la plus grande partie du peuple allemand. Toutes les idées, toute la vie de cette jeunesse étaient orientées vers une organisation meilleure de l'existence, vers le réveil de la vraie civilisaton et en opposition à toute la civilisation technique. On percevait déjà, dans la « Libre Jeunesse allemande », certaines théories pacifistes, l'idée d'une collaboration paisible des peuples.

« Et voici que soudain tous les espoirs, tous les rêves se trouvaient anéantis. On se voyait entraîné dans la pire catastrophe dont on avait passionnément combattu les causes dans son propre peuple ! Rien d'étonnant si une partie de cette jeunesse partit en guerre l'âme bouleversée. L'effet de la guerre sur la « Libre Jeunesse allemande » fut la suivante : elle ne s'est nullement soustraite à ses devoirs, les meilleurs des chefs de la « Libre Jeunesse allemande » et des « Wandervoegel » sont tombés au front, mais l'esprit de réconciliation des peuples, l'idéal de charité et d'amour d'une humanité tournée vers des principes éternels se firent violemment jour et cet état d'âme se manifesta lumineusement lors de l'assemblée de la « Libre Jeunesse allemande » en octobre 1917 sur le Solling, près de Holzminden. Ce furent précisément les jeunes soldats adhérents au mouvement qui exprimèrent le plus éloquemment ce nouvel idéal, alors que certains amis de la jeunesse, plus âgés, s'efforçaient vainement de leur opposer « l'exigence éthique » de l'égoïsme national. Si, avant la guerre, les problèmes les plus passionnément discutés avaient été ceux de la jeunesse vis-à-vis de l'école, de l'université, de la maison paternelle, de la civilisation, de la réforme de la vie et autres questions agitées dans les périodiques lus par la jeunesse, ce furent alors et tout naturellement sous l'influence des impressions de guerre le problème de l'individu vis-à-vis de l'Etat et de la Nation, les relations des peuples entre eux, les questions de violence et de droit, de pacifisme, de nationalisme et de militarisme, d'économie, de société et de lutte sociale. Mais précisément la tendance de plus en plus résolue vers une politique visant à la réconciliation des peuples et à une réorganisation des relations humaines sur la base d'une éthique individuelle et sociale renouvelée montre mieux que tout, en dépit même d'un sursaut de l'intérêt politique, combien, au fond, le mouvement est un mouvement éthique et religieux. Ce qui unit les divers groupements du Mouvement de la Jeunesse, de droite jusqu'à gauche, dans tous les camps, contre la génération qui la précède, c'est le désir passionné de remettre en honneur l'amour de l'absolu dans la vie humaine.

V. — *La révolution de 1918 et le mouvement*

« Et c'est ce qu'on ne doit pas oublier si l'on veut comprendre quelque chose à ces luttes, à ce chaos où les événements politiques en Allemagne ont précipité le Mouvement de la Jeunesse dans les années 1918-1919. La révolution sociale a eu des répercussions sur l'âme de la jeunesse encore plus profondes parfois que la guerre, parce qu'on y plaçait tous les espoirs, amère-

ment déçus par la guerre, d'une nouvelle ère
d'éthique sociale pour l'Etat et la Société. On
croyait que l'heure était venue pour la jeunesse
d'aider à réaliser l'avènement de la nouvelle
société. Ainsi vit-on beaucoup d'adhérents de la
« Libre Jeunesse allemande », en dépit de leur foi
pacifiste, lutter aux côtés du prolétariat en faveur
de la révolution sociale tandis que des adhérents
de l'aile droite de cette même « Libre Jeunesse »
se laissèrent souvent enrôler dans les rangs des
corps libres pour écraser le mouvement sparta-
ciste et créèrent même des « centuries » spéciales, non parce qu'ils voulaient restaurer l'ancien Etat, mais parce qu'ils voyaient dans la vic-
toire du bolchevisme en Allemagne un danger
pour l'organisation du nouvel Etat par les propres forces de la race allemande.

« A l'assemblée des chefs de la Libre Jeunesse
à Iéna, en avril 1919, les représentants de tous
les groupements de la « Libre Jeunesse allemande » se réunirent encore une fois pour tâcher
de trouver une plate-forme commune en face des
événements. Les discussions souvent dramatiques qui touchèrent toutes les expériences de la
guerre et de la révolution durèrent de longs
jours. Des « humanitaires », communistes et
pacifistes, et des « racistes » qui avaient com-
mandé des corps francs et s'étaient parfois trouvés face à face les armes à la main, se rencontrèrent là encore une fois avec cette franchise
et cette confiance fraternelle, qui est un des plus
beaux traits du Mouvement de la Jeunesse. Mais
les passions politiques du moment et les antagonismes de principe, les divergences fondamentales de points de vue sur la question des moyens

à employer pour recréer une nouvelle société
rendirent impossible toute entente (1). L'Assemblée d'Iéna marqua la fin de cette fière « Libre
Jeunesse allemande » qui avait cru voir sortir
d'elle un jour un nouvel Etat !

Au fond, la Libre Jeunesse allemande s'était
brisée à des contrastes qui dépassaient ses forces
et auxquels elle n'était point préparée. L'incur-
sion dans la politique ébranla jusque dans ses
fondements ce mouvement politique d'une nouvelle jeunesse. Il se morcela en trois groupements principaux qui ne tardèrent pas à perdre
en importance : l'aile droite, « raciste », qui
forma le « Jungdeutsche Bund » (ne pas confon-
dre avec le « Jungdeutsche Orden », association
politique fondée à peu près vers le même temps);
l'aile gauche qui, bientôt, disparut dans le camp
des communistes ; et le centre des irrésolus en
politique, à l'esprit tourné vers « l'éthique », la

(1) La résolution suivante rédigée d'accord par les
chefs « humanitaires » et ceux de l'aile raciste, résolution qui, il est vrai, n'eut pas ensuite l'approbation
de l'Assemblée plénière, montre bien la forte valeur
humanitaire de la Libre Jeunesse allemande :

« La Libre Jeunesse allemande veut le déchaînement
de l'idéal humain, le développement de toutes les forces
créant le sens de la communauté. Elle lutte pour l'idée
de l'Humanité et de la Fraternité, de l'aide réciproque,
permettant à tous les concitoyens comme à tous les peuples de vivre suivant leur propre volonté, sous leur propre responsabilité, dans une entière sincérité. Elle s'emploie à écarter toutes les barrières sociales, à supprimer
tous les privilèges de classes, la violence et l'arbitraire.

« Elle se déclare, pour son ensemble, libre de tout
engagement politique, laissant à tous ses membres la
responsabilité de leurs convictions politiques, prête à
collaborer à la reconstruction de la nouvelle collectivité
nationale, conjointement, solidairement avec les forces
de la Jeunesse prolétarienne et internationaliste allemande. »

« politique culturelle » et qui, complètement
épuisé, essaya de se donner une nouvelle forme,
en 1922, sous le nom de « Freideutscher Bund ».
C'est lui qui, en 1923, dix ans après la fameuse
assemblée sur le Hohe Meissner, en convoqua
une autre au même endroit. Elle fit assez de
bruit, mais l'irrésistible impulsion d'une jeunesse en plein essor, en plein enthousiasme lui
manquait. On était las et méfiant, et on ne réussit plus depuis à réunir encore une fois les membres épars de l'ancienne Libre Jeunesse. A cette
dernière assemblée sur le Hohe Meissner, comme
à celle de Hofgeismar en 1920, où l'on tenta de
trouver une plate-forme politique, les communistes avaient beau jeu pour se moquer de cette
jeunesse empêtrée dans sa « problématique bourgeoise ».

« Mentionnons aussi que, pendant cette débâcle du mouvement de la jeunesse qui dura jusque vers 1922-1923, le mouvement des «Wandervoegel » n'est pas demeuré indemne. Le Wandervoegel, qui se recrutait surtout parmi la jeunesse
à peine sortie de l'école, avait eu moins à se
mêler aux luttes politique que la Libre Jeunesse.
Ce n'était point dans la nature du « Wandervoegel », rêveur, chimérique, tourné vers les
choses de la Nature, de participer aux conflits
sur des points de théorie et de programme. Bien
que la plus grande association des Wandervoegel
se fût affiliée un certain temps à la Libre Jeunesse
allemande, elle ne s'en était jamais beaucoup
inquiétée. Le Wandervoegel se sentait repoussé
par les allures intellectuelles et littéraires de cette
jeunesse qui, pour une grande part, furent du
reste cause de la décadence du Mouvement. Tou-

tefois la cruelle misère économique de l'après-
guerre et le trouble des idées ne restèrent point
sans effet sur le Wandervoegel : les jeunes souf-
fraient de la sous-alimentation et la plupart des
anciens chefs étaient tombés pendant la guerre.
Les vides causés par la guerre ne se comblaient
que lentement, bien lentement. Une forte main
manquait, une forte personnalité qui eût pu
lutter contre le danger inhérent à la nature individualiste du Wandervoegel, le morcellement,
l'éparpillement. Aussi, à quelques grandes associations près, les Sociétés du Wandervoegel
s'émiettèrent, quoique les divers districts et groupes s'efforçassent de continuer les « randonnées
du Landheim », au bivouac, et de ne jamais laisser complètement tarir la source de forces inépui-
sables ouverte aux temps du vieux Wandervoegel, du père du Mouvement, Karl Fischer. A
cette époque, c'est-à-dire de 1919-1922, le Wandervoegel avait indubitablement transmis ses
meilleures qualités et acquisitions aux nombreux
Mouvements qui naissaient, notamment au Mouvement de la Jeunesse prolétarienne et à celui
de la jeunesse chrétienne et avait, partant,
accompli en un certain sens sa mission. Cepen-
dams l'heure de la renaissance allait revenir pour
lui aussi.

VI. — *La Jeunesse confédérée*

« Le branle, pour une nouvelle coalition, vint
de l'extérieur, du camp des nouveaux « Pfadfinder », issus de l'ancienne association des « Pfadfinder » d'avant guerre. L'Association des « Pfadfinder » allemands (D.P.B.) avait été fondée
avant la guerre à l'image du Mouvement des

boys scouts, créé en Angleterre par le général Baden-Powell. Elle avait pour but de former des jeunes gens sains, pratiques, bien disciplinés, et avait un caractère militaire prononcé. Sous la puissante influence de la guerre, de la débâcle et de l'idéal de la Libre Jeunesse allemande se séparèrent de la vieille organisation quelques groupes de l'Allemagne du Nord et du Sud. Ils demandaient, eux aussi, le renouvellement de l'humanité et l'organisation d'une nouvelle Allemagne. Ces groupes se réunirent, en 1920, à Naumbourg, pour former l'association des Nouveaux Pfadfinder, qui compta bientôt plusieurs milliers de jeunes gens. Cette nouvelle association ne tarda pas à acquérir dans le Mouvement de la Jeunesse une influence hors de toute proportion avec le nombre de ses adhérents, parce qu'au moment où ce mouvement donnait l'impression d'un complet affaiblissement et d'un pitoyable morcellement, au moment où la Libre Jeunesse allemande avait perdu la direction, ce fut cette nouvelle association qui donnait l'impression d'une jeunesse vraiment noble et disciplinée, avec le sens des responsabilités et les meilleures allures chevaleresques. Les Nouveaux Pfadfinder unissaient heureusement à l'entrain, à l'amour de la Nature des Wandervoegel, le sens de la discipline, de l'obéissance volontaire des Pfadfinder. Ils ignorèrent la prédilection de la Libre Jeunesse pour tout ce qui est idéologie et problématique, sans renier le moins du monde les causes spiritualistes, religieuses même de leur attitude. Par leur périodique très bien rédigé « Der weisse Ritter » et par les cérémonies singulières de leur Confédération où ils déploient toute une mystique chevaleresque, ils exercèrent une influence fascinante sur de nombreux jeunes gens dispersés dans tous les camps du Mouvement de la Jeunesse. On était las de la tournure d'esprit individualiste et intellectualiste de la Libre Jeunesse allemande, comme aussi du particularisme des Sociétés de Wandervoegel ; on aspirait passionnément à l'union de toute la nouvelle jeunesse, sous un seul drapeau pour la cause de Dieu, au service du nouveau peuple, et c'était ce qu'offraient les Nouveaux Pfadfinder. Dans de grandes randonnées aux frontières, des fêtes, des assemblées, naquit en 1922-1924 la « Jeunesse confédérée », union des grandes associations de Wandervoegel et de quelques autres groupes avec les Nouveaux Pfadfinder. L'appellation de « confédérée » a été choisie par contraste avec l'attitude individualiste de la Libre Jeunesse allemande, considérée comme une faiblesse, un manque de discipline. Il ne s'agissait d'abord pour cette « Jeunesse confédérée » que d'une union des associations mentionnées, mais le projet de constitution présenté dans l'hiver 1923-1924 par les Nouveaux Pfadfinder et nommé par eux « Hochbund der deutschen Jugend », constitution par laquelle la jeunesse voulait se donner, suivant la structure intérieure et extérieure de ces associations, une sorte d'armature correpondant à l'échafaudage des diverses cellules à l'intérieur d'un Etat, montre bien quelles sont les aspirations de la Jeunesse confédérée. Cette Jeunesse non plus n'est point nationaliste, elle n'est animée d'aucune haine contre la France ou quelque autre nation que ce soit, mais elle est plus en contact direct avec le sol et la race allemands que la

Libre Jeunesse. Le noyau de cette confédération est la « Jungmannschaft », qui comprend des jeunes gens de dix-sept à vingt-deux ans. Il ne s'agit point là d'organisations à caractère militaire et la Confédération a toujours repoussé les avances des organisations nationalistes. Mais la lutte, le jeu, l'entraînement du corps, tels sont les buts auxquels se consacre la « Jungmannschaft » et non pas dans une intention de dressage, mais comme l'expression d'une volonté morale bien déterminée.

« Depuis 1926, les Nouveaux Pfadfinder et la majeure partie des Wandervoegel se sont réunis dans la « Fédération des Wandervoegel et des Pfadfinder », ce qui représente un pas décisif vers une nouvelle union dans le Mouvement de la Jeunesse. Diverses autres associations se sont déjà affiliées à la Fédération.

VII. — *Le Mouvement de la Jeunesse prolétarienne et chrétienne*

« En dehors de la Jeunesse confédérée, on ne trouve plus à l'heure actuelle, à part certains débris de la Libre Jeunesse, que le Mouvement de la Jeunesse prolétarienne et ceux de la Jeunesse protestante et de la Jeunesse catholique.

« Depuis la révolution, la Jeunesse ouvrière a traversé une phase où l'on reconnaît manifestement les influences des Wandervoegel et de la Libre Jeunesse. On a pu le voir au Congrès de la Jeunesse ouvrière à Weimar, en 1920, d'où les dix mille jeunes gens réunis là ont joyeusement acclamé « l'esprit de Weimar ». Dans ses vêtements, ses coutumes et ses allures, la Jeunesse ouvrière ne se distingue plus que fort peu du

Wandervoegel. Ce qui la sépare toutefois profondément de la Jeunesse confédérée et des Wandervoegel, c'est que cette Jeunesse ouvrière forme une partie du prolétariat organisé pour la lutte des classes et porte, comme le Mouvement ouvrier en général, le caractère — inévitable — d'un Mouvement politique des masses. Qu'elle s'y prépare plus encore qu'elle n'y prend part importe peu. La jeunesse ouvrière, mêlée beaucoup plus que la Jeunesse bourgeoise à la lutte pour la vie, doit nécessairement considérer comme son but dernier la lutte pour la libération de sa classe. La Jeunesse confédérée, elle, a surtout en vue le nouvel homme, la nouvelle conception humaine, un nouveau peuple intérieurement régénéré. Là, elle se rencontre avec une partie de la « Libre Jeunesse prolétarienne », libre de tout engagement avec les partis, et avec les « Jeunes socialistes » sortis de la Jeunesse ouvrière et dont l'aile droite, dont la conception de l'Etat et de la Nation est étrangère au marxisme, se trouve en opposition de plus en plus marquée avec le parti socialiste.

« Le Mouvement de la Jeunesse chrétienne, tant protestante que catholique, en marge de la Jeunesse confédérée, doit sa situation particulière à des motifs tout spéciaux. Fondé peu avant la guerre, il n'est devenu qu'après la révolution une des ramifications importantes et d'un caractère singulier du Mouvement de la Jeunesse. Ce fut surtout l'influence de la Libre Jeunesse et des Wandervoegel qui amena au Mouvement de la Jeunesse des groupes de jeunes gens, protestants ou catholiques, fondés par l'Eglise ou avec l'appui de l'Eglise, et permit au cours des

années à des groupes tels que les « Bibelkreise »
dans les universités (B. K.), le « Bund der Jugend-
vereine » (B. d. J.), du côté protestant, le « Quick-
born » et la « Grossdeutsche Jugend » du côté
catholique, de prendre un développement aussi
original qu'intéressant. Du côté protestant, une
partie de la jeunesse du B. K., entraînée par le
Mouvement dans les associations telles que le
« Kœnger Bund » et le Kœnigsbühler Jungmannschaft », se rattache à la Jeunesse confédérée. Une autre partie se trouve sous l'influence
des grands moralistes russes Tolstoï et Dostoïevsky, ainsi que de certaines sectes religieuses
et d'aspirations sociales de la Suisse. Elle porte
le nom de « Mouvement de la Nouvelle Œuvre ».
Elle présente un caractère marqué de christia-
nisme social, parfois même de socialisme, et
cherche à réaliser des sortes de communautés
chrétiennes sur la base du collectivisme (1). Les
gens de la « Nouvelle Œuvre » sont pour une
réconciliation des peuples et, en partie, pour un
« Mouvement de fraternisation » européenne.

« L'attitude de la Jeunesse protestante vis-à-
vis de la Jeunesse confédérée est caractérisée par
son opposition à tout absolutisme dans les associations, comme du reste dans toutes les institutions humaines, y compris l'Eglise, et par sa
défiance envers toute sorte de réglementation
ayant pour but d'entraver la libre volonté. Au
nom de « l'esprit qui souffle où il veut », elle
repousse toute sorte de pacifisme et de hiérar-

____

(1) Sa fondation la plus connue est Hubertshof, colonie maraîchère non loin de Francfort-sur-Mein, exploi-
tée en commun par environ 20 colons et à laquelle sont
adjoints un asile d'étudiants et un asile pour enfants.

chie, aussi ne pourra-t-elle jamais accepter la
« Loi de domination et de service » de la Jeunesse
confédérée. La conception protestante de ces jeunes gens ne permet pas d'admettre l'idée de chefs
absolus et de passive obéissance qui, comme on
est en droit de le supposer, forme une des bases
de l'idéal de la Jeunesse confédérée.

« On pourrait croire que de tels obstacles provenant d'une conception purement protestante
ne jouent pas un grand rôle dans l'attitude
qu'observe vis-à-vis de la Jeunesse confédérée la
Jeunesse catholique accoutumée à l'idée d'obéissance absolue. Or, précisément, c'est le respect
de l'Eglise et de sa hiérarchie qui sépare la Jeunesse catholique de la Jeunesse confédérée, chez
laquelle on soupçonne une sorte de penchant
romantique à remplacer par une nouvelle hiérarchie une autorité cléricale perdue pour elle.

« Le Mouvement de la Jeunesse catholique n'a
aucun point commun avec la Jeunesse confédérée, si ce n'est une certaine camaraderie qui vient
d'une sorte de sentiment instinctif d'avoir une
destinée commune et qui, du reste, est inhérente
à toute la jeunesse. C'est que la conception catholique empêche de voir la nécessité profonde de
l'attitude de la Jeunesse confédérée.

« Et pourtant, malgré son attachement à
l'Eglise, le Mouvement de la Jeunesse catholique est un rameau vivace du Mouvement de la
Jeunesse, car ces jeunes gens luttent, eux aussi,
pour retrouver un nouveau point de vue positif
auquel l'homme puisse se placer en face de la
vie. Il s'agit pour eux, également, de réaliser
un nouveau type d'humanité et non de programmes et d'idéologie ; ils luttent, contre tout for-

malisme, pour l'esprit contre la lettre, dans leur propre camp, au sein de l'Eglise catholique elle-même, et pour une amélioration des relations des hommes et des peuples entre eux. Le Mouvement de la Jeunesse catholique, lui aussi, tend donc passionnément à un rapprochement, à une entente entre les peuples ; ces jeunes catholiques veulent une Europe profondément unie, et de tous les groupements ce sont les groupements catholiques qui ont le plus activement participé aux congrès internationaux organisés par Marc Sangnier, notamment au congrès qui se tint, en 1926, à Bierville. Les éléments orientés surtout vers les problème de culture sont réunis plutôt dans le « Quickborn-Bund », sous la prudente direction du bénédictin Romano Guardini ; alors que la « Grossdeutsche Jugend » (1), dirigée par Nikolaus Ehlen, comprend les éléments plus spécialement orientés vers la politique. Le centre et le lieu de réunion de la Jeunesse catholique est la Jugensburg, magnifiquement située, de Rothenfels-sur-le-Mein.

VIII — *Le Mouvement dans l'Allemagne actuelle*

« Et nous avons fait le tour de tout ce Mouvement de la Jeunesse. Celui qui voudrait des chiffres précis serait bien étonné d'apprendre que cette grande quantité de Sociétés ne comprend pas plus de 200.000 jeunes gens, donc beaucoup moins qu'une seule de ces associations dont on parle tant maintenant, telles que « l'Ordre Jeune allemand », « la Bannière d'Empire » ou ces

---

(1) Le nom de « Grossdeutsch » ne signifie pas que ce groupe plaide pour un rattachement de l'Autriche à l'Allemagne, mais qu'il lutte pour une Allemagne nouvelle, sincèrement unie et dans ce sens « catholique ».

soi-disant « Unions de défense » qui, nous l'avons dit au début, ne font pas partie de ce Mouvement de la Jeunesse. Mais outre que ces associations comptent un grand nombre de membres qui ont depuis longtemps dépassé l'âge de la jeunesse, leur importance est pour ainsi dire nulle pour la situation intellectuelle de l'Allemagne actuelle. Le Mouvement de la Jeunesse allemande, par contre, et c'est là toute son importance, « sonne la venue du printemps allemand », a écrit Friedrich-Wilhelm Foerster dans l'introduction à son livre sur le Mouvement de la Jeunesse. Il représente le symptôme le plus marquant de la profonde crise morale de l'Allemagne et même de l'Europe actuelles. Il se présente au tournant d'une époque où les valeurs éternelles retrouveront leur emprise sur les hommes. L'homme moderne, pris au piège de ses propres lois, de son intellectualisme, se retourne de nouveau vers les puissances qui seules peuvent le libérer du mécanisme des phénomènes naturels, de tout l'engrenage de la civilisation et lui rendre un nouveau sens de la vie, une nouvelle noblesse d'âme. Voilà les buts du Mouvement de la Jeunesse : une nouvelle foi, une nouvelle liberté basée sur la discipline intérieure. Il ne les a point atteintes encore ; il représente au contraire, nous l'avons dit, toutes les nuances de cette époque de crise. Les adhérents au mouvement ne sont nullement meilleurs ni plus purs que les hommes de la génération précédente, mais ils sont marqués par le destin, ils sont les précurseurs d'un jour nouveau. Telle est leur mission commune, ils le sentent et c'est ce qui, malgré tout, les unit si profondément. »

Chapitre II

La nouvelle instruction publique

(Entretien avec M. Becker, ministre de Prusse)

M. C.-H. Becker, ministre de l'instruction publique de Prusse, est l'un des plus grands savants de l'Allemagne. Professeur d'islamisme, admirateur et ami de son collègue du Collège de France, M. Louis Massignon, il enseigne encore en qualité de professeur honoraire de l'Université de Berlin.

Ardent partisan d'une entente entre les nations et d'une collaboration de tous les peuples au développement de la civilisation, il se rappelle avec émotion le succès que remporta une de ses conférences à Paris, à l'Union Coloniale, en 1910.

Il m'accorda une interview où il tint à caractériser en particulier le nouvel idéal de l'éducation allemande.

— L'Allemagne, me dit-il, se distingue des pays anglo-saxons par le fait que l'Etat et la formation de l'esprit y constituent un ensemble indivisible.

« On se fait difficilement une idée de tous les obstacles qui se sont dressés devant les représentants de la pensée, après la débâcle de 1918. A cette époque, ce fut la culture intellectuelle commune qui servit de lien entre les Allemands de tous les pays, de toutes les confessions, de tous les partis. Leur foi servit de base à l'idée de l'Etat allemand après l'effondrement de la triple puissance militaire, politique et économique, sur laquelle elle reposait autrefois.

« La culture intellectuelle prit alors une importance considérable : la conservation de son unité devait être l'objet de la politique générale, en dépit de la diversité existant entre les pays allemands, en dépit même des antagonismes qui surgirent entre les grandes conceptions philosophiques et les différentes religions, qui ne se combattent dans aucun pays aussi violemment que dans le Reich.

« La réforme qui s'est récemment achevée dans les établissements secondaires essaye de rendre uniformes les différentes sortes d'écoles créées en ces dix dernières années : le programme unique de tous les établissements secondaires comprendra à l'avenir des branches formant le patrimoine intellectuel de la nation, c'est-à-dire l'allemand, l'histoire et l'histoire de la religion.

« Chaque catégorie d'écoles se spécialise : au *gymnasium*, on apprend les langues classiques ; au *realgymnasium*, les langues étrangères modernes ; à l'*oberrealschule*, les mathématiques et les sciences naturelles ; à l'*oberschule*, les branches dites éthiques (allemand, histoire, histoire de la religion) les autres n'y ayant qu'une place secondaire.

« Le fait que les antagonismes se sont atténués entre les diverses classes du peuple allemand depuis 1918 a eu pour conséquence la création de la *grundschule*, école primaire uniforme dont l'enseignement de quatre années est obligatoire pour tous les élèves. Ceux-ci peuvent passer ensuite dans l'école moyenne *aufauschule*, où six années d'enseignement les préparent aux études universitaires.

« Autre fait important : le fossé qui séparait

autrefois les écoles primaires des établissements
secondaires a été comblé par le développement
intellectuel des instituteurs, à la suite d'études
plus étendues. Naguère, ceux-ci sortaient des
écoles primaires et se préparaient à leur vocation,
dans des écoles normales spéciales. Leur développement, enfermé dans les limites trop étroi-
tes, s'en ressentait et donnait lieu à des plaintes.
A l'avenir, les futurs instituteurs feront leurs
études dans les établissements secondaires et pas-
seront de là aux académies pédagogiques récemment créées, où ils étudieront pendant deux ans.

« L'idéal intellectuel auquel on cherche à
atteindre ainsi est une nouvelle conception de
l'humanisme. L'être humain passe au premier
plan et ses trois éléments constitutifs, le corps,
l'âme et l'esprit, doivent être développés harmonieusement. Les soins trop grands que l'on donnait autrefois à la culture de l'intelligence pure
feront place au développement corporel et physique. L'enseignement s'animera à son tour d'une
nouvelle vie en traitant les éléments de l'art et
surtout de la musique, en tirant profit du côté
religieux des choses et en mettant plus de profondeur dans les rapports personnels entre tous
les hommes et dans la communauté qui les unit. »

Abordant la question des sports dans l'Université, le ministre me déclara :

« En ce qui concerne la culture physique, c'est
avec une vive sympathie que je constate l'entrain
de la jeunesse allemande pour la gymnastique
et les sports. Néanmoins, je crois devoir la mettre
en garde contre tout excès pernicieux, contre la
dangereuse mode des records et les résultats qui
s'ensuivent. Que les jeunes gens consultent à

ce sujet les ouvrages, si délicatement pensés de votre romancier Henri de Montherlant !

« Le nouvel idéal de la culture allemande a été préparé par les tendances qui, déjà avant la guerre, s'étaient fait jour dans la jeunesse et avaient corroboré ensuite la puissante idéalisation des jeunes combattants. Le mérite d'avoir formulé les nouvelles doctrines revient au célèbre pédagogue, M. Kerschensteiner, de Munich, dont le récent ouvrage : « Théorie de l'Instruction » est un chef d'œuvre. »

Parlant de l'enseignement des langues vivantes, M. Becker me déclara :

— A mon avis, la préférence populaire pour l'anglais est une erreur de la mode. Un homme vraiment instruit doit savoir l'anglais et le français, mais en commençant par le français qui est le plus difficile et d'autant plus compliqué que l'on avance en âge. L'Allemand, qui n'apprend qu'une seule langue, doit préférer le français, car sans lui, il n'y a pas de véritable compréhension de notre langue maternelle et de notre histoire. Sans le français, nous ne pouvons même pas lire les lettres de nos ancêtres et nous bornons ainsi l'horizon de notre développement au point de vue de la culture, rendant impossible une éducation scientifique et historique complète. »

L'entretien était terminé, le ministre me reconduisit jusqu'à la porte de son cabinet et, en me serrant la main, voulut bien m'exprimer le plaisir que lui avait causé ma visite :

« — Je suis heureux, me dit-il, de toute démarche de nature à favoriser la meilleure connaissance des peuples ; l'entente, forcément, en sera le résultat. »

Il est intéressant de noter, au point de vue de l'éducation, une école libre, créée par le docteur Gustav Wyneken, célèbre pédagogue allemand, aux opinions nettement européennes, à Wickersdorf.

L'esprit qui domine cette école est avant tout un esprit libre — nulle contrainte politique ni religieuse n'y est observée. Mais cette absence de parti pris n'impose pas nécessairement l'indifférence patriotique ou culturelle. Pour faire progresser en bien l'humanité, il faut agir — l'impératif catégorique entre en jeu, — mais l'éthique doit être la base de tout enseignement.

Ce que Wyneken veut inculquer à ses élèves, c'est l'idée de responsabilité de chacun vis-à-vis de la communauté. Arrivé à la maturité, l'homme doit décider quel sera son drapeau politique.

Le grand principe de l'école ne s'énonce pas à tout propos : c'est dans la vie de chaque jour, dans les rapports des élèves avec les maîtres, avec les devoirs quotidiens que le concept directeur se trouve appliqué.

Les élèves de Wickersdorf s'associent, se groupent à leur choix et se mettent d'eux-mêmes sous la direction d'un maître. Le rôle du chef est d'observer, de connaître et de diriger chaque élève suivant sa personnalité. Il maintient de plus la liaison entre l'enfant et sa famille.

Chaque « camaraderie » prend ses repas ensemble, excursionne en commun, se rassemble dans la chambre du maître.

L'organime de l'école n'est composé que de cellules semblables.

trice, mais elle est elle-même éligible ; elle travaille au Reichstag, dans les Landtags, en qualité de député ; elle a même une place de conseillère dans les ministères.

Depuis trente ans environ, les Universités se sont également ouvertes aux femmes. Celles-ci n'étaient au début que tolérées et leur admission dépendait de l'agrément des professeurs. Comme on tenait peu à leur concurrence, parmi les professions « académiques », seules celles de médecin et de professeur — dans lesquelles les femmes peuvent apporter une partie de leur instinct maternel — leur étaient accessibles ; mais aujourd'hui il n'est presque plus de hautes professions qui leur soient fermées, bien que la situation de *la capacité intellectuelle de la femme* fasse encore l'objet de nombreuses discussions. Elles ont même pu accéder à la chaire d'Université et, alors qu'il y a une vingtaine d'années elles étaient encore considérées avec méfiance par les étudiants, ceux-ci ont fini par s'habituer à ce nouvel état de choses.

Dans les laboratoires de sciences naturelles, les « assistantes » scientifiques ont fait d'importants travaux de recherches ; les femmes qui, d'autre part, s'occupent d'économie sociale et de droit, dont l'action pratique porte sur les questions d'assistance sociale, les femmes qui, dans ce domaine, s'occupent de la police, des fabriques, etc., ont encore une très importante mission à remplir : c'est à elles dont les mains sont maternelles, c'est à elles qui savent d'instinct comprendre les revers d'autrui et qui, mieux que l'homme, se rendent compte des besoins des familles déshéritées, que devrait incomber, par

CHAPITRE III

Le mouvement féministe en Allemagne

[par le professeur d'Université
docteur Agathe Lasch-Hamburg (1)]

Rien n'est plus visible et plus significatif que les changements survenus au cours de la seconde moitié du siècle dernier en Europe occidentale et particulièrement en Allemagne, notamment en ce qui concerne la situation de la femme. La transformation des modes de travail, le machinisme, a agi non seulement sur le destin de l'homme, mais aussi déterminé d'une façon nouvelle la vie de la femme. Le machinisme a libéré la femme, dans son foyer, de maints travaux qui jadis lui incombaient.

Le mouvement féministe d'émancipation, qui se développait d'une façon lente et organique, n'était pas un fait isolé, mais un mouvement international en rapport avec les conditions du moment. Ce mouvement, à la faveur des formidables événements de la guerre mondiale et de l'après-guerre, est soudain allé de l'avant avec une rapidité qu'on n'aurait pas pu prévoir. La femme allemande, qui, il n'y a guère encore, considérait l'acquisition du droit de vote comme un but très éloigné, ne prend pas seulement part aujourd'hui à la vie politique en qualité d'élec-

---

(1) Mlle Lasch est la première femme en Allemagne à qui une fonction d'État de professeur d'Université ait été confiée.

exemple, la tâche de juger l'enfance coupable, de surveiller et d'assister les femmes et les filles se trouvant dans des situations dangereuses.

Au grand nombre de travaux dans lesquels la femme instruite peut, dans la vie publique, compléter l'activité de l'homme, on pourrait ajouter les fonctions de bibliothécaire, d'archiviste, de conservateur de musée.

Il s'agit maintenant pour les femmes de prouver leur activité et leur mérite dans les professions qui leur ont été nouvellement ouvertes. Il s'agit aussi, pour elles, de bien prendre conscience de leur propre valeur, de ne pas aspirer seulement par orgueil à des postes de choix et enfin de ne pas oublier que pour la femme instruite, même pour la femme supérieurement instruite et douée, la plus haute fonction, la plus utile au pays, est encore celle qu'elle est appelée naturellement à remplir *au foyer familial*.

Voici quelques chiffres qui montreront le développement de l'activité féminine :

Le nombre des femmes médecins s'est élevé, en Allemagne, de 195 en 1913 à 1.627 en 1926.

Durant l'hiver de 1926, 7.259 femmes étudiaient dans les Universités allemandes contre 4.100 en 1914. Sur ces 7.259 étudiantes, 3.050 fréquentaient les Facultés de philosophie, 1.200 les Facultés de sciences naturelles, 1.150 les Facultés de droit et d'économie nationale, 1.200 les Facultés de médecine, 250 les Instituts dentaires, 270 les écoles de pharmacie, 59 enfin étudiaient la théologie.

Le nombre des étudiantes aux hautes écoles techniques s'est élevé de 62 en 1913 à 471 en 1923.

En 1920, l'Allemagne comptait, sur une population de 60 millions d'habitants, 9 millions et demi de femmes occupées à d'autres travaux qu'à ceux de leur foyer. Pour une population de 110 millions d'habitants, les Etats-Unis n'en comptaient que 8 millions et demi. Pour une population de 40 millions d'habitants, l'Angleterre en comptait 6 millions et demi.

Il serait intéressant d'ajouter la proportion en France, si elle est dénombrée.

Le nombre des femmes qui s'employèrent activement dans le domaine politique fut étonnamment grand. Ces femmes acquirent les connaissances qui leur manquaient, ainsi que la technique du travail politique et parlementaire, en suivant des cours spéciaux ; bientôt celles qui appartenaient à des partis gouvernementaux purent caser leurs adhérentes dans les fonctions administratives et dans les ministères et exercer ainsi leur influence dans ces domaines.

Les femmes se sont créé, dans chaque fraction du Parlement, une position qui est plus ou moins influente selon la valeur personnelle de chacune d'elles. Elles s'emploient à des travaux déterminés, ainsi que cela se passe dans le collège masculin. Mais il est arrivé naturellement que les femmes-députés, en conformité avec leurs aptitudes, se sont occupées *surtout des questions sociales et éducatives*. Néanmoins, il en est quelques-unes qui se sont plongées dans l'économie politique, dans les questions de commerce, de droit et de politique étrangère ; elles se sont attaquées avec beaucoup d'application aux connaissances nécessaires et ont approfondi et élargi ces questions.

Mme Teusch, du Centre catholique, joue un grand rôle dans son parti en ce qui concerne la politique sociale ; Mme docteur Lüders, chez les démocrates, et Mme Pfülf chez les social-démocrates sont des appuis de leurs partis dans les questions de droit ; Mme Mende a fait son domaine des questions d'économie politique et de politique extérieure, tandis que la socialiste, Mme Toni Sanders, est une force en matière de politique commerciale.

Chapitre IV

Les femmes dans la politique

par Clara Mende, membre du Reichstag

Il y a eu, dans tous les pays et dans tous les temps, des femmes « politiques » ; mais les femmes « dans la politique » constituent une apparition des temps nouveaux. Depuis des générations, les femmes de tous les pays s'étaient efforcées de conquérir des droits politiques : réunies en des associations internationales, elles ont cherché, par des appels en masse, à donner à leurs revendications une expression et un écho dans toutes les parties du monde. Mais leurs efforts demeuraient sans effet. L'homme tenait ferme à son ancien droit d'être le seul maître dans l'Etat. La guerre mondiale amena un grand changement. Les femmes reçurent en Allemagne le droit de vote politique, en égalité complète avec l'homme, sans la moindre restriction.

C'est sous ce régime que se firent les élections en vue de la formation de l'assemblée nationale en janvier 1919, et 37 femmes firent leur entrée dans le premier Parlement de la République allemande : 32 d'entre elles se rattachaient au parti socialiste ; les 15 autres se partageaient à peu près également entre les divers partis bourgeois. Les femmes, à l'intérieur comme à l'extérieur du Parlement, se mirent avec beaucoup d'ardeur, de dévouement, de compréhension, de sens des possibilités, au travail de la politique dans les partis.

Dans les Parlements des Etats allemands, il y a environ 100 femmes appartenant à tous les partis. Là, ce sont surtout les questions d'enseignement et de « culture » dans le sens le plus large du mot qu'elles examinent et qu'elles résolvent, dans la mesure du moins où cela est possible chez un peuple affaibli par la guerre. Questions d'hygiène, questions scolaires, questions d'assistance à la jeunesse, aux pauvres, aux vieillards, aux victimes de la guerre et aux orphelins sont les principaux domaines des femmes. Sur ces questions, elles prennent souvent la parole en séance. Mais elles parlent plus volontiers dans les commissions qu'en séance plénière. *Le travail pratique* leur importe plus que « de parler à la fenêtre pour le dehors ». C'est une qualité appréciable chez les femmes parlementaires qu'elles ne parlent que lorsqu'elles ont réellement quelque chose à dire.

Il y a *plus de femmes que d'hommes en Allemagne*. Elles sont également, en qualité *d'électeurs*, proportionnellement en majorité. Et cependant elles ne forment, parmi les *élus*, qu'une petite minorité. La faute en est principalement à la majorité des électeurs femmes. En particulier, la femme mariée s'adapte difficilement à l'ordre nouveau ; elle a encore à apprendre que son économie domestique n'est qu'une parcelle de l'économie de la nation et que par cela même elle a un intérêt aussi grand que l'homme à examiner les questions financières et fiscales, parce que les finances sont à la base de toute politique sociale et de tout progrès. Il est par ailleurs faux d'affirmer que la femme ne fait que de la *politique de sentiment*. Les dix années

écoulées ont enseigné à la femme que la *compréhension* devait contrôler le sentiment ; en revanche, souvent un accès de sentiment ne nuit pas
à la froide raison de l'homme.

Depuis huit ans que les femmes allemandes siègent au Parlement, elles sont assez fondées à se
réjouir des succès obtenus, encore qu'à l'extérieur l'équivalent n'ait pas été atteint. *Mais leur
influence ira en grandissant,* et les femmes allemandes peuvent rendre les plus grands services
à leur patrie dans la mesure où elles seront plus
étroitement en relations avec l'étranger.

Lors des grandes sessions de la *Ligue internationale des femmes* et de la *Ligue mondiale internationale pour le vote des femmes,* les femmes
allemandes de tous les partis ont repris un premier contact avec les femmes des anciennes
nations ennemies. Il est naturellement et humai-
nement compréhensible qu'il y ait eu çà et là
un peu de froide réserve, parfois même quelques
frictions, mais il faut reconnaître qu'en général
toutes les congressistes présentes se sont efforcées de rester sur un terrain commun en vue
d'une discussion pleine de compréhension
mutuelle. Toutes se sentirent unies par la grande
souffrance féminine que la guerre mondiale a
causée aux femmes de tous les pays en guerre et
par la *solidarité pour ainsi dire maternelle
qu'éprouvèrent à l'égard des douleurs des autres
les femmes des pays neutres.*

De même également les *travailleurs féminins
de la Société des Nations* peuvent avoir une grosse
influence : sur ce terrain, une effective et meilleure compréhension des peuples peut se développer, et le plus grand avantage qui pourrait en

résulter serait que les femmes prissent conscience de leurs devoirs et de leurs droits politiques.

Mais les femmes allemandes et avec elles les femmes de tous les pays n'exerceront réellement une influence décisive que si elles n'oublient pas de travailler politiquement *en tant que femmes, avec leurs qualités propres,* qui sont le complément de celles de l'homme, et d'atteindre ainsi avec lui à l'idéal humain. Qu'ils marchent ensemble, non pas opposés, mais unis pour le bien de leur propre pays, et par cela même, pour le bien du monde entier et de l'humanité.

Chapitre V

L'évolution de l'esprit allemand,

par Simone Mortane

La situation actuelle de l'Europe reste pour tous une troublante énigme.

Que se passera-t-il entre le moment où j'écris ces lignes et l'instant où le lecteur les lira ? Tandis que les esprits évoluent, les événements se déroulent avec une rapidité si effarante que ce qui était vérité hier semble lieu commun aujourd'hui et ne sera plus que souvenir demain.

Dès l'après-guerre, les esprits engourdis par tant de douleurs et de privations ont eu de la peine à réagir, puis les plus graves d'entre eux ont puisé dans le sacrifice du sang le plus pur de notre terre, un inoubliable enseignement qui les régénérera aux sources les plus profondes de leur âme.

En Allemagne surtout, le cataclysme déchaîné par la guerre semble avoir anéanti toutes les idées, les opinions, les traditions antérieures, et chacun aspire à une aube nouvelle, cherchant indiscutablement à mettre dans sa vie une unité totale.

Que ce travail soit conscient ou non, c'est un fait, et le témoignage des recherches incessantes de la jeunesse qui pense et réfléchit atteste la nécessité d'un idéal nouveau.

De quel côté l'Allemand cherche-t-il sa voie ?

Tout d'abord, il s'est tourné vers l'Orient. Peut-être est-ce le dépit inconscient de la défaite, qui lui fit repousser toute tendance venant de l'Ouest.

L'Allemagne, déçue dans son passé, qu'elle croyait la base de la vérité, déçue dans son présent qui la conduisit à la débâcle, espérait trouver dans la sagesse orientale une nouvelle méthode, une nouvelle foi, une autre puissance.

C'est pourquoi elle accueillit avec frénésie l'Ecole de la Sagesse de Darmstadt qui fut fondée en 1920 par le comte Hermann Keyserling. Là, aucun enseignement, mais des échanges spirituels tendant à fortifier le désir de vie intérieure, le reploiement sur soi-même à la recherche de l'Absolu.

Cependant, le philosophe Hermann Keyserling ajoute à sa vie spirituelle un économisme très positif :

« Un homme qui se grise de vague à l'âme peut-il honnêtement croire qu'il représente une puissance en face d'un meneur bolcheviste pourvu d'esprit de suite ?

« Le salut réside donc désormais dans la compréhension profonde de notre être et le sentiment suprême de notre responsabilité...

« Il faut que l'Europe soit dorénavant gouvernée par la spiritualité la plus profonde, de concert avec la lucidité la plus froide et l'esprit de suite le plus inflexible (1). »

Cette théorie devait séduire doublement la jeune Allemagne, avide d'un nouvel idéal tout autant que de nouvelles formes d'action.

La philosophie du comte Hermann Keyserling ne fut pas la seule reçue avec ferveur.

---

(1) « Le Monde qui naît » par Hermann Keyserling.

Spengler suscita un enthousiasme égal en révélant à l'Allemagne le mouvement soviétique et en constatant que l'heure triomphale du socialisme avait sonné.

Toute proposition philosophique trouvait ses partisans. Gœthe, Nietzsche furent abandonnés. La littérature de Dostoïevsky devint populaire.

Mais il y eut tant de sursauts, tant d'orientations et de tendances différentes en ces dernières années qu'il semble qu'actuellement l'esprit allemand ne subit plus avec une même puissance l'attraction vers l'Est.

Et nombre d'intellectuels maintenant se retournent vers l'Ouest, semblant attendre de ce côté une nouvelle discipline, un nouvel esprit européen.

CHAPITRE VI

L'ÉCOLE DE LA SAGESSE DE DARMSTADT (1)

*Sa portée et sa signification dans la vie civilisée
du temps présent*

par le comte Hermann Keyserling-Darmstadt

De même que la manière d'être particulière à
chaque forme d'existence et à chaque œuvre
d'art provient de ce que les éléments constants
réalisent en chacune de ces formes un arrangement particulier et unique, de même précisément les diverses phases de la civilisation se dif-
férencient non pas à proprement parler par leur
contenu, mais par l'*agencement* particulier des
éléments spirituels fondamentaux — également
constants — qu'elles renferment. Les différences qualitatives qui apparaissent de proche en
proche dans ces éléments ont leur origine dans
l'*Idée* particulière qui les anime facticement : car
en vérité c'est l'idée qui, dans tous les domaines
de la vie, crée l'état de fait, alors que l'inverse ne
se produit pas.

C'est ainsi que la *christianisation du monde
occidental* a beaucoup moins signifié, au fond,
l'avènement d'une nouvelle croyance que le
remplacement, par un agencement psychologique nouveau, de l'antique agencement. Alors

---

(1) Ce chapitre que le philosophe universellement connu a bien voulu écrire pour cet ouvrage est un rapide
résumé des doctrines fondamentales que le comte Hermann Keyserling va aller propager en Amérique.

que l'homme antique était essentiellement tourné
vers soi-même, le chrétien, avec des sentiments
de renoncement, se sentait spirituellement poussé
vers quelque chose de plus haut que lui qui rési-
dait hors de lui. Tandis que le premier appa-
raissait *mû par l'Esprit*, la force du chrétien se
trouvait dans l'*Ame*. Correspondant à ce changement, une nouvelle hiérarchie des valeurs prit
corps.

A partir de la Renaissance et de la Réforme,
voire même à partir des grands penseurs des
temps gothiques, une nouvelle métamorphose
commença dans l'organisme psychique de
l'homme occidental. *Le « point d'accentuation »
gravita à nouveau, en sens inverse, de l'Ame
vers l'Esprit :* une nouvelle phase de l'histoire
humaine commençait. Mais comme la transition
ne se faisait que lentement, bien peu remarquè-
rent le sens de cette transformation. Alors, il
arriva, au tournant du siècle dernier, quelque
chose d'analogue à ce qui arrive quand l'eau,
lentement échauffée, passe de 99 à 100 degrés :
sa qualité se trouvant modifiée devient vapeur.
*Il apparut alors que l'état précédent avait com-
plètement vécu, était dépassé. En raison même
de ce changement, les forces de désordre conquirent la haute main sur l'Ame. La guerre mondiale et la révolution mondiale (qui ne sont pas
des événements que des hommes d'Etat inhabi-
les peuvent provoquer et qu'on pourrait éviter,
mais qui sont des faits cosmiques, d'une signification conforme au destin) en devaient être la
conséquence, conséquence visible depuis longtemps.*

On cherche, depuis, à ramener le monde dans

l'ordre. Mais on n'y réussit pas. On ne peut pas réussir, car ce chaos extérieur n'est que la conséquence de l'apparition de la crise d'Ame dont souffre l'humanité. Le point de friction du problème réside, comme je l'ai montré dans mes ouvrages : « La Connaissance créatrice » et « le Monde qui naît », dans le fait que le « point d'accentuation » est passé, dans l'âme, de ce qui est intransmissible à ce qui est transmissible et *que, pour cette raison, toutes les solutions jadis valables sont devenues physiologiquement nulles.* Le problème de la vie, tout entier, se pose partout à nouveau. *Ainsi donc, un nouvel agencement, une nouvelle conception de toutes les questions, de tous les problèmes, ainsi que de leurs solutions, s'impose — et en principe, d'une façon aussi radicale que jadis, quand l'ère chrétienne remplaça l'ère antique — si nous voulons voir fleurir sur le chaos actuel un nouveau cosmos de civilisation.* Seul, un tel « réagencement » — une telle réadaptation — peut sauver l'humanité qui se déchire et se détruit elle-même.

Pour cela, nous avons été amenés à concevoir l'idée de l'« Ecole de la Sagesse ». Par là, il faut entendre bien moins le tout petit cercle spirituel facticement créé à Darmstadt que le *Symbole, le centre de radiation d'une nouvelle instauration,* d'une instauration qui, exprimée dans le langage des mythes chrétiens, correspond à l'ère de l'Esprit Saint en opposition à celle du Fils. L'Ecole de la Sagesse qui, par sa teneur (au sens scientifique du mot), *n'enseigne et ne veut rien enseigner de nouveau,* fait quelque chose d'incomparablement plus important : *elle donne, aux problèmes de la vie, de nouvel-*

les *conceptions*. C'est aux *grandes assises de Darmstadt* qu'elle s'occupe de ce problème fondamental. Mais elle accomplit également la même besogne en plus petit par des publications, par des rapports, voire par des discours d'écoliers. Et la preuve qu'elle répond ainsi réellement aux besoins de tous les hommes me paraît donnée par le fait que *son impulsion se traduit en toutes mesures et en tous sens*.

En Espagne, en France, en Italie, plus récemment en Hongrie, en Roumanie, en Turquie, son action a trouvé un écho au moins aussi grand qu'en Allemagne. Il en sera de même, je l'espère, *aux Etats-Unis, où je pense séjourner de janvier à mai 1928.* Un nouvel agencement signifie rajeunissement, c'est-à-dire *nouvelles possibilités vitales.* C'est pourquoi j'ai intitulé mon troisième ouvrage qui vient de paraître : « Renaissance » (*Viedergeburt*) : *de temps en temps, l'humanité doit renaître par l'esprit, afin de pouvoir continuer à vivre au mieux.*

Chapitre VII

L'ESPRIT LITTÉRAIRE

« *Fragment* », par Thomas Mann. — « *Sur la situation des jeunes intellectuels européens* »,

par Klaus Mann. — « *Le P.E.N. Club* », par Karl Federn.

Il ne paraît pas, en vérité, très difficile de « s'orienter » aujourd'hui. Le journalisme tourné vers une infinité de questions vit de notre besoin d'« orientation ». La technique et l'organisation de notre temps font qu'il est possible de s'« orienter » à peu de frais et d'une façon commodément accessible !

Mais celui dont les questions portent sur le temps présent et appuient sur le point brûlant de tant d'intérêts opposés reconnaît bientôt qu'on ne s'« oriente » pas aussi facilement qu'on pouvait croire, surtout en ce qui concerne la recherche sans condition du réel et du vrai. Car ceux-là mêmes qui font profession d'orienter les autres se trouvent en plein milieu d'un combat d'intérêts et ne prennent qu'une petite part à la défense de ceux-ci ou de ceux-là. Oui, en vérité, nous aurions besoin d'une orientation sur l'« orientation » !

On crie de tous les côtés à la fois. Des éclaircissements et des renseignements nous sont partout offerts. Pour chaque question, une réponse est prête. Il en est ainsi dans tous les pays. Mais après la réponse, la question reste posée, bien que le donneur de réponses soit « orienté » politiquement, économiquement, scientifiquement, religieusement, selon le domaine dans lequel s'exerce notre curiosité.

Et nous sommes obligés d'entendre bien des voix pour finir par suivre une sorte de diagonale intellectuelle. Nous allons dans telle ou telle assemblée, nous prenons un journal ou l'autre. La tête nous en tourne.

Nous voudrions bien rencontrer une fois un homme de qui nous pourrions croire qu'il pense, de lui-même, d'une façon positive et vraie. Car, après avoir écouté les discours du plus grand nombre, on aspire à écouter une voix unique et paisible, loin de toute politique.

J'avais puisé dans les écrits de Thomas Mann, dans la mesure où leurs traductions m'étaient tombées sous les yeux, la conviction d'avoir découvert un « homme », et un homme qui ne suivait pas sa propre pensée. Il pouvait se tromper, mais il cherchait à coup sûr, sans faux pas, la bonne voie.

Nombreux chez nous sont ceux qui connaissent les travaux de ce grand romancier : « Buddenbrooks », œuvre à travers laquelle passent comme une grande musique les ondes mélancoliques du passé, et de l'avenir des générations ; « La Mort à Venise », tragique et tendre récit, où vibre la beauté symbolique des plus vives nostalgies, celles de « Tristan » et du « Mont enchanté », qui nous font prendre conscience avec émotion à la fois de tout ce qu'il y a d'irréel, d'irrationnel et de tout ce qu'il y a de plus banal dans la vie.

Si, comme le dit Ibsen, être poète, c'est dresser

le tribunal où l'on se juge soi-même, soyez sûr que Thomas Mann est un poète de la qualité la plus vraie. Et il ne saurait nous être indifférent, il nous est au contraire profitable d'écouter ce que, dans les peuples qui nous entourent, de tels hommes ont à dire, car ils incarnent la conscience de leur temps.

Je suis particulièrement reconnaissant à Thomas Mann d'avoir bien voulu m'envoyer une contribution à cet ouvrage. Sous le titre de « Fragment », il fait d'une façon très caractéristique le procès de l'esprit du temps. Dans ce morceau, on trouvera, en dehors de toutes considérations d'intérêts momentanés, de très profondes remarques propres à unir les esprits d'une génération déterminée et adonnée à une commune recherche des voies de l'avenir.

Le lecteur pourrait dire de ces aperçus qu'ils sont peut-être trop personnels, et limités à un petit cercle d'hommes appartenant à une ancienne génération, à une génération réfléchie, intellectuelle, menacée par le nouvel esprit de la jeune génération qui, elle, sent la vie différemment.

Comment pensent les jeunes ? Comment pensent les fils de tels pères ?

Par une étrange rencontre, ce sera le fils, également poète, également passionné de conscience et de vérité, qui nous répondra.

Klaus Mann, fils de Thomas Mann, est aujourd'hui âgé de vingt ans ; il a déjà donné les preuves de ses capacités artistiques, de la tournure sérieuse de son esprit dans un certain nombre de nouvelles, d'œuvres théâtrales, d'articles et enfin dans un roman : « La danse pieuse », qui se passe en grande partie à Paris. Il était ami de Radiguet, mort prématurément.

Sa conception de la vie et de l'époque est différente de celle de son père, plus radicale, si l'on peut dire, mais, comme l'on pourra s'en apercevoir, si cette opposition porte sur le domaine intellectuel, sur les aperçus, sur la vie, sur les impressions, par contre, la différence est à peine marquée, en ce qui concerne les réalités politiques.

Car la compréhension entre la France et l'Allemagne n'est-elle pas le pont vers une Europe meilleure ?

Fragment,
par Thomas Mann

« La notion de l' « artistique » fut jadis l'opposé de ce qu'on avait coutume d'appeler le « bourgeois ». De nos jours, par contre, il semble bien que l' « artistique » est devenu une idée bourgeoise et conservatrice, contre laquelle la conscience intellectuelle proteste, une idée, qui, pour l'instant, ne peut guère prétendre avoir un droit moral d'existence.

« On aurait tort de vouloir expliquer ce fait par des raisons exclusivement économiques et de se contenter de dire que l'idéalisme artistique d'un Flaubert, par exemple — idéalisme parfaitement romantique pour notre sentiment moderne — n'est pas possible sans les « revenus » dont peu de gens disposent aujourd'hui. Il y a tout d'abord des pays où l'idée artistique paraît bien susbsister en dépit du manque de « revenus » ;

je pense à la France, le pays peut-être le plus
« réactionnaire » en ce sens, où l'idée artistique
est aujourd'hui encore fortement émancipée
dans les esprits, à peine ébranlée par les soucis
que la France partage avec l'Europe entière.

« Secondement, il faut se dire que cet idéalisme artistique ne fut qu'une forme spéciale d'un
idéalisme général, c'est-à-dire d'une foi, d'une
conception d'avant-hier qui comprenait encore
d'autres idées aussi vagues et vieilles que celle
l'Art comme, par exemple, l'idée de la liberté —
une conception que notre époque fasciste, fort
empressée à émettre un jugement définitif, voudrait déclarer périmée.

« Il est bien possible que l'anti-idéalisme fasciste soit l'esprit général de 1930. Mais il sera
permis de penser et de croire jusqu'en 1950
qu'il y aura peut-être une renaissance imprévue
de ces idées, enterrées comme libérales, et de ces
besoins d'idéal auxquels l'Europe ne saurait
longtemps se soustraire sans risquer de tomber
dans une déchéance complète.

« Et c'est en fin de compte dans cette attente,
dans cette espérance que se rencontrent aujour-
d'hui les deux pays où l'idée d'Humanité et de
Liberté trouve encore relativement un refuge : la
France et l'Allemagne. C'est que l'Allemand,
dans son attachement démodé à l'idée de l'Art,
ne trouve de réconfort aujourd'hui qu'en s'appuyant sur la France.

« Je hais les alternatives, toujours fausses, toujours trompeuses. Ceux qui les aiment et les
défendent ne voient jamais au delà de la mode
du moment — qui représente tout au plus une
réaction corrective de l'esprit. Rationalisme, in-

tellectualisme, bourgeoisie libérale d'une part —
ou bien, grinçant des dents, ce reniement de
tout idéal, prouvé aujourd'hui dans une brutale
exaltation et appelé le « Nouveau », « la Vie » :
il ne semble pas exister d'autre attitude possible
pour une jeunesse qui croit avoir fait table rase
pour toujours des idées humanitaires et arbore
gaiement comme panache le signe de la Bête.

« Pareille étroitesse d'esprit me semble humi-
liante pour le pays de Goethe et de Nietzsche. Je
pense surtout à Nietzsche, ce voyant d'un grand
renouveau humanitaire. Il faudrait insister sur
cet humanitarisme vraiment grand, européen,
pathétique qui est l'essentiel de sa nature, et le
défendre contre les malentendus obscurs. Il
s'agit de démontrer le véritable humanitarisme
nietzschéen auprès duquel son excentricité
romantique, la « Bête Blonde », la glorification
de la puissance, etc., nous paraissent aujour-
d'hui bien fades et pénibles, faiblesses d'un
artiste déséquilibré. Or, c'est précisément de ce
côté de la philosophie nietzschéenne que l'anti-
idéalisme européen à la mode croit pouvoir se
réclamer. Ce que Nietzsche nous a légué de précieux, c'est sa vision éducatrice pleine d'amour
pour une humanité plus grande et meilleure,
dont la « ratio » tragique, la beauté et la sagesse
sont fort au delà des réactions éphémères de
notre époque.

« Il me semble qu'en France et en Allemagne
il est question aujourd'hui de cette nouvelle
humanité, de cette idée humanitaire. Et je souhaite que la plus pure entente des deux anciens
ennemis se fasse sous ce signe. »

Sur la situation
des jeunes intellectuels européens,

par Klauss Mann

« Rester européen est aujourd'hui non seulement une nécessité, mais encore une tâche pleine de responsabilité. De son exécution dépend l'avenir de tous et de chacun. »

COUDENHÖVE-CALLERGI.

« Il doit se produire une transformation en nous. Mais rien n'est encore décisif. Nous sommes pauvres et nous sommes riches à la fois. Et c'est à peine si nous pouvons dire dans quelle mesure nous sommes l'un ou l'autre. »

ERNST BLOCH.

« Qu'on mette en avant la force de l'âme, cette raison croyante dans laquelle nos forces logiques s'unissent à celles d'un cœur agissant. »

HEINRICH MANN.

« Jamais encore une génération n'a été aussi diversement éparpillée que la génération qui, sans avoir vécu la guerre d'une façon consciente, s'est cependant formée pendant la guerre. On dit qu'elle n'a aucune volonté d'unité, et c'est là la vérité. Ce n'est pas par hasard, mais bien par une dure nécessité que, dans la jeune Allemagne littéraire, aucun « groupe » n'a pu se former depuis que l'expressionnisme a périclité. Nous n'avons plus de « style unique », et la situation dans laquelle nous nous trouvons est telle qu'il serait risible d'essayer d'en chercher un. Si encore nous étions assurés de la *direction* à prendre, un nouveau style viendrait de lui-même. Les jeunes Français, cependant, croient en avoir déjà trouvé un. Ils l'appellent « surréalisme ». Ils pensent vraisemblablement que, la *direction* étant incertaine, *l'absence* de direction peut devenir un lien commun. Puisqu'il en doit être ainsi, que la perplexité unisse la génération que nous sommes. Et si ce n'est pas un but commun qui nous incite à la communauté, que ce soit du moins la recherche de ce but.

« Les divergences sont plus marquées en Allemagne. Quelqu'un qui parle et se confesse, essaie-t-il, pour s'incorporer à la foule, d'user de la formule collective « nous », alors qu'il ne fait que raconter les besoins et les angoisses de son « moi », vite les autres de s'écrier avec colère : « Nous ne sommes pas cela ! » Ils ne veulent pas se reconnaître ; ils sont autres ; ils ont d'autres besoins. Aussi bien celui qui se confesse devait-il savoir à l'avance combien il était seul et combien un tel « nous » n'était qu'une forme espérée, voulue, illusoire d'une communauté de pensées. A aucun moment il ne s'est imaginé être « représentatif ». Les autres voulaient de la clarté et s'interdisaient ainsi la communion espérée.

« Beaucoup, pourtant, crurent avoir trouvé un but. Le nationalisme, le militarisme exercent la plus grande influence sur la jeunesse. Il n'y a pas de jeunes fascistes qu'en Italie. L'Action française, à Paris, compte des membres parmi les intellectuels les mieux doués. Sans parler de nos propres organisations patriotiques. Souvent nous nous illusionnons et nous tenons pour évidentes certaines choses qui ne sont au fond qu'une exception. Nous oublions, par exemple, qu'il y a une jeunesse allemande désirant avec ardeur et conviction une guerre contre la France.

C'est si fou, si invraisemblable que nous avons peine à nous en aviser. N'ont-ils donc pas compris que chacun de nos deux pays est perdu sans l'autre, qu'il n'y a de salut pour l'Europe que si tous deux marchent ensemble, qu'enfin l'Allemagne et la France sont presque l'Europe à elles deux ? Ce n'est pas nouveau, il y a longtemps que nous le savons, mais pour eux, cela signifie haute trahison et crime effroyable contre la patrie. Est-ce imaginable ? Dans leur cervelle, la France est comparable à un nid parfumé, mais à un nid de serpents, la France n'est que perfidie, bassesse séduisante et polie, sadisme intégral et dégénérescence agressive. Sans doute aussi, y a-t-il de jeunes Français qui vivent dans cette idée que tous les Allemands sont encore des demi-bêtes, que la choucroute est leur seule nourriture, la brutalité leur habituelle manière d'être, et qu'ils ont une habileté de rustres dont il faut se méfier. Ainsi pense la jeunesse, et telles sont les « imaginations » de « notre génération ».

« Par surcroît est venue la méfiance contre l'Esprit. Elle grandit de proche en proche. Cette méfiance vigoureuse et indéniable traverse toute la jeune génération et va de la malfaisante inimitié contre l'Esprit au dégoût de l'Esprit par sursaturation. On a vécu trop d'années, et cela est bien établi, dans un déni profond de la pensée. Ainsi s'éclaire la monstrueuse significaion du sport qui règne presque incontestablement sur la Jeunesse. On dirait que les événements de ce temps ont pris à tâche de mener l'Esprit complètement *ad absurdum*. L'inimitié contre l'Esprit devint une mode. Parmi les littérateurs berlinois, il n'est pas du tout chic de se préoccuper de littérature. Quiconque s'adonne à la poésie et ne se soucie pas de la course des Six-Jours est considéré comme bourgeois et encourt le dédain des littérateurs. Sot snobisme ! Encore ce dernier exprime-t-il la seule chose qui soit presque commune à cette jeunesse. Ce dégoût de l'esprit va de droite à gauche. Pas un d'entre nous qui ne l'ait senti et n'en ait souffert. Mais déjà nous avons remarqué que cela devait changer. Nous avons si profondément vécu, *physiquement*, avec tant de plénitude, tant de joie, tant de tristesse, qu'il faudra bien que nous recommencions à *penser*. Mettons-nous-y pendant qu'il est temps, faute de quoi cela ira vraisemblablement mal.

« Le Jeune Européen pensant est si seul : qui donc l'aiderait. Il a contre lui les réactionnaires, les bourgeois et les snobs, chacun pour des motifs différents. La haine des réactionnaires va de soi. Les snobs le méprisent parce qu'il s'intéresse à autre chose qu'à la course des Six-Jours ou à la boxe. Les bourgeois, eux non plus, ne peuvent pas le souffrir, parce qu'ils le trouvent, par exemple, immoral. Ils disent que son indifférence à l'égard de la morale bourgeoise qui a régné jusqu'à hier est encore contre nature. Les bourgeois sont injustes et raisonnent mal. Est-ce *nous* qui avons attaqué, critiqué, détruit leur morale ? Non, car ce fut la génération de nos pères, voire celle qui la précéda. La morale bourgeoise, nous ne l'avons pas trouvée debout. Nietzsche l'a d'abord ébranlée ; d'autres ont parfait son œuvre. Le fanatique moraliste Wedekind détruisit la notion de la moralité bourgeoise, qui avait été reconnue valable jusqu'alors. Le Français André Gide, protestant et

enclin à se confesser, se proclama l'immoraliste.
La nouvelle morale est encore en devenir. C'est
nous qui devons travailler à la renforcer, à la
rendre viable. Quelle « vertu » avons-nous trouvée, quelle « notion morale » que nous ne por-
tions nous-mêmes au plus intime de notre conscience ? Il n'en fut pas autrement en France
qu'ici. Radiguet, à dix-sept ans, écrivit son génial
roman-confession : *le Diable au corps*. Quelle
indignation devant son absence de scrupules !
N'a-t-on pas deviné que, derrière sa précocité
glacée, et dont la dépravation s'extériorisait, se
cachait une nostalgique assurance de l'instinct,
une science exacte et profonde de *son* propre
bien et de *son* propre mal ? Il était presque pur ;
il était déjà très près d'une nouvelle morale ;
mais peut-être ne lui fut-il accordé d'aller si loin
et avec un tel bonheur d'expression que parce
qu'il devait mourir à vingt ans. Les surréalistes,
de même, ne sont pas moraux et deviennent
« l'effroi nocturne du bourgeois ». Ils avaient
moins d'intérêt que nous à le devenir. Mais on
disait d'eux, aussi, qu'ils déraillaient et étaient
contre nature.

« Nous ne trouvons, dans le journaliste bourgeois certainement, ni aide, ni amitié. C'est lui
qui nous veut le plus de mal. Il se réjouit et se
frotte les mains de pouvoir nous opposer une autre jeunesse, une jeunesse qui, en principe, ne
veut plus rien avoir de commun avec l'Esprit.
Lui l'appelle *la Jeunesse*, qu'elle soit technique
ou sportive ; nous, en revanche, nous sommes
pour lui des esthètes, nous appartenons à une
lointaine bohème. Il pourrait se faire, au vrai,
que d'autres raisons l'incitent à ne pas nous

trouver à son goût, mais comme il ne semble pas volontiers se poser en « timbalier » de la morale et en réactionnaire, il use d'un moyen détourné, habile et honorable : il plaide pour les autres, pour *l'active jeunesse contre nous* : il se fait, lui, le journaliste bourgeois, son défenseur. Il s'écrie: « Où est le contact avec les véritables jeunes ? Où est le point de séparation avec les pères ? » Avec les pères... Je pense qu'après nous être petit à petit séparés d'eux, il serait absurde et vain de polémiquer avec eux. Nous avons autre chose à faire et ils ont assez de dépit ainsi. Ce qu'est la « véritable jeunesse », je ne le sais pas : mais le journaliste bourgeois doit le savoir. La véritable jeunesse, il ne nous est jamais venu à l'esprit que nous seuls pourrions la représenter ; nous n'aurions jamais eu cette prétention de nous séparer d'une jeunesse quelconque, si ce n'est de celle qui se montre agressive et qui ne souhaite que le mal. Le journaliste, lui, tient pour ceux qui crient, alors que nous nous efforçons de tendre vers le « nous » collectif et, hélas ! presque insensé ! Laissons ce journaliste : il ne sera jamais notre ami.

« Mais son adversaire, l'intellectuel communiste, le champion de la révolution mondiale, n'est pas non plus des nôtres. Nous en reparlerons plus tard, et sur le ton le plus sérieux...

« Ainsi nous sommes presque seuls, dans la mesure où nous ne nous rattachons à aucun de ces groupes et de ces partis. Il est clair que nous suscitons de la haine et de l'indifférence et il s'en faut de peu que nous n'arrivions nous-mêmes à nous tenir pour inutiles et nuisibles. Que doit-il faire, le jeune Européen qui avoue

aujourd'hui son penchant pour l'Esprit ? Car la
jeunesse ne semble plus tenir à la liberté ; elle
vit volontiers sous la domination de la plouto-
cratie ; peut-être même préférerait-elle encore le
règlement du sabre et des chemises noires.

« Ainsi il semble qu'il n'y ait presque pas d'espoir : nous serions tentés de l'admettre, de nous
laisser aller. Cela, nous ne le ferons pas : on ne
peut pas vivre sans espoir. Celui qui se considère comme inutile et nuisible, celui-là meurt —
il est déjà mort du seul fait qu'il pense ainsi.
Mais sommes-nous donc réellement aussi seuls ?
Des cœurs ne battent-ils pas à l'unisson des
nôtres ? Des camarades sont là, à l'intérieur de
l'Allemagne ; et il n'y en a pas moins à l'extérieur. Ne sentons-nous point leur présence ? Leur
souffle n'est-il pas sur nous ? Ils ne sont peut-être
pas très nombreux. Avec d'autant plus de joie,
nous serons de ce petit nombre. Nous ne voulons
pas être ceux qui renoncent. Nous croyons, nous
espérons. »

*
* *

Le P. E. N. Club en Allemagne,
par Karl Federn

Karl Federn, né à Vienne (Autriche), en 1868,
abandonna le Barreau pour la littérature. Des
vers, des traductions, des œuvres historiques
remportèrent un vif succès. En 1890, il publia
un livre sur « Dante et son temps », que Gabriel
Séailles considérait comme « le meilleur livre sur
Dante ». Il fit des conférences dans plusieurs
capitales, dont une à Paris, sous la présidence
d'Anatole France, pour la réhabilitation de la

comtesse Linda Bonmartini. Il écrivit un ouvrage sur le procès Murri-Bonmartini qui fut notamment traduit en français, avec une préface de Gabriel Séailles. Ayant épousé, en 1908, la fille du mathématicien H. A. Schwarz, de l'Université de Berlin, Karl Federn s'établit à Berlin. A part ses travaux purement littéraires, il s'occupa surtout d'études sur l'histoire et les lettres françaises du XVIIIe siècle : les « Mémoires du chevalier de Grammont », « les œuvres choisies de Saint-Évremond » et surtout sa très importante biographie du cardinal de Mazarin et celle de Richelieu sont des ouvrages qui resteront. En 1910, il a commencé son œuvre principale « les Cent Nouvelles », sorte de Décameron allemand. Karl Federn est premier secrétaire honoraire de la Société des Gens de Lettres allemande et vice-président du P. E. N. Club allemand, sur lequel il a bien voulu nous donner les précisions suivantes :

« La guerre avait détruit la communauté intellectuelle qui réunissait l'Europe centrale et occidentale et que Goethe avait été le premier à reconnaître et constater.

« Les intellectuels des différents pays continuaient pour la plupart à se regarder avec une hostilité marquée. Une romancière anglaise, Mrs Catherine Dawson Scott, eut l'idée de mettre en contact les auteurs des pays jadis ennemis, c'est-à-dire les hommes dont le métier est d'exprimer les sentiments et l'esprit des nations et qui, par là même, ont la plus grande influence sur les foules. Elle fonda le P. E. N. Club international. P. E. N. veut dire : « Poets, Essayists, Novelists » : Poètes, Essayistes, Romanciers.

« Ce club ne doit s'occuper ni des intérêts matériels des auteurs, ni des questions littéraires, et toute politique en est exclue. Son but est purement social, il établit un contact personnel entre ses membres, il est international par sa nature. Les auteurs qui ont acquis une certaine autorité dans leur patrie s'y rencontrent avec ceux des autres pays. Il s'ensuit un échange d'idées et une compréhension mutuelle ; on se rend visite, on organise des conférences et des congrès, et cette communauté intellectuelle que la guerre avait détruite peut être rétablie. Telle fut l'idée de Mrs Scott, tel est le but du P. E. N. Club.

« Le succès fut rapide. Le Groupe anglais fut fondé en 1922 ; quatre ans après il y avait des groupes dans 23 pays. D'autres sont en formation. Jusqu'à présent, il n'y a des clubs qu'en Europe et en Amérique, mais l'Asie commence à s'y intéresser. On prépare la fondation de P.E.N. Club au Japon, en Chine, en Turquie et aux Indes. Chaque groupe est libre de s'organiser à sa guise, il se donne son règlement spécial, mais un même article doit se retrouver dans tous les statuts : « Quiconque sera membre d'un groupe deviendra par cela même membre de tout autre groupe, dès qu'il se trouvera dans le pays où ce groupe a sa résidence ». C'est cet article qui permet un échange et un contact continuels, mais il oblige les groupes à un choix sévère de leurs membres. Le groupe allemand, définitivement constitué en 1923, se développa rapidement et compte à présent environ 200 membres. M. Ludwig Fulda en est le président.

« Cinq congrès ont été tenus depuis 1923, à

Londres, à New-York, à Paris, à Berlin et à Bruxelles. Le groupe allemand prit part au congrès de Paris, en 1925 ; il y fut reçu avec une sympathie prononcée qui fut rendue cordialement aux représentants des groupes qui se réunirent à Berlin, l'année suivante.

« Les Congrès des P. E. N. Clubs sont de nature sociale et plutôt intimes. Toutes les questions qui ont rapport au but commun des groupes y sont discutées, et comme mainte autre institution, ils commencent à avoir une importance qui dépasse de beaucoup leur but primitif.

« Ni la politique, ni les guerres, ni les haines ne doivent nous tromper sur le fait historique que la civilisation européenne est la création commune des races latine et germanique. Leur histoire est une histoire commune. Goethe compara l'Histoire intellectuelle de l'Humanité à une grande fugue où les voix des nations s'élèvent l'une après l'autre. Or, l'histoire de la Littérature est ou devrait être une symphonie. Toutes les races y jouent leur partie. La littérature du monde, la « Weltlittöratur », autre parole que Goethe a créée, est l'expression de l'humanité entière. Mais elle ne doit nullement détruire les caractéristiques nationales qui en font la richesse. Ce terme même est dû à l'attraction, à l'influence qu'une langue, qu'une littérature exerce sur les autres par ses qualités spécifiquement nationales.

« C'est de ce sentiment que sont nés les P.E.N. Clubs, c'est en ce sens qu'ils représentent la littérature du monde et aideront à rétablir et à étendre la communauté intellectuelle des nations. »

CHAPITRE VIII

La musique allemande

Platon a dit : « La musique est la partie principale de l'éducation parce que le nombre et l'harmonie ont au suprême degré la puissance de pénétrer dans l'âme, s'en emparent fortement y introduisant la grâce et la beauté, et tout homme élevé dans la musique se formera au beau et au bien. »

Il est certain que le fluide musical en absorbant notre âme fait naître des états contemplatifs qui nous mettent face aux grandes lois universelles en dépit de toutes contingences ; elle est bien la langue internationale de l'âme détruisant tout ce qui n'est pas elle. C'est pourquoi la très belle musique oblige souvent ses auditeurs à l'écouter les yeux clos, s'isolant de toute manifestation extérieure.

Mais si elle est une langue internationale, il est cependant nécessaire de discerner quelle part chaque nation a apportée dans l'édifice de l'orchestre magistral par les tendances propres de son caractère respectif.

L'Ecole allemande fut incontestablement, depuis Bach, la plus robuste, la plus apte aux combinaisons philosophiques, et celle à laquelle les autres écoles ont le plus emprunté. Il suffit de se remémorer tous ses grands compositeurs en prenant Bach et Haendel à la base de ce temple, pour constater le tout premier rôle de l'Ecole allemande dans l'histoire de la musique : Haydn, Mozart, Beethoven, Czerny pour les classiques, Weber, Mendelssohn, Schubert, Chopin, Schu-

mann et Liszt pour les romantiques, pour aboutir au gigantesque Wagner, incomparable nova-
teur qui bouleversa l'art dramatique dans sa
construction même. Si sa philosophie, sa poésie
peuvent être discutées par ceux qui ne sont pas
Allemands — car il s'appuya sur la théorie philosophique de Schopenhauer et les vieilles légen-
des nationales, — on ne peut nier que le Wagner
purement musicien n'est point qu'Allemand.
Celui que nous avons entendu au concert appartient à tous, la puissance de cette musique bou-
leversant toutes les fibres humaines.

Son œuvre est un monument que l'on res-
pecte et que l'on admire. Son génie plane encore
sur toute l'Europe qui resta longtemps dans une
stupéfiante torpeur. Peu à peu les esprits se sont
secoués. La musique russe, là-bas, loin de nous,
a continué son développement. Les compositeurs
surgirent de tous les coins du globe, la musique
n'étant plus exclusivement allemande, italienne
ou française.

Et surtout, de jour en jour, elle cessa d'être
seulement l'apanage d'une élite. Ce ne sont plus
uniquement les vrais musiciens, ou les snobs,
qui vont à elle. C'est la foule qui se masse, qui
garnit les amphithéâtres et qui attend et réclame
la source merveilleuse qui verse en son cœur
l'extase héroïque et pure, l'affranchissant de la
vie ordinaire. La musique évolue en Allemagne
dans un sens nettement caractérisé : elle va au
peuple et veut l'atteindre. Pour cela deux
moyens : l'éducation musicale de tous par le
chant et la diffusion par l'Opéra.

Je ne saurais guider mes lecteurs d'une façon
plus claire et plus profonde vers l'essence même

du nouveau mouvement musical en Allemagne
qu'en publiant les études que trois de ses éminents défenseurs ont eu l'amabilité de mettre à
ma disposition. Ce sont : « l'Education musicale », par le D' Friedrich Blume, « l'Opéra allemand », par le professeur Oskar Bie, et « le Nouvel Opéra », par le professeur Hörth.

Oskar Bie, qui fut pendant de longues années
privatdocent pour l'histoire de l'art à l'école
des Hautes Etudes techniques de Berlin, dirige
aujourd'hui un des meilleurs périodiques littéraires de l'Allemagne, la *Neue Rundschau*, éditée
par S. Fischer. Il s'occupe également de critique
musicale. C'est un des plus remarquables écri-
vains d'Allemagne. Ses travaux sur la musique
et la danse sont célèbres, en particulier: l' « Opéra », la « Danse », « la Musique moderne » et
« Richard Wagner ».

Friedrich Blume devint, en 1926, privatdocent
pour la science musicale à l'Université de Berlin. Il a écrit un certain nombre de très intéressants ouvrages relatifs à l'histoire de la musique.

Le professeur Franz Ludwig Hörth est le directeur de l'Opéra d'Etat de Berlin, et l'une des personnalités les plus réputées en Allemagne au
point de vue musical.

*
**

La Pédagogie Musicale,

par Friedrich Blume,

L'éducation musicale doit-elle être avant tout
populaire, doit-elle gagner la grande masse à la
musique et lui révéler toutes les beautés d'Eu-

terpe, ou doit-elle se borner à former des professionnels de la musique et chercher à agrandir le cercle de ceux qui « travaillent » cet art en vue de le comprendre, comme on le ferait avec une langue inconnue ? Telle est la question qui se pose aujourd'hui.

Nul doute qu'il ne faille des professionnels. Toute la musique du dernier siècle l'exige. Sans eux, on ne pourrait même pas songer à faire jouer un concerto de Beethoven, ou monter une symphonie de Bruckner, ou un opéra de Richard Strauss. Mais devons-nous nous en tenir à cette conception de la musique ? Si oui, il n'y a qu'à laisser aller les choses dans la voie actuelle et s'en rapporter à des virtuoses de plus en plus « acrobates » et à quelques chefs d'orchestre triés sur le volet. Toutefois, il faudra en accepter les conséquences, c'est-à-dire l'évolution accentuée de la musique vers un art cérébral, compréhensible finalement à son seul auteur, qui, planant au-dessus de la mêlée, atteindra peu à peu le point culminant de « l'art pour l'art ». Et ce serait dommage de frustrer ainsi tout un peuple qui aspire plus que jamais non pas à une jouissance physique, mais à une action musicale, à une vie musicale. Ne diminuons pas l'importance de ce mouvement populaire ; c'est la jeune génération qui le mène, elle se sent une mission sacrée : transformer la conception actuelle de la musique, la rapprocher du commun des mortels, en faire une partie de son existence et créer ainsi un nouveau lien entre la musique et la masse du peuple.

Ces jeunes forces seront-elles capables de vaincre, de changer l'orientation actuelle et de créer une nouvelle génération en qui vie et musique seront fondues harmonieusement ?

La base de l'éducation musicale est incontestablement le chant. La voix est l'instrument naturel de l'homme, et le chant collectif — l'antique chœur — forme l'orchestre primitif, l'orchestre idéal entre tous. C'est lui qu'il s'agit de développer, afin de familiariser la grande masse avec les notions fondamentales de la musique et non pas avec la musique ultra-moderne, qui est plus la musique du compositeur que celle du public, qui devient peu à peu le privilège d'une élite extrêmement rare. Puisons donc dans le peuple lui-même ! Les premières leçons en seront d'autant facilitées. Par le chant, l'homme doit se rendre compte que ce n'est pas par hasard et dans un ordre quelconque que les notes se suivent, mais qu'il y a là de la vie, du mouvement, du rythme. Après s'être assimilé ces bases il se familiarisera peu à peu avec l'œuvre et l'esprit des grands maîtres. C'est un long chemin assurément du chant primitif à la science d'un Bach ; mais c'est le seul qui permette au peuple de faire de la musique une partie intégrante de son moi, au lieu d'admirer béatement, sans comprendre, le grand art du maître.

Revenons donc à l'époque des xvie et xviie siècles, et cherchons là les *bases* de la pédagogie musicale, car c'était le temps où la musique appartenait au peuple. Toutefois, gardons-nous de croire que nous pourrons faire revivre cette époque. L'histoire ne se répète pas, et la génération qui a produit cette musique n'est plus la nôtre. La nouvelle musique populaire doit sortir du peuple actuel, elle doit être de *notre*

époque pour que nous nous retrouvions en elle.
Avons-nous les éléments nécessaires, ou la
période florissante de la musique est-elle passée,
l'avenir nous répondra? Mais c'est un devoir de
préparer le terrain favorable dans le sens que
nous venons d'indiquer.

***

L'Opéra allemand,
par le professeur Oskar Bie.

L'Allemagne compte actuellement, y compris
l'Autriche, près de 60 grands théâtres d'Opéra.
C'est un sujet d'étonnement et d'admiration
pour le Français qui visite ces pays que de voir
entretenir sur une pareille échelle un art aussi
coûteux et capricieux. L'explication en est im-
médiate, si l'on songe qu'autrefois chaque Résidence avait son Opéra propre. Cette coutume
s'est maintenue. En effet de petites villes, telles
que Gera ou Rostock, sont fières de pouvoir monter des représentations convenables d'opéras
connus et bien souvent de nouveautés, auxquelles sont conviés les critiques des capitales. Le
prince héritier de Reuss, compositeur à ses heures perdues, subventionne encore aujourd'hui
son théâtre de Gera. Il arrive même souvent que
des Opéras de province dépassent en importance
ceux de Berlin. Francfort-sur-Mein a longtemps
servi de piédestal à Franz Schrecker, et Dresde
en particulier se flatte de monter des premières
d'opéras et de lancer de jeunes auteurs, ce qui
est en grande partie le mérite de l'ancien chef
d'orchestre Schuch qui se montra jadis aussi
courageux que bien avisé en faisant jouer, pour
la première fois en Allemagne, tout le répertoire

de Richard Strauss. Cette concurrence des différents Opéras allemands a eu d'excellents résultats et ne peut qu'enchanter l'étranger qui lors
d'un voyage outre-Rhin est assuré de trouver
dans presque chaque ville d'excellentes représentations.

Berlin et Vienne restent évidemmnt en vedette,
quoique l'Opéra viennois, par suite de la situation commerciale actuelle, piétine sur place et
qu'à côté de l'Opéra national, seul l'Opéra populaire, d'ailleurs en baisse, ait une certaine valeur.
Tout autre est la situation à Berlin, où l'opéra
a soudainement pris une telle importance que
l'on comptait, à un moment donné, jusqu'à quatre théâtres exclusivement réservés à cet art.
L'un de ceux-ci, le grand Opéra populaire, n'a
pas survécu. Le vieil Opéra national « Unter
den Linden » est en transformation et ne sera
disponible que dans quelques mois. Le second
théâtre, abritant actuellement l'Opéra national,
place de la République, est destiné à l'art populaire. A côté de cet Opéra national, il y a l'Opéra
municipal, entretenu par la Ville et affilié au
premier, afin d'éviter d'éventuels frottements.
On mesurera sans peine l'immense effort fourni
dans une même ville par ces théâtres de premier
ordre. Tant que l'Etat et la Ville restent en concurrence, une noble émulation permet de s'assurer un échange permanent d'artistes de premier plan.

En ce qui concerne le répertoire, il y a une
grande différence entre l'Opéra et la Comédie.
Celle-ci ne vit guère que de la littérature moderne. L'Opéra, par contre, rejoue éternellement les
pièces classiques de valeur et il en résulte par-

fois que l'on peut lire « Carmen » le même soir
sur l'affiche de l'Opéra national et sur celle de
l'Opéra municipal. L'étranger qui visite Berlin et
Vienne a la possibilité d'apprendre à connaître
en une année tout le répertoire de l'Opéra dans
ses principales pièces, celles-ci ne quittant pour
ainsi dire pas l'affiche : de Gluck aux deux
Strauss, en passant par Mozart, Beethoven,
Weber, Verdi, Wagner, l'Opéra français, Puc-
cini et les Italiens modernes. On ne saurait
trouver un meilleur ensemble d'œuvres anciennes auxquelles viennent s'ajouter des pièces modernes qui permettent de suivre les progrès accomplis. On recherche même de vieux opéras
oubliés qui, remaniés, pourraient intéresser à
nouveau le public, tels que « la Forza del Des-
tino » de Verdi, d'après Werfel. Si Berlin et
Vienne hésitent parfois à accueillir des pièces
nouvelles qui n'ont pas réussi encore dans d'autres villes, tout opéra important finit pourtant
par y parvenir, et y trouver sa voie.

On ne peut malheureusement plus songer à
grouper un ensemble d'artistes homogène comme autrefois, car d'une part l'on voyage trop
facilement et d'autre part il est impossible d'attacher un acteur à un seul établissement avec
des cachets suffisants pour vivre. On a donc inventé des contrats à temps qui permettent
d'échanger de grands chanteurs non seulement
entre New-York et Berlin, mais encore entre
différentes villes allemandes. C'est ainsi que le
grand ténor Pattiera chante actuellement moitié
à Dresde, moitié à Berlin, et l'excellente Lotte
Lehmann se partage entre Berlin et Vienne. Il
en résulte que l'on est obligé de faire coïncider le

répertoire avec les chanteurs présents, ce qui est souvent gênant, mais permet de voir défiler une quantité de grands artistes. A Vienne le ténor polonais Kiepura remportait un grand triomphe, alors qu'à Berlin on critiquait sérieusement sa technique. Cette dernière ville reste incontestablement le grand centre pour toute musique et il n'y a pas un chanteur qui ne tienne à se faire apprécier chez nous soit à l'Opéra, soit dans un concert. Berlin a quatre grands orchestres qui permettent à nos artistes de se faire entendre en dehors de l'opéra dans une de nos salles de concert, ce qui est très profitable à l'amateur de musique et lui donne la possibilité d'approfondir ses connaissances et d'améliorer son jugement. Les concerts de Battistini, de Chaliapine et de Graveur sont parfois suivis de tournées étrangères qui nous tiennent au courant des efforts de ces pays. La critique musicale berlinoise a reconquis son importance d'autrefois, chacun désire quelques lignes consacrées à son talent, afin de mieux poursuivre sa carrière.

Mais revenons à l'Opéra, et parlons des chefs d'orchestre de premier ordre qui animent ces grandes « entreprises ». Bruno Walter est à la tête de l'Opéra municipal ; c'est un musicien de la meilleure école romantique, héritier de Gustave Mahler. Klemperer dirige l'Opéra national populaire, nature ardente et dévouée à sa tâche. Kleiber se dévoue à la tête du vieil Opéra national modernisé. A ses côtés se trouve Leo Blech, l'habile chef d'orchestre de tous les genres d'opéras, de préférence des œuvres à teinte nationale.

Quelles différences d'interprétation ! Si l'on ajoute Furtwaengler, le grand chef des concerts

philharmoniques, l'on arrive à se faire une idée
complète de l'interprétation moderne de la musique dans tous les genres. Toutefois, la province a souvent plus de temps que la grande ville
pour s'intéresser aux nouvelles voies dans ce
domaine et y travailler avec zèle. On ne saurait
trop admirer le travail d'un Fritz Busch à
Dresde, d'un Clemens Krauss à Francfort, d'un
Schulz-Dornburg dans les Pays rhénans, d'un
Szenker à Cologne, d'un Brecher à Leipzig, et
de tous ceux qui, à Goettingen et Munster, cherchent à faire renaître Haendel. Dans des villes
même très modestes, des régisseurs et décora-
teurs travaillent à moderniser l'opéra, sous son
aspect extérieur. De grands changements s'effec-
tuent. L'opéra historique avec son cortège con-
ventionnel et ses masques traditionnels est en
train de disparaître. La conception moderne a
vaincu ici également. Il y a en ce moment à Berlin deux peintres intéressants qui savent rendre
d'une façon remarquable et à leur manière cette
conception moderne au point de vue des images
et des décors : Arvantinos, dont la perspective
relève plutôt d'un sentiment romantique, et Pir-
chau, qui fera ressortir plus sévèrement la
beauté mathématique de ce monde féerique.
C'est dans ce sens que tout le monde travaille à
la rénovation de la scène lyrique d'une façon
intéressante et souvent hardie.

Le grand mouvement dû à l'art rythmique et
à la danse, qui vient de gagner également l'Allemagne, n'y est pas étranger. Il semble que,
jusqu'à aujourd'hui, l'on ne savait pas grouper
harmonieusement des ensembles ni faire rendre
au corps humain son expression individuelle.

Tout cela donne une impulsion insoupçonnée même à la composition de l'opéra. Une nouvelle ère commence. L'on est de son époque.

Le Nouvel Opéra,

par le professeur Franz Ludwig Hörth,

directeur de l'Opéra d'Etat, à Berlin.

Au cours des vingt-cinq dernières années de la production musicale, deux hommes éminents ont acquis une renommée mondiale dans le domaine de l'opéra allemand : ce sont Richard Strauss et Franz Schrecker. Les œuvres principales de ces deux artistes, six de Richard Strauss et cinq de Franz Schrecker, ont vu le jour dans ce dernier quart de siècle. On peut dire que ces deux compositeurs présentent chacun une physionomie particulière. Tandis que Strauss a obtenu une réputation universelle et se trouve reconnu en Allemagne, dès maintenant, comme un auteur classique, Schrecker est considéré comme le guide de la jeune génération, et déjà un de ses disciples, Kreneck, a manifesté un talent plein de promesses d'avenir pour le développement ultérieur de l'opéra allemand, dans ses premières œuvres : « *Zwingburg* » et « *Jonny spielt auf* ».

Le compositeur Arnold Schönberg, bien connu par ses symphonies, s'apparente à Schrecker. Lui aussi a joué un rôle dans l'évolution contemporaine de l'opéra allemand. Alban Berg, son élève, a écrit en 1925, un drame musical remarquable « *Wozzek* » et prouvé que l'atonalité se prête fort bien à titre transitoire à la caractéristique élargie de situations mouvementées et à la peinture de dessins dramatiques.

Une troisième influence a été exercée sur la jeune génération par Ferruccio Busoni, Italien de naissance, mais très Allemand par ses affinités électives, mieux connu par sa théorie de l'art musical que par ses trois pièces scéniques, dont la plus importante, *le Docteur Faust*, est restée d'ailleurs inachevée. Un élève de Busoni, Kurt Weill, est, à côté de Kreneck, le protagoniste de la plus jeune école allemande, qui tend à unir une manière de sentir, dégagée de toute sentimentalité, avec des effets puissamment dramatiques et une rigoureuse simplicité objective.

Paul Hindemith s'est développé un peu à l'écart de toute école : nous avons en lui un véritable talent de musicien original ; étant parti de la musique de chambre, cet artiste s'est créé un style d'opéra personnel, qui ne s'est manifesté jusqu'à présent que dans une seule œuvre occupant toute une soirée, mais de la plus grande valeur d'art, « *Cardillac* » (1927).

Deux maîtres plus âgés doivent être mentionnés en outre, ayant subi encore, à l'instar de Strauss, l'influence wagnérienne : ce sont Hans Pfitzner et Max von Schillings, qui ont vu jouer un nombre incalculable de fois leurs chefs-d'œuvre : « *Palestrina* » (1917) et « *Mona Lisa* » (1915), dans tous les théâtres allemands, et qui se sont élevés par la tenue classique de leur art au-dessus du niveau des opinions contestées.

En tant que compositeurs sortis du romantisme allemand, tant en ce qui concerne leur art que leur conception philosophique, il faut nommer Paul Graener et Walter Braunfels, qui se sont maintenus, par une série d'œuvres remarquables, au répertoire des scènes allemandes.

Citons encore Reznicek, qui a obtenu un grand succès avec son « *Barbe-Bleue* » et son « *Holoferne* ». Les tendances de Reznicek sont modernes, mais modérées, et se ressentent de temps en temps d'une inspiration wagnérienne. Par contre le talent aimable et populaire de Siegfried Wagner, le fils de Richard, dont on peut citer, à titre d'exemple : « *An allem ist Hütchen schuld* » (1918), n'a pas encore rencontré l'assentiment général.

En fait de compositeurs viennois il y a lieu de nommer Franz Schmidt, l'auteur de « *Notre-Dame* », ainsi que le talentueux et jeune Erich Wilfgang Korngold, qui présente une heureuse alliance d'esprit germanique et roman, et qui a acquis, par son élaboration musicale de « *Bruges-la-Morte* » « (*Die Tote Stadt*) » de Georges Rodendach, une grande réputation tant à l'étranger que dans les pays allemands.

On peut constater en général sur toutes les scènes d'opéra allemandes que les artistes exécutants visent plus consciemment d'année en année à une extension du style de l'opéra et par là à un enrichissement des moyens d'expression. C'est le cas tout d'abord de l'orchestre, qui s'est mis à jouer un rôle de plus en plus important. Il en va de même du chœur et du ballet et surtout des branches techniques, de l'outillage, des décors et de la machinerie.

Naturellement ce sont les chanteurs qui ont dû supporter la plus grande responsabilité, d'autant plus que les nouveautés qui ont eu le plus de succès dans ces derniers temps ne sont pas véritablement des opéras de chant, mais plutôt un genre de drame musical, exigeant énormément de talent de la part du chanteur, tout en cultivant beaucoup moins la ligne traditionnelle du bel-canto italien.

Quoi qu'il en soit, les chanteurs se sont remis docilement à la nouvelle école. On admet généralement aujourd'hui que de l'ancien opéra, où dominait la voix humaine, en tant que puissance à la fois sensuelle et artistique — et qui conservera, cela va sans dire, sa beauté originale et sa valeur éternelle, — s'est détaché un genre de drame musical, qui en appelle surtout à la forme dramatique et au jeu de scène du chanteur, l'obligeant ainsi à étendre et à développer singulièrement ses talents.

Cette manière de voir, ayant conquis les suffrages des chanteurs en renom, a également emporté la faveur du public un peu plus tard. Les œuvres modernes jouissent en effet d'une sympathie grandissante. Depuis longtemps, elles ont remis au rancart des œuvres plus anciennes et vieillies, telles que la « *Martha* », le « *Waffenschmied* «, « *Hans Heiling* », etc. Il est d'ailleurs remarquable que ce ne sont pas seulement les spectateurs des classes sociales aisées, mais aussi les classes moyennes et populaires, les habitués des opéras populaires, qui ont orienté leur intérêt du côté de l'opéra moderne. Il est donc permis de dire que le goût du peuple allemand entier se trouve rajeuni. Mais il convient d'insister sur le fait que l'intérêt et l'intelligence témoignés à l'égard du nouveau genre de théâtre n'ont diminué en rien l'estime et l'amour réservés aux grands compositeurs d'opéras classiques, de tous les temps et de toutes les nations, tels que Mozart, Weber et Wagner, Bizet et Verdi.

Chapitre IX

La nouvelle peinture et la plastique,

par G.-J. Kern, conservateur adjoint

de la Galerie nationale de Berlin

Je vais donner maintenant les considérations d'un des meilleurs connaisseurs de la peinture et de la sculpture allemandes avec qui, un après-midi, j'ai eu l'occasion de m'entretenir longuement de tous les problèmes artistiques actuels.

Le professeur Kern est un historien d'art, un peintre et un dessinateur de grand talent. Il a été pendant de longues années conservateur de la *Nationalgalerie* de Berlin. Ses travaux les plus connus sont l'édition des « lettres d'Anselm Feuerbach à sa mère » (en collaboration avec Uhde-Bernays), son œuvre sur « Adolf Menzel » (en collaboration avec Max Liebermann) et sa monographie sur Karl Blechen.

Récemment, il eut la chance de faire une très curieuse découverte concernant l'histoire de l'art : il s'agit de l'identification d'un retable de Van Eyckschen, antérieur de vingt années environ au célèbre retable de Gand, et qui peut être, par là même, considéré comme la première grande œuvre artistique de l'Europe du Nord. Le professeur Kern me dit combien il était redevable au savant français Paul Durrien d'avoir été aiguillé par lui dans cette recherche.

*
* *

« C'est une entreprise bien téméraire que de vouloir résumer, dans le cadre étroit d'un chapitre, l'état actuel des arts plastiques modernes en Allemagne. En assumant cette tâche, nous devons, dès le début, faire appel à la bienveillante indulgence du lecteur.

« En outre, il est extrêmement difficile d'émettre un jugement définitif sur les tendances artistiques de l'époque même dans laquelle on vit. Aussi ne s'agit-il ici que d'opinions toutes personnelles — opinions que seule une étude approfondie du problème nous encourage à avancer. Il ne pourra pas être question de vouloir y décrire telle école ou telle personnalité d'artiste ou de citer tel nom ou tel autre.

« On comprend sous le vocable « Art moderne » l'art depuis la fin de l'impressionnisme — l'art représentatif des deux premières décades du xxe siècle. On l'appelle expressionnisme — c'est-à-dire l'art de l'expression psychologique passionnée, à l'opposé de l'impressionnisme qui s'était principalement borné à reproduire les différentes impressions optiques.

« Les débuts du mouvement expressionniste se placent dans les dernières années d'avant guerre. Certes, la guerre aura grandement influencé ce mouvement, pourtant elle n'aura pas été le facteur déterminant de son évolution, comme d'aucuns nous voudraient le faire croire. Ce qui a déterminé cette évolution artistique, ce fut plutôt le changement général de la mentalité européenne tel qu'il s'est manifesté d'autre part dans la guerre. On pourrait même prouver que les éclairs et les orages de la guerre et de la révolution ont été visibles dans l'art expressionniste avant d'éclater.

« L'expressionnisme n'est pas uniquement

allemand, il est un phénomène européen. Aussi, n'y a-t-il pas de différence de principe entre l'expressionnisme allemand et l'expressionnisme français, italien ou russe. D'ailleurs, tout l'art moderne en Europe se caractérise par l'absence de barrières nationales, qui avaient séparé les pays il y a trente ans à peine. Le progrès de la technique et des communications modernes a eu, surtout depuis la guerre, pour conséquence un échange intense de biens artistiques et intellectuels. On peut dire qu'aujourd'hui il n'y a plus, entre Petrograd, Berlin, Paris, Madrid et Rome, qu'une grande communauté d'art. Il n'y a plus, dans l'Histoire de l'Art du xxᵉ siècle, des peuples, il n'y a plus que l'Europe et des personnalités d'artistes. Dans le domaine de l'art, les Etats-Unis d'Europe sont déjà réalisés. Ceci ne signifie guère qu'on ait fait des sacrifices conscients, qu'on ait éliminé des différences pour arriver à un but commun, tout au contraire la nouvelle unité a été réalisée par des forces très inconscientes.

« Il faudrait regarder de très près pour discerner dans l'art moderne certaines différences nationales. On trouverait ainsi une préférence marquée en Allemagne pour tout ce qui est *dessin*. C'est que, depuis toujours, l'Allemagne a été le pays de la forme, du dessin, tandis que la France affectionnait plutôt le côté coloriste et pictural.

« Le caractère même de l'expressionnisme, les éléments propres de cet art suffisent à nous expliquer l'accueil enthousiaste et le grand nombre d'adeptes que l'expressionnisme a pu trouver en Allemagne. L'artiste allemand a toujours été attiré vers les choses au delà du palpable et du

visible, vers le domaine de l'âme individuelle
ou de l'âme du peuple allemand. Il aime à se
réfugier de la réalité de tous les jours dans le
mystérieux, le mystique même. Les recherches
philosophiques, un penchant marqué pour le
romantisme avaient déjà caractérisé les œuvres
des vieux maîtres allemands. Les premiers, ils
avaient trouvé un style offrant des possibilités
illimitées pour rendre visibles des mondes ima-
ginaires. Les créations de Dürer, de Grüne-
wald n'ont jamais vieilli, et après avoir enchanté,
enthousiasmé génération après génération, elles
sont aujourd'hui appréciées comme elles ne le
furent jamais:

« Ainsi l'évolution de l'art européen des vingt
dernières années se rencontre avec le caractère
particulier de l'Allemagne. Mais, d'autre part, les
conditions extérieures sous lesquelles la révolution artistique devait s'accomplir en Allemagne
pendant ce temps furent extrêmement précaires
et défavorables. L'aventure formidable de la
guerre, avec ses répercussions physiques et morales, les secousses surhumaines toujours rejetées
avaient ébranlé les artistes jusqu'au tréfonds. En
plus, ces secousses les avaient désaxés, déséquili-
brés, et cet équilibre instable devait devenir
dangereux non seulement pour les artistes, mais
encore pour le public qui avait lui-même les
nerfs à fleur de peau.

« La production, provenant encore en partie
directement des tranchées, s'accélérait dans un
rythme affolant. En même temps, des fantaisies
horribles obsédaient l'imagination des artistes et
la transformaient maladivement. Aucun répit
qui aurait permis aux idées nouvelles de se déve-

lopper organiquement, de mûrir lentement, de s'ordonner logiquement. L'art se précipite avec les événements.

« Ainsi tout ce qui a été produit durant la guerre et pendant les années suivantes fut infiniment intéressant, certes, mais restait fragmentaire. En considérant l'importance de l'effort artistique, on pourrait regretter le gaspillage de tant de forces. Quelquefois une œuvre mérite notre admiration, mais la totalité de la production artistique n'est guère satisfaisante.

« La course effrénée, sans mesure et sans but précis, vers l'inconnu, devait nécessairement aboutir à la résignation et à l'angoissante question : et maintenant ? La critique qui subissait elle-même les mêmes conditions que les artistes, elle aussi souffrait de l'inquiétude de l'époque, elle aussi avait perdu toute mesure, et c'est cette critique qui poussa les artistes toujours plus en avant dans ce labyrinthe d'images embrouillées et utopiques. Il lui en revient une grande part de responsabilité.

« Une réaction ne devait pas tarder à se produire. Elle se faisait sentir au fur et à mesure que les esprits se calmaient. Tout d'abord, on s'aperçut que l'art expressionniste dans sa poussée vers la peinture et la plastique « absolues » avait dépassé les limites infranchissables des arts plastiques. Des recherches plus intenses du côté transcendant de l'art n'étaient plus possibles. De plus en plus, des voix s'élevèrent réclamant le « retour à la nature ».

« Un mouvement se dessina peu à peu, et au point de vue extrémiste il se pressentait comme réactionnaire. Mais il n'était guère facile de retrouver le chemin vers la nature telle qu'on l'avait laissée. Le dégoût de tout ce qui en rappelait l'imitation banale restait si vif que chaque pas vers un nouveau sentiment de la nature exigeait de la réflexion. Quoique les nouvelles recherches pour trouver dans l'art même l'équilibre entre l'imagination et la nature fussent hésitantes et timides, la nouvelle synthèse se fit tout de même.

« Cette tendance qui devait remplacer l'expressionnisme, on la nomma « Néo-Réalisme » ou bien, par une expression plus caractéristique, « Réalisme magique », magique, parce que ce réalisme ne donne pas l'aspect, mais plutôt la sensation de la nature. Disons, si vous voulez, « la vision d'une réalité ». Surtout pas de réalité palpable. L'abandon de tout ce qui n'est pas d'importance primordiale prête à cet art un aspect de pauvreté inouïe, d'une primitivité presque enfantine. Il n'y a plus dans ces œuvres une abstraction mathématique, il y a quelque chose de mystérieux qui se pose entre les choses et le spectateur et semble défendre l'approche de la réalité. Extérieurement, ces créations s'apparentent souvent aux productions du « Biedermeier », c'est-à-dire aux œuvres du premier tiers du XIXe siècle, lorsqu'un idéal petit bourgeois s'opposa au faux pathétique du classicisme.

« Quoique l'expressionnisme et le « réalisme magique » représentent les facteurs les plus importants de l'évolution artistique, l'état actuel des arts plastiques en Allemagne ne saurait être déterminé uniquement par ces deux tendances. Pour donner une idée précise de tous les efforts artistiques actuels, il nous faudra comparer aux

productions expressionnistes et néo-réalistes les
œuvres de tendances moins récentes, mais qui,
aujourd'hui encore, représentent des forces vivantes dans l'Art allemand. Chez nous, comme dans
les autres pays, les choses de l'art sont trop com-
pliquées pour que l'on puisse se borner uniquc-
ment aux nouvelles conquêtes de l'art en oubliant
l'importance des tendances moins neuves, mais
toujours vigoureuses. Si l'impressionnisme a
quitté la scène, il est pourtant bien loin d'être
« mort ». Il en est de même pour l'art pré-impres-
sionniste. Toute ces tendances décriées comme
arriérées comptent encore de nombreux adeptes
qui continuent à créer de belles œuvres. Evidemment, certains critiques craignent de ne pas être
« à la page » en donnant tant soit peu d'importance à l'activité de ces artistes, aussi font-ils le
silence autour d'eux. Ils croient s'être ainsi
débarrassés pour quelque temps de ces gêneurs,
mais on ne peut supprimer pour de bon ceux qui
montrent des qualités et surtout du « savoir ».
La qualité perce toujours. Et les achats des amateurs, qui ne suivent pas toujours l'avis de la
critique, créent souvent, matériellement aussi
bien qu'idéalement, comme une soupape à l'activité des forces que le snobisme et l'« évolution-
nisme » étroit de la critique journaliste voudraient étouffer.

« Or, ces éléments conservateurs peuvent être
de la plus grande importance pour l'assainisse-
ment et la régénération de l'art en Allemagne.
La question est de savoir s'il est possible de trouver une fusion durable entre ces tendances et les
désirs des novateurs néo-réalistes. Une « évolution en arrière » de l'art nouveau dans le sens

des conceptions artistiques de la seconde moitié du xixe siècle serait certes ni à souhaiter, ni même à imaginer. Mais les artistes nouveaux pourraient trouver des inspirations fécondes dans la tradition vivante de l'art du xixe siècle et, en s'appuyant sur elle, trouver au moins la base technique dont ils ont besoin pour le développement même de leur art.

« Souvent, on a posé et discuté la question de savoir si, en passant par l'expressionnisme, l'évolution de l'art n'a pas fait un détour qu'on aurait mieux fait d'éviter. De nos jours, cette question n'a plus qu'une valeur purement académique. Ce qui est d'importance primordiale, c'est que l'art nouveau puisse retrouver les bases du « métier » souvent oubliées ou perdues que possèdent les artistes conservateurs qui sont encore à l'œuvre. Il est permis d'y croire.

« Si les expériences des derniers temps ne nous trompent pas, l'art allemand est en progrès. Espérons qu'il tiendra les promesses de ces dernières années. Alors, la lutte n'aura pas été vaine. »

CHAPITRE X

L'architecture moderne

Le directeur architectural de la ville de Hambourg, le professeur Fritz Schumacher, fait partie de ces hommes hardis qui combattent en faveur d'un mouvement nouveau en Allemagne, qui ont engagé la lutte contre un art de façade, inorganique et orgueilleux, et s'efforcent, en préconisant l'emploi artistique de simples matériaux locaux, de revenir aux grandes lignes naturelles. Le professeur Schumacher est né en 1869, à Brême. Il a passé une partie de sa jeunesse à l'étranger, son père ayant été résident en Colombie, puis consul général à New-York. Après s'être tout d'abord destiné à l'étude des sciences naturelles, il se découvrit la vocation d'architecte. Il eut le bonheur, jeune encore, de travailler avec des maîtres célèbres : Gabriel von Seidfels, à Munich, et Hugo Lichts, à Leipzig. Il élargit ses connaissances à Paris, à Bruxelles, à Rome et à Londres. Il fut nommé, en 1900, professeur à Dresde et fut, en 1909, appelé à Hambourg.

De ses plans, qu'il s'employa immédiatement à réaliser avec une grande énergie, les suivants ont été menés à bien : le fameux parc de la ville, modèle du genre, un hôpital, une école d'arts et métiers, un institut technique, un muséum pour l'histoire de Hambourg, ainsi qu'un grand nombre d'écoles, d'établissements de bains, d'installations contre l'incendie, etc.

Désigné par un concours, le professeur Schumacher reçut l'ordre de travailler, après la guerre, à un plan d'ensemble pour la ville de

Cologne qui venait d'être débarrassée de ses fortifications. La ville de Hambourg lui donna un congé de trois ans. C'est lui qui créa ces saines avenues-promenades que j'ai pu parcourir sur trois kilomètres et demi à l'intérieur de la ville de Cologne : quarante autres kilomètres d'avenues seront encore créés hors de la ville. C'est là un bienfait pour les citadins menacés de manquer d'air et de verdure.

Le professeur Schumacher, outre les nombreuses dignités officielles dont il a été récompensé, est aussi docteur technique *honoris causa* en Tchécoslovaquie, et membre de près d'une douzaine d'associations scientifiques et d'académies. Il a reçu également de l'Université de Cologne le titre de docteur en médecine *honoris causa*.

Les aperçus d'un architecte allemand aussi éminent ne manqueront pas d'intéresser le lecteur.

Le mouvement actuel de l'architecture
par le professeur Schumacher

La direction prise par l'art architectural d'aujourd'hui est en premier lieu déterminée par les nécessités de l'époque. Avant tout, se pose la question de la forme de l'habitation pour les grandes masses populaires. La guerre mondiale a non seulement eu pour effet de provoquer une crise du logement : elle a de plus aiguillé l'attention vers la grande pitié du type social des habitations dans les grandes villes. La construction des « petits logements », c'est-à-dire des logements de deux à quatre pièces, est devenue de plus en plus l'affaire des entreprises de construction. On a paré aux besoins du moment, d'une façon plus ou moins heureuse, par le moyen de ces sortes de caisses géantes que sont les maisons de location.

Les conditions économiques exigèrent même récemment le recours, avec l'aide de l'Etat, à des Sociétés de construction et autres puissants organismes de concentration.

Cependant de nouvelles solutions sociales et artistiques s'imposèrent dans ce domaine. Des colonies de petites maisons avec jardin potager naquirent. Elles libérèrent non seulement leurs habitants de l'étroitesse déprimante des maisons à plusieurs étages, mais encore elles leur vinrent en aide en leur permettant, par la culture, de pourvoir dans une certaine mesure à leur alimentation. L'allure agréablement pratique de ces maisons et, plus encore, le charme de leur groupement purent donner à l'architecte soucieux d'art l'heureuse impression qu'un champ d'action lui était ouvert qui, jusqu'alors, lui avait été pour ainsi dire fermé.

Quiconque parcourt l'Allemagne peut voir, au lieu des petites maisons sans âme et mal construites d'autrefois, s'éveiller à nouveau, dans maintes colonies d'habitations, les jeunes récoltes d'une culture villageoise jadis très développée, mais qui avait depuis lors complètement disparu. (1).

____

(1) J'ai vu dans la banlieue de Berlin le grand groupement fermé d'habitations de la Reichsbank, que le directeur des services architecturaux de la Reichsbank, Philipp Nietze, a construit de façon qu'il puisse servir de modèle ; ce groupement comprend environ 700 habitations, sans tenir compte de la colonie agréable et confortable des maisons des directeurs à Dahlem Que cette nouvelle réalisation architecturale allemande soit pour nous un objet de réflexion et d'étude. — Note de l'auteur.

Tandis que l'architecture allemande s'emploie pratiquement et de préférence à cette besogne actuellement si importante, il est facile de constater que, par une étrange contradiction, certains projets prennent naissance, sur le papier, projets de constructions géantes, sous forme de « gratte-ciel » semblables à ceux d'Amérique. Ces projets occupent non seulement l'imagination des architectes, mais aussi celle des réalisateurs. La contradiction n'est qu'apparente, car la concentration des lieux de travail, — et c'est d'elle surtout qu'il s'agit en cette affaire — n'est que la contre-partie nécessaire à la décentralisation des lieux d'habitation. Différencier au plus haut point les centres d'activité des zones destinées uniquement à être habitées sont des buts qui se complètent.

Les constructions isolées, qui ont déjà été réalisées dans ce sens, montrent que l'architecture allemande de notre temps, quand elle doit compter avec de grandes masses, sait parler un langage décidé. Elle ne cherche son expression ni dans les anciens styles, ni dans de hasardeuses expériences modernes, mais dans le rythme agissant des œuvres formées à l'école de la nécessité.

La nature de notre temps veut que les travaux dits « monumentaux » et conçus dans l'esprit d'avant guerre n'aient plus de raison d'être pendant de longues années. Mais l'artiste n'a point à s'en effrayer ; car l'esprit « monumental » peut encore se développer pratiquement dans la construction utilitaire, dans la construction industrielle. De plus en plus, déjà, on recommence à se servir à cet effet de matériaux de briqueterie, comme à ces époques par

cimonieuses où florissait dans le nord la beauté
un peu âpre des constructions en briques.

Mais ce qui importe le plus, en vue d'une
culture artistique future, c'est la connaissance
du principe suivant, principe dont l'utilisation
ira toujours en grandissant : le caractère architectural de nos grandes villes sera déterminé non
point tant par l'allure plus ou moins heureuse
des constructions isolées que par la réussite
du cadre d'ensemble dans lequel elles figureront.
Toute la portée architecturale d'une construction isolée est annihilée si l'harmonie générale,
si la disposition harmonieuse de chaque élément,
bref, si l'harmonie organique du tout fait défaut.

Les dernières décades nous ont enseigné cette
amère leçon : une semblable harmonie ne saurait naître d'elle-même dans les grandes villes
d'aujourd'hui : il est même certain que le contraire se produira tant que les forces isolées qui
régissent notre vie embrouillée ne seront pas
contraintes, par une main vigoureuse et sachant
ce qu'elle veut, à agir autrement qu'à leur propre guise.

Les intérêts commerciaux, les intérêts sociaux,
les intérêts d'hygiène et enfin les intérêts esthétiques se trouvent naturellement, et de maintes
manières, en opposition. Il peut y avoir de graves inconvénients dans le fait que chacun de
ces intérêts, poursuivant des buts différents, n'a
le souci d'agir, — de décentraliser, par exemple, — que pour son propre compte, sans voir
ce qui se passe à côté, sans une juste connaissance des nécessités voisines. C'est précisément
le but de ce que nous appelons « urbanisme »
d'aplanir les oppositions existantes et surtout

d'empêcher si possible qu'elles ne surgissent. Il est bon, à cet effet, que des plans largement conçus en vue du développement des villes soient établis, rendant possible tout un système de répartition des lieux de travail, des zones de verdure, des zones d'habitation, etc., et faisant en sorte que les intérêts divers puissent se concilier, soit qu'on les sépare les uns des autres, soit que, dans un but déterminé, ils empiètent les uns sur les autres.

Ces données, rapidement tracées, d'un développement d'ensemble désirable doivent naturellement rester élastiques. Elles fournissent toutefois le cadre dans lequel on peut travailler selon les besoins du moment et tout en réservant les possibilités d'avenir.

C'est d'après de tels points de vue que nos grandes villes — de plus en plus difficiles à « manœuvrer » — doivent s'efforcer de démêler les grandes lignes de leur avenir, faute de quoi l'une des prochaines générations courrait le danger de retomber dans les inconvénients dont notre temps présent ressent cruellement les conséquences.

L'Allemagne utilise l'arrêt du développement que le sort lui a, pour l'heure, imposé, en s'adonnant à l'éclaircissement des questions d'urbanisme posées par ses grands centres d'activité. Son travail constructeur consiste pour une large part à jeter des semences qui ne donneront des fruits que plus tard.

La nouvelle école architecturale : la « Bauhaus »,

(par Walter Gropius, fondateur de la « Bauhaus »)

Le séjour laborieux que fit Walter Gropius (né à Berlin le 18 mai 1883) dans l'atelier de Walter Behrens eut pour lui la plus haute importance. Il élargit ensuite ses connaissances par des voyages en Italie, en France, en Angleterre et au Danemark. En 1911, il entra dans le « Werkbund » allemand dont il devint un des membres les plus importants. Après la guerre, il fonda, en collaboration avec les deux architectes connus, Bruno Faust et Adolf Bohne, le « Conseil technique pour l'art » à Berlin. Il fut appelé, en 1919, comme directeur de l'Ecole d'art grand-ducale de Weimar, qu'il réunit à la « Staatliches Bauhaus ». La « Bauhaus » est devenue, sous sa ferme direction, un des plus importants facteurs du développement artistique moderne en Allemagne. En avril 1925, Walter Gropius se rendit à Dessau. D'après ses plans, un nouvel Institut architectural y fut édifié et 160 maisons commandées par la ville furent construites. Depuis 1926, Gropius fait partie de la Commission pour l'architecture, Commission désignée par le Reichsrat.

*

« L'opinion d'après laquelle le vivant esprit architectural est enraciné dans le peuple, qu'il embrasse tous les domaines de la formation humaine, tous les arts et toutes les techniques, que tout commence et finit dans l'architecture, a tendance à se répandre à nouveau.

« L'art de bâtir étant lié à la possibilité de

réunir en un travail commun une multitude de créateurs, chaque besogne particulière n'ayant de raison d'être qu'en fonction d'une unité plus grande — c'est le contraire pour le travailleur isolé — cet art est en quelque sorte un art orchestral, mieux même : il est l'image de l'esprit de solidarité.

« La pensée maîtresse de la « Maison de la Construction » (1) vise à la réunion de tous les arts en une nouvelle Unité, en un Tout indivisible ancré dans l'homme même et ne prenant un sens et une signification que par la vie. Le nouvel esprit architectural exige à sa base des hypothèses neuves en vue d'œuvres nouvelles à créer. L'opinion qui a eu cours jusqu'à ce jour, d'après laquelle l'art devait être considéré comme une notion sans lien avec la vie, comme un luxe aux yeux des masses, doit être détruite et remplacée par un sentiment neuf s'appliquant à voir la vivante réalité environnante et à saisir, sans embellissements romantiques et sans vains passe-temps, la forme organique des choses à travers les lois qui les lient au temps présent.

« La « Maison de la Construction » veut servir, en conformité avec l'époque, au développement « du logis », depuis le simple mobilier jusqu'à la maison elle-même. Mais il n'est pas dans l'esprit du « métier d'art » de décorer les objets d'après des données préconçues, soit par la répétition du même élément décoratif, soit par la

____

(1) La « Maison de la Construction » fut fondée en 1919 à Weimar, par l'auteur, avec des éléments de l'ancienne « Ecole grand'ducale saxonne des Hautes Etudes de formation artistique » et de l' « Ecole grand'ducale saxonne des arts appliqués ».

recherche d'un « diapason » commun. Ce qu'il faut, c'est que la forme de chaque objet soit déterminée par sa fonction naturelle, par son utilité.

« L'art que l'on appelle « l'art appliqué » et qui, jusqu'à ce jour, n'a été pour l'artiste que le seul lien avec la vie, s'est trop souvent égaré dans la spéculation esthétique, parce que l'esprit des gens d'académies et des praticiens d'art n'était tourné que vers la peinture et le dessin, et restait sans lien avec la réalité de la matière. A la « Maison de la Construction », on s'est engagé dans une voie nouvelle ayant pour but d'aiguiller les artistes vers la vie laborieuse du peuple et de rendre à nouveau leur talent utile à la communauté. »

*
* *

Le nouveau style architectural
par Fritz Höger

Fritz Höger, l'architecte universellement connu de la « Chilehaus », appartient aussi, comme le professeur Schumacher, au groupement artistique de Hambourg. Il est né d'une famille paysanne du Holstein. Il fréquenta l'école villageoise et commença à travailler comme maçon. Avec une énergie de fer, il s'employa à recueillir les moyens de poursuivre son instruction. Pur autodidacte, il en vint à bout, grâce à un sens personnel de la beauté, grâce à une intime conviction et à une grande persévérance, et sa renommée architecturale dépassera un jour les limites de l'Allemagne.

« De tous temps, la manière de construire a été l'expression de la culture d'un peuple. Il en est encore ainsi aujourd'hui, et il en sera toujours ainsi. Pour le peuple allemand, l'époque du gothique a été presque la dernière où il sut montrer la voie à suivre. Car la Renaissance et la période qui suivit signifient une évolution des modes de culture personnels vers certains modes étrangers. C'est pourquoi les anciennes constructions géantes du temps gothique, ces constructions de briques, telles que les cathédrales de Lübeck, Wismar, Dantzig et les anciennes maisons marchandes, apparaissent aux Allemands eux-mêmes, — lorsqu'ils sont mis brusquement en présence de ces œuvres architecturales. — comme une énorme survivance, une « fata morgana ». Elles ont l'air de sortir du tombeau aux yeux de ceux qui, pourtant, devraient se sentir tout près d'elles.

« Dans le désarroi des formes internationales qui, au cours des siècles, par des apports incessants, a modifié le style national, on a vu apparaître, au début de ce siècle, une volonté et un désir de personnalité. Très brusquement, on a constaté dans les grandes villes un réajustement aux formes locales, avec des traces d'esprit national. Ce développement apparut dans toute son ampleur après la guerre. Vérité, loyauté, beauté devinrent le but d'un art architectural allemand tourné à nouveau vers son existence propre.

« Non seulement le style reprit la voie des anciennes œuvres, mais encore les matériaux des vieilles constructions du nord de l'Allemagne, la brique notamment, furent remis en honneur, et les belles et solides constructions de briques remplacèrent les mauvais enduits de ciment, les mauvais matériaux « ersatz ».

« Tous les maîtres constructeurs de l'Allemagne du Nord suivent maintenant cette voie. Quelques timides éprouvent de la crainte à l'idée d'une ville construite en briques et n'en sentent pas la beauté, la gravité, le sérieux. Ils vivent encore dans l'espoir du changement. Mais un changement ne doit exister que dans les divers tours de main des architectes. Dans les enduits de couleurs des récentes constructions de ciment, il ne pouvait y avoir ni tour de main, ni originalité ; alors qu'en revanche on peut voir l'incroyable richesse de coloris naturels qu'il est possible d'obtenir avec les matériaux de briqueterie et de céramique : quelles indescriptibles variétés de beauté et de richesses picturales est-on susceptible de créer par l'emploi d'émaux divers pouvant comporter jusqu'à l'or même ! Ce sont là des matériaux grâce auxquels, avec la simple pierre, on peut arriver à plus d'harmonie et de jeux de couleur dans la décoration de toute une ville qu'avec les enduits cités plus haut.

« La brique a encore cette qualité : elle ramène à une manière de construire solide, manuelle, colorée, ce qui est nécessaire à proximité de la mer du Nord où les paysages et les cités sont toujours enveloppés d'une atmosphère grise. Ici, ce n'est pas tant la couleur qui compte que la finesse de son jeu, de ses vibrations, de sa luminosité : c'est pourquoi les matières céramiques sont nécessaires.

« En même temps que la qualité des matériaux de construction, il faut noter l'élévation du langage architectonique, du style constructeur.

Maints immeubles importants de ces dernières années, dans les grandes villes d'Allemagne, que ce soient des maisons d'habitation, des palais commerciaux, des fabriques — par exemple à Hambourg ou à Hanovre — en sont la preuve très claire pour qui les regarde. Ils parlent, pour le visiteur, une langue familière et pénétrante ; ils disent les mêmes mots avec les mêmes sons : c'est la langue du sol, du peuple, de la nation.

« L'architecture allemande est retournée à ses sources terrestres ; elle s'est retrouvée elle-même, et elle est en voie de se perfectionner selon des principes de loyauté, de vérité, de beauté : un nouveau style architectural allemand est en devenir. »

*
* *

L'Art architectural
par le Dr Walter Curt Behrendt

« Depuis environ une dizaine d'années, on remarque un peu partout les signes pleins de promesses d'un nouvel esprit architectural sous l'influence décisive duquel le travail architectonique — qui, depuis plus d'un siècle, s'épuisait dans un perpétuel retour aux styles que nous laissa l'histoire — commence à vivre d'une vie nouvelle. Les champions de ce nouvel esprit architectural ont constitué un mouvement jeune et fort, qui porte une empreinte internationale et qui s'est manifesté en même temps, avec des buts semblables, dans la plupart des pays européens. Ce jeune mouvement a la ferme volonté de prendre le réel, la réalité, comme but d'un développement futur ; il s'efforce en outre de déceler les énergies spirituelles qui ont créé ce

réel ; il s'emploie enfin à donner au travail constructeur de ces énergies spirituelles l'influence
et la force nécessaires.

« L'Allemagne et la France prennent une part
également puissante aux efforts de ce nouveau
mouvement international. Et le court aperçu
que nous essaierons de donner plus loin sur la
situation présente de l'art architectural allemand
montrera que les plus récents développements,
dans leurs courants essentiels, sont à peu près
parallèles.

**
*

« Aux efforts du jeune mouvement s'oppose
aujourd'hui encore et avec le plus de poids —
en Allemagne de même qu'en France — tout
d'abord la puissance conservatrice des écoles
académiques qui sont les gardiennes de la raison
technique et de la tradition professionnelle.
L'architecture académique en Allemagne se
trouve en ce moment dans un heureux état de
régénération. Elle entretient un éclectisme très
poussé, et dans un esprit très mobile, cherchant
à maintenir et à propager, en liaison avec les
données classiques, les derniers restes d'une tradition architecturale démodée. Sous l'influence
éducative de cet art pur et bien entretenu, de cet
art qui garde la liberté de choisir et qui a remplacé par la culture et la puissance critique les
qualités de création spontanée qui lui manquent,
le niveau architectural s'est élevé en Allemagne
d'une façon appréciable. La limitation des
moyens par le choix voulu, la recherche d'une
plus stricte notion pratique, ainsi que le désir
d'une réalisation plus haute ont conduit à une
bienfaisante simplification. Au surplus, la liberté

du choix et la pratique des formes habituelles
offrent un jeu suffisant au développement du
sentiment personnel. Ainsi, un chemin s'ouvre,
permettant de donner aux formes créées, en toute
originalité, un esprit et une âme. L'action régé-
nératrice de l'enseignement académique s'est
montrée en outre suffisamment durable pour
surmonter une régression momentanée, pendant
la période de l'inflation, période où les exigences de parvenus d'une certaine catégorie de nouveaux riches ramenaient à une confusion du
goût.

« Grâce à ces hautes qualités pédagogiques, la
situation de l'académisme est toujours, en Allemagne, extraordinairement forte. Aujourd'hui se
réclament encore des grandes écoles académiques presque tous les architectes entre les mains
desquels sont confiés les grands travaux officiels,
tous ceux à qui incombe la surveillance de l'éducation des jeunes, tous ceux qui, à l'occasion de
chaque grand concours, siègent en qualité de
juges en raison même de leur autorité technique,
tous ceux enfin dont la voix est écoutée dans toutes les circonstances décisives.

« Mais la faiblesse de cet art, comme de tout
art académique, provient de ce qu'il n'est pas
soucieux, en principe, d'autres problèmes que
du problème esthétique, et qu'on ne peut pas,
en fin de compte, le tirer hors de son point
d'attache qui est l'*art pour l'art*. C'est l'amour
de l'art qui, dans le cas présent, se dresse comme
un obstacle sur le chemin qui conduit à une
fructueuse et créatrice adaptation au réel. Car la

conscience du temps présent exige, au lieu de spéculations esthétiques, une confrontation hardie et libre de jugement avec la réalité et les problèmes urgents qu'elle pose de tous côtés.

« C'est avec un sens vif de la réalité que le jeune mouvement international, dans lequel se trouvent réunis les défenseurs du nouvel esprit architectural, s'est, lui, appliqué aux nombreux problèmes soulevés par l'emploi des matériaux nouveaux (tels que le fer, le béton, le verre) par les nouveaux procédés de travail, par les nouvelles méthodes de construction. La voie ouverte dans ce sens, en faveur de la compréhension du réel et des nouveaux problèmes relatifs au style, a amené l'art architectural à faire l'épreuve des seules données de la technique. Par cette épreuve, l'art architectural est revenu aux règles élémentaires ; il a appris que le problème du style, de la forme, ne devait pas seulement être considéré comme un problème esthétique, mais aussi et surtout comme un problème « constructif ». Aussi bien, depuis que l'architecture, dans une étroite surveillance de soi-même, suit fidèlement ce principe essentiel et admet les enseignements d'une technique qui a déjà créé un monde varié de merveilles, elle est arrivée, sur son propre domaine, à réaliser des formes complètement neuves et jusqu'alors inconnues, des formes d'un type nouveau, d'une nouvelle manière d'être qu'on est amené à considérer, en raison de leurs caractéristiques concordantes, comme les éléments d'un style inédit.

« En Allemagne, le jeune mouvement a eu largement la possibilité, par une série de constructions nouvelles — parmi lesquelles les construc-

tions d'habitation tiennent la première place —
de faire la démonstration pratique de ce nouvel
enseignement. Le changement de nos modes de
vie et de travail a provoqué une transformation
essentielle de nos besoins en matière d'habitation ; la rationalisation de l'économie domestique, la séparation des lieux de travail et des lieux
d'habitation, des ateliers et des logis, ont conduit
à une nouvelle conception des immeubles et au
surplus à une complète transformation des
anciennes agglomérations. La construction des
maisons d'habitation dans les grandes villes doit
être désormais conçue sur une grande échelle
et elle doit être considérée sous l'angle du problème de la production. Aujourd'hui passe au
premier plan le problème de la construction en
série, le problème qui consiste à transformer,
par des méthodes de rationalisation et d'indus-
trialisation, les anciennes installations destinées
au travail manuel en installations destinées à la
grande production.

« Tous ces problèmes sont abordés avec ardeur,
examinés et fouillés à fond, en liaison avec les
problèmes de style qu'on s'applique à soumettre
aux conditions techniques, économiques et sociales. De toutes parts, en vue de les résoudre, on
s'efforce de considérer les nouveaux moyens de
construction qu'offre en abondance presque illi-
mitée la technique moderne, non seulement
comme un apport matériel qui est le bienvenu
(et dont l'architecture académique a déjà depuis
longtemps fait usage), mais on s'emploie aussi
à « animer » ce matériel nouveau et à faire en
sorte que de nouvelles possibilités d'expressions
en puissent être tirées. Sous l'influence de cette

manière de voir librement et joyeusement
appuyée sur le réel, peu à peu s'accomplit dans
l'art architectural un changement de style, en
même temps que se développe un nouveau « langage des formes ». Le résultat est que la « nouvelle maison », avec ses murs lisses et sans cou-
tures, avec ses lignes claires et simples, ses ouver-
tures résolument tournées vers le dehors et sa
liaison continuelle avec ce qui l'entoure, n'a
presque plus rien de commun que le nom avec
l'« ancienne maison ».

*
* *

« Cette transformation si digne d'attention du
« langage des formes architectoniques », transformation qui se produit sous nos yeux, est un
événement international dans lequel la forte
liaison intellectuelle entre les nations civilisées
apparaît très visiblement. Cette transformation
dans l'expression des formes architectoniques
s'accomplit selon les données de cette technique
qui règne au premier chef, aujourd'hui, sur
notre développement intellectuel et qui s'est égale-
lement créée, pour elle-même, comme le montrent ses diverses manifestations, un « langage
des formes » entièrement nouveau. Cette transformation — comme l'apparition de tout mode
d'expression — est un événement qui dépasse
les personnalités. Le nouveau mode d'expression
en architecture n'est pas le fait d'un isolé, mais
la création née d'une volonté commune embras-
sant de nombreux éléments. Dans ce sens également, les travaux du nouvel esprit architectural doivent être moins considérés et appréciés

sous l'angle de la réalisation individuelle que sous l'angle du problème de la forme et du style. Dans chaque cas particulier, il n'y a de décisif que la manière dont le problème a été posé, que la façon dont le talent a choisi sa besogne. Il est du reste sans importance, dans ce court aperçu, de citer les noms des jeunes architectes qui aujourd'hui, en Allemagne, s'occupent des nouveaux problèmes. Il est, de même, superflu d'examiner une à une les diverses solutions qui ont été apportées par chacun et de les confronter en tenant compte du talent, de la puissance créatrice, de l'harmonie qu'elles renferment. Il suffit ici de dire que les jeunes architectes qui, dans cet esprit, ont délibérément consacré leur vie de travail au problème du style, appartiennent pour la plupart à la génération qui est née entre 1880 et 1890. Dans la conviction que leur tâche ne peut être accomplie qu'en commun, ils se sont réunis en une association de travail et d'étude. Cette association, qui a un nom symbolique : « L'Anneau » (symbole d'une forme entièrement fermée sur elle-même et qui n'a pas de pointe) permet des échanges de vues et une émulation mutuelle en faveur du but commun. Comme centre d'enseignement pratique où l'on examine les nouveaux problèmes de construction et de style, il faut citer la « Maison de la Construction » de Dessau, qui, de plus en plus, sous la direction de son fondateur Walter Gropius, est devenue un organisme de recherches, une sorte de laboratoire de l'architecture dans lequel tous les nouveaux problèmes architecturaux sont assemblés, examinés et travaillés à fond.

« L'association d'architectes nommée plus haut, au sein de laquelle se sont réunis les champions du jeune mouvement architectural en Allemagne, compte également parmi ses membres quelques maîtres éprouvés de l'ancienne génération, architectes dont les noms sont étroitement liés depuis longtemps au développement de l'architecture moderne, et dont les travaux ont excité d'une façon fructueuse et créatrice toute la jeune génération : Hans Poelzig, qui, dans la construction industrielle, a affronté jadis en toute conscience les problèmes architecturaux et qui, dans la première poussée de son tempérament hardi, les a amenés lui-même à l'occasion jusqu'aux limites où on les voit aujourd'hui ; Heinrich Tessenow, dont le talent est formé d'éléments d'origines très diverses et qui par ses travaux calmes, honnêtes et bien ordonnés, se rapproche de plus en plus du nouvel esprit architectural ; et enfin Peter Behrens. Ce dernier fut l'un des chefs du mouvement qu'on nomme « d'arts-et métiers », mouvement qui, en Allemagne, depuis près de trente ans, s'efforce de répandre l'idée d'un nouveau style pratique, et dont les réalisations ont trouvé en France même une considération attentive. Behrens est lié, par toute sa vie de travail, de la façon la plus intime, aux nouvelles conceptions architecturales. Malgré des débuts pleins de promesses, le mouvement « d'arts et métiers » n'a pas pu réaliser entièrement l'idée qu'il avait puisée instinctivement dans les nécessités du temps. Avant que cette idée d'un nouveau style fût menée à bonne fin, avant même qu'elle eût été saisie dans toute sa profonde vérité, le mouvement se perdit dans le sable, en raison de la

17

défection de ses chefs et de l'opposition — une fois de plus — de l'académisme. Mais aujourd'hui cette idée est arrivée à son point de maturité, parce qu'une nouvelle disposition d'esprit est née depuis la guerre et que la chute des conceptions démodées a été accélérée sous l'influence même de cette idée. Il peut se faire que le mouvement architectural en faveur d'un nouveau style ait encore à subir, à l'occasion, des régressions : mais puisque les tendances relatives à l'évolution historique sont aujourd'hui reconnues et posées en principe, elles prouveront aussi en art leur totale force d'expansion. Sous l'influence — à laquelle on ne pourra échapper — de cette force dynamique, l'idée d'un nouveau style n'aura pas de repos tant qu'elle n'aura pas trouvé sa réalisation. »

Chapitre XI

Le théâtre d'après guerre
par le Dr Bernhard Diebold

Le Dr Bernhard Diebold à qui je dois ces considérations sur le théâtre allemand, est le critique dramatique de ce journal si répandu en Allemagne, la *Frankfurter Zeitung*. Il étudia le droit, la littérature et l'histoire de l'art, fut acteur au *Burgtheater* de Vienne, dramaturge et régisseur de la *Schauspielhaus*, de Munich. Depuis 1917, il est rédacteur littéraire et critique théâtral de la *Gazette de Francfort*.

Il est l'auteur d'un certain nombre d'ouvrages très remarqués sur le théâtre : « La Technique des rôles », « l'Anarchie dans le drame », dans lequel il reconnaît la volonté intellectuelle des expressionnistes, mais ne tient pas leurs œuvres pour œuvres d'art. « L'acteur Georg Kaiser » qu'il tient pour l'artiste dramatique, le plus puissant par la forme, de la nouvelle Allemagne, mais dont l'intelligence aboutit souvent à une réussite trop « mécanique ». Les nombreux essais de Diebold s'élèvent pour la plupart contre le manque d'art des jeunes dramaturges en ce qui concerne la technique, et contre leur absence du sens des responsabilités. En 1926, Diebold fut le seul juge pour l'attribution du prix Kleist. Il accorda le premier prix à Alexander Lernet Holenia, pour une comédie réaliste, et le second à Alfred Neuman, pour son roman : « Le Temple ».

« On peut dire qu'au point de vue *esprit* depuis 1919, le théâtre allemand a subi une décadence très sensible. Il semble qu'à la suite des profondes secousses de la guerre et leurs thèmes de grande envergure, les poètes se sont trouvés épuisés et le drame comme vidé. Le dialogue, moteur du drame, a perdu sa logique. Car dans le chaos des innombrables conceptions philosophiques de l'Allemagne d'aujourd'hui, il n'y a plus de méthode unitaire pour le dialogue. Aussi, actuellement, la littérature narrative est-elle bien plus importante que la littérature dramatique basée sur le dialogue.

« Par contre, au point de vue *visuel*, le théâtre allemand a atteint sa plus grande perfection technique depuis 1919. Le développement de ce mécanisme de la scène a séduit la jeune génération, qui compose ses pièces presque uniquement en vue des images scéniques et, en conséquence, pour le régisseur et le metteur en scène. Celui-ci prend, comme au cinéma, la place de l'auteur. La scène allemande a produit ainsi des créations bien plus intéressantes que la poésie dramatique.

« Les Français ne peuvent comprendre que difficilement cette distinction entre le drame et le théâtre. Ils disent : « Théâtre de Voltaire » ou bien « Théâtre de Victor Hugo » et désignent par là l'œuvre dramatique du poète. Certes, ils connaissent aussi ce dialogue fin que l'on trouve par exemple dans les « Proverbes » de Musset et les scènes de la « Renaissance » de Gobineau, trop subtil pour s'incorporer aux acteurs et plus évocateur à la lecture que du haut du plateau. Mais, en général, les auteurs français écrivent leur dialogue plus pour la parole que pour la lecture, plus pour le jeu des acteurs que pour la pensée. Tandis que dans le cerveau problématique des Allemands la poésie et le jeu de la scène se séparent facilement, comme dans la théologie l'âme se sépare du corps, et dans la philosophie l'esprit de la matière. Depuis le « Faust » de Goethe jusqu'au « Bonaparte » de Fritz von Unruh, souvent nous ne trouvons qu'une communication indirecte entre le côté « pensée » et le côté « théâtre ».

« L' « expressionnisme dramatique », comme on a nommé le nouvel art allemand entre 1910 et 1920, exagère jusqu'aux extrêmes limites ce dualisme selon la formule de Wedekind et les derniers mystères de Strindberg. Les uns, pris de dégoût pour le carnage et la guerre, renonçant à la matière, se réfugient, d'après les méthodes hindoues et spirites, dans le monde invisible de l'esprit pur et de l'amour immatériel. Ils nomment ce royaume éthéré « Kosmos », « Le Grand Tout » ou bien « Dieu ». Les autres, anéantis, écrasés par l'atroce destruction des vies humaines, réclament — en faisant souvent usage du terme bergsonien d' « Elan Vital » — tout bonnement la vie à tout prix. La vie se résume pour eux en passion, beauté, plaisir.

« Le premier groupe de ces *spiritualistes* excessifs ne créa pour la scène que des fantômes allégoriques, qui devaient prêcher une conception du monde religieux ou philosophique. L'autre groupe, celui des *vitalistes* excessifs, fit danser sur les tréteaux les satyres nus de la chair. Mais le plus grand nombre de ces auteurs a mêlé dans le tourbillon faustien de leur existence l'ultra-

spirituel à l'ultra-sensuel, l'incorporel métaphy-
sique à une caricature naturaliste de la plus pénible réalité. Après les effets moyenâgeux des contrastes de sérieux, de comique, de spiritualité
sublime et de matérialisme brutal qui, depuis
Shakespeare, caractérisent le drame germanique
nous voyons naître le drame expressionniste,
masse informe de scènes, d'impressions et d'expressions, échappées, pour la plupart, au contrôle d'une volonté poétique, et que, seul, le
cadre de la scène tient ensemble. La dramatur-
gie désagrégée d'un Buchner et d'un Grabbe qui
avait poussé encore plus loin les libertés shakes-
peariennes fait école. Seule, la prodigieuse technique théâtrale apprise chez Max Reinhardt a pu
faciliter la représentation d'un canevas dramatique aussi riche en scènes que pauvre en dialogue. Le poète désapprend à travailler pour le
théâtre dans un langage littéraire. Il perd sa
situation traditionnelle de monarque de la scène.
C'est le metteur en scène qui devient poète, —
« théâtrarque ». Max Reinhardt est le premier
théâtrarque absolu du théâtre allemand.

« En 1920 cette violente tempête expressionniste se calma. Les sermons fanatiques de Fritz
von Unruh contre la guerre, les satires de Georges Kaiser contre la Société capitaliste, les comédies de Karl Sternheim sur la petite bourgeoisie,
et, en fin de ligne, les élégies scéniques sur l'âme
dues à Paul Kornfeld rendaient visible l'esprit
révolutionnaire sur la scène. Chacun clamait son
« J'accuse ». L'essentiel sur la révolution était
prononcé. Néanmoins, on peut encore voir dans
« Gaz » de Georges Kaiser (2e partie) une sym-
bolisation rigide des types humains, décharnée,

une construction de verre et de fer, dirait-on,
dans laquelle des hommes en forme de marion-
nettes cubistes proclament leur sentence machi-
nalement et artificiellement, en style télégraphique. Car Kaiser comme Sternheim parlent en
impératifs laconiques. La parole elle-même était
devenue cubiste. D'autre part, Walter Hasenclever (auteur du « Fils », une des premières pièces
expressionnistes dirigées contre l'éducation militaire de la précédente génération), dans son drame « Au delà » se détourne de la réalité par un
tout autre procédé, non pas comme Kaiser avec
une transposition symbolique de l'être humain,
mais par une sorte de désagrégation spirituelle
dans l'univers. Les drames de l'excellent sculp-
teur Barlach sont aussi comme des évaporations
de l'âme, philosophie sentimentale d'un artiste
qui voudrait faire parler ses plâtres muets.

« En opposition à ces auteurs réfugiés dans le
royaume de l'idée pure, il s'en trouve d'autres
pour découvrir à neuf la nature! Le génial et ter-
rible Hans Henny Jahnn (« Ephraïm Magnus,
pasteur », « Le Couronnement de Richard III »
et, dernièrement, « Médée ») puise à pleines
mains dans le plus sauvage réalisme d'un érotis-
me où il dessine jusqu'à l'incroyable un ensemble d'anormalités sexuelles — un vrai volcan de
boue de l'égarement humain. Bref Brecht aussi
cherche, avec son « Baal », dans le style de
« Wozzek » de Buchner, à dépeindre la nature
dans toute sa nudité, et Arnolt Bronnen, dans
son « Vatermord », fait de la psychologie
sexuelle, basée sur une psychanalyse personnelle : le fils, jaloux de sa mère, tue le père.

« Dans ces drames, les hommes redeviennent

bien réels, mais cette réalité se trouve aussi exagérée dans le sens positif que la spiritualité des symbolistes l'était dans sa caricature intellectuelle.

« Un cri se fit entendre : le désir d'un retour à un nouveau réalisme — la « Neue Sachlichkeit » — terme inventé par les peintres comme l'a été celui d'expressionnisme. Depuis 1924, c'est là le dernier cri de la nouvelle génération.

« Déjà dans les « Tambours de la nuit » de Brecht et dans le « Hinkemann » du révolutionnaire Toller, condamné à 5 ans de prison, nous voyons, en dépit des allusions symbolistes et des exagérations du thème, le positif et la réalité redevenus modernes. Mais le sujet de ces œuvres est encore du domaine de la guerre. Dans ces deux pièces, il est question d'un soldat revenu de la guerre et qui ne peut plus supporter la vie chez lui. Le « Hinkermann », frappé dans sa virilité à la suite d'une blessure, devient le symbole de la destruction de la vie par la guerre. Ce sujet bizarre peut illustrer les recherches désespérées des poètes à l'affût de nouveaux thèmes. On voit par là combien le naturel et le simplement humain étaient loin de leur esprit. Aussi n'est-il guère étonnant que « le Tombeau sous l'Arc de Triomphe » de Raynal ait pu remporter, encore en 1926, le plus grand succès du drame sérieux sur la scène allemande, où l'on avait vu plus de pièces contre la guerre que dans aucun autre pays du monde. « Le Tombeau sous l'Arc de Triomphe » donne enfin une réalité sans symbolisme, et sans exagération. Son esprit répond exactement à la « Neue Sachlichkeit » tant souhaitée, quoique le style n'en soit nullement nouveau et s'attache au dialogue réaliste du temps de Hauptmann et Ibsen.

« Neue Sachlichkeit » — Néo-Réalisme ! On cherche les thèmes dans la réalité. On cherche ! La mécanisation toujours croissante de la vie, le rythme accéléré de l'américanisme, le nivellement de l'homme par le bolchevisme, le libertinage sexuel le plus pénible — pour tout cela l'auteur dramatique était censé trouver de nouveaux horizons. Bronnen nous donne des pièces comme « Anarchie en Sillian », « Bataille catalane ». Il veut représenter véridiquement et simplement le rythme effréné de notre siècle mécanisé. Mais il demeure un épigone de Wedekind ; il se perd dans une farce répugnante, « Excès », où il entretient le public d'une suite d'indécences dépourvues d'esprit. Il pousse jusqu'à la sodomie. Enfin, par simple désir de sensation, il écrit « Ostpolzug », joué par un seul acteur dont le rôle consiste en une suite de discours, presque incompréhensibles, sur l'ascension du Mont Everest. Jean-Jacques Rousseau avait introduit cette forme de monodrame pour donner à un grand artiste un soliloque avec accompagnement musical. Le fait que notre auteur y ait eu recours prouve encore le désarroi devant le thème. Que pouvons-nous bien représenter ? Les sujets courent les rues. Mais les auteurs n'ont ni l'œil ni la force pour regarder avec assez de précision la réalité troublante de l'homme moderne, le nouveau tragique et la nouvelle société allemande et en faire des créations typiques. Car la simplification, la condensation de la réalité est assurément le problème le plus difficile de la poésie dramatique.

« Pour se rendre maître de cette grande difficulté, pour fixer en un drame la vie fuyante de nos jours, nous voyons nos jeunes auteurs dramatiques chercher les détours les plus rusés. Un bon nombre d'entre eux ont recours à l'Histoire : ils s'efforcent de rattacher les problèmes actuels à des exemples d'antan. Le « Gneisenau » de Kurt Goetz est une critique dramatique de Frédéric-Guillaume IV. La dictature que Jules Romains avait traitée sous forme de pièce de salon dans son « Dictateur » — joué avec tant de succès en Allemagne — devient le thème du drame tzariste de Neumann « Le Patriote » où le tyrannique Paul IV est renversé par son ministre Pahlen, et du « Bonaparte » de Fritz von Unruh — fantaisie oscillante sur la tyrannie monarchiste. La pièce de Neumann, dépourvue de psychologie moderne, est traitée simplement comme un roman historique. Pourtant son succès théâtral fut énorme, pareil à celui de « Gneisenau » de Goetz. La pièce de Unruh présente encore la fougue expressionniste de la parole ; elle transforme, dans le souffle d'une chaude rhétorique, Bonaparte en un moloch de plâtre, le Baal Monarch qui dévore les hommes.

« D'autres auteurs renoncent au détour par l'exemple historique pour prouver des idées modernes. Ils attaquent tout droit la réalité, mais du point de vue de l'ironie et du comique. L'auteur dramatique allemand s'essaie de nouveau dans la comédie comme l'avaient fait, dans le temps, Sternheim et Kaiser. En 1920, en effet, Kaiser avait donné, avec son « Alcibiade sauvé », une des plus fines comédies sur l'antinomie entre l'esprit et le corps. Mais jusqu'à présent l'esprit de ces comédies n'a pas encore trouvé celui du public.

« L'impulsion nouvelle a été donnée par Luigi Pirandello. Son influence se fit le plus sentir vers 1925. Pourtant, dix ans plus tôt, Georg Kaiser, dans ses drames « Le Corail » et, ensuite, dans « Deux fois Oliver », avait déjà touché le problème pirandellesque du doute du Moi et de la Réalité. Il était plus facile à bien des auteurs de se prononcer sur les choses du présent dans la pénombre équivoque de l' « être ou ne pas être » où ils trouvaient même des raisons philosophiques pour ne pas prendre un engagement quelconque au nom de l'esprit ou de la nature. Le sérieux fut chassé de la scène par la relativité de l'expression. Chaque mot prend un double sens. Un simple thème de conte de fées comme « Homme est Homme » de Bert Brecht, où un simple bonhomme renonce peu à peu à son âme individuelle pour se faire une âme de masse, d'homme type, devient dans la dernière partie de la pièce par le « relativisme » de la diction aussi incompréhensible qu'un drame expressionniste. Kornfeld, dans ses comédies « Palme » et « Nilian », se montre plus précis. A la manière des Destouches, des Nivelle, des de la Chaussée, — pour ne pas évoquer le grand nom de Molière — un caractère déterminé y est réduit à un seul trait prédominant. Mais dans les pièces de Kornfeld aussi, si belles pourtant dans leur langage lyrique, la philosophie relativiste amoindrit la portée théâtrale. Kurt Goetz, dialecticien subtil et spirituel, a dénoncé cette philosophie vague dans une parodie sur Pirandello « Que devons-nous jouer ? » — scène de tribunal pleine d'humour dans laquelle l'assassin accusé se trouve être en même temps l'homme assassiné. Il ne s'agit pas d'un suicide, l'accusé étant vivant, mais d'un assassinat feint, le bonhomme ayant eu l'intention de commencer une nouvelle vie sous un nouveau nom. « *Cosi e, si vi pare* » — aurait dit Pirandello. Mais Goetz, avec une souriante bonne foi, change l'apparence en réalité.

« Le pas décisif vers la vie réelle fut fait par Alexandre Lernet-Holenia, Autrichien de souche française, avec ses farces « Ollapotrida » et « Comédie autrichienne ». A cette dernière, l'auteur de ce chapitre a pu décerner le prix Kleist de 1926. En tirant partie de la vieille construction de la comédie romanesque, Lernet-Holenia porte à la scène, avec un réalisme accompli, tous les illogismes de la conversation et tout ce qu'il y a d'apparence anormale dans les actions de la vie journalière. L'humour ne sert pas seulement de décor à un canevas logiquement construit. Ce qu'il y a d'inconséquent, d'incongru dans les actions humaines journalières est présenté comme nécessité, comme causalité pratique avec un tel cynisme que cette simple réalité imparfaite provoque le rire. Les personnages romantiques et sentimentaux, si profondément autrichiens, de Schnitzler et de Hofmannstal, Lernet-Holenia les dépouille de leur romantisme et les démasque cruellement. Encore une révolution.

« Mais ces comédies — dont Hasenclever et d'autres ont augmenté le nombre — prennent moins de place au théâtre que les pièces historiques de Neumann, de Goetz ou de Unruh. On pourrait plutôt signaler, quant aux pièces de salon, une prédominance de Bernard Shaw et des auteurs français modernes. Nous avons déjà noté le succès du « Tombeau sous l'Arc de Triomphe » de Raynal et du « Dictateur » de Jules Romains. « La Prisonnière » de Bourdet a eu à Berlin une série de représentations, quoique le thème de l'amour lesbien ne puisse être pris trop au tragique dans l'Allemagne d'aujourd'hui, où toutes les conceptions sont embrouillées, même celles de l'amour. Quelques pièces déterrées, telle « Mademoiselle ma femme » de Verneuil, « Amoureuse » de Porto-Riche et « le Cordon-Bleu » de Tristan Bernard ont eu beaucoup de succès. Après quelques années où le rythme le plus accéléré semblait encore trop lent au metteur en scène, ces pièces d'un dialogue léger sont maintenant jouées trop lentement, trop timidement, mais à l'exception de quelques rôles grotesques, avec beaucoup d'expression et de naturel. Ce qui manque aux auteurs de vérité et de sérieux, l'acteur, le metteur en scène doivent le fournir d'eux-mêmes.

« Et voici où réside le grand mérite du Théâtre allemand. Il n'est pas dans le drame. Max Reinhardt est le créateur du nouvel art théâtral allemand. Une douzaine de talents de premier ordre se sont inspirés de lui — Jessner, Piscator, Fehling, Martin, Berger — et se sont développés librement sous cette influence. Ils sont devenus maîtres de tous les genres de scènes depuis le théâtre intime jusqu'à l'amphithéâtre du cirque. Souvent la mise en scène sort du cadre de la scène pour laisser le jeu se développer sur l'avant-scène. Souvent aussi, nous voyons le cinéma apparaître au fond et faire partie de la scène. Le « Théâtre déchaîné » de Tairoff avec son optique dansante a trouvé beaucoup d'adeptes. D'autre part, la revue prête au théâtre son caractère léger et bébête, l'endort et l'assouplit. Le public, gâté par le cinéma, ne demande, pour l'instant, que des spectacles, sans se soucier de poésie ou d'esprit. Le sérieux de l'existence, il le cherche tout au plus dans les débats politiques. Les grandes associations théâtrales — sortes de syndicats qui procurent à leurs membres des billets bon marché — se divisent, sinon officiellement, au moins de fait, d'après les opinions politiques. La Fédération populaire chrétienne du Théâtre est inspirée par le Centre catholique, tandis que la *Volksbühne* réunit les masses de la Socialdemokratie. Le grand directeur et metteur en scène Jessner donne, au *Staatstheater* (Théâtre de l'Etat) à Berlin, des pièces classiques comme « les Brigands » de Schiller ou « Hamlet » sous forme de drames politiques révolutionnaires, montés comme spectacles modernes : « les Brigands » de 1781 nous apparaissent en blouse bolcheviste et les courtisans d' « Hamlet » en des costumes de fantaisie ressemblant autant à un habit ou une robe de bals modernes qu'à des costumes du « Barocco » du xviie siècle. D'un drame historique du poète, Ehm Welk, le metteur en scène a fait, contre la volonté de l'auteur, une pièce de tendance communiste. L'image l'emporte sur la parole.

« Au fait, l'impression visuelle est plus directe, parle plus au sens que la rhétorique. Les poètes écrivent des films pour le théâtre. La parole est toujours nationale — l'image est internationale. La jeune Allemagne vit entre Paris, New-York et Moscou. Déjà, nous avons des « littérateurs » qui écrivent *contre* la littérature. La littérature qui, depuis quelques années, avait formé, d'une façon trop artificielle, le centre de nos préoccupations intellectuelles — la littérature passe de mode. Elle se réfugiera de nouveau dans la vie privée pour rêver en cachette. Les poètes vendront leurs autos aux acteurs de l'écran, ils vont changer leurs vêtements anglais de sport pour revêtir le véritable habit du poète.

« Le théâtre comme spectacle visuel devra soutenir une lutte sans issue contre le cinéma. Car le Théâtre ne peut exister que par la *parole* de l'acteur vivant. Mais nous verrons grandir dans le secret une poésie non officielle et mal payée qui sera de beaucoup meilleure que celle admise par la mode ; car elle devra venir du fond du cœur.

« Pour le moment, le Théâtre allemand est un champ d'expériences. Les œuvres de toutes les nations s'y donnent rendez-vous. On passe tout en revue — on conserve et on aime le meilleur (1). »

____

(1) Notre théâtre remporte un très vif succès en Allemagne. Récemment le Dr Julius Elias est mort : au cours de sa carrière, il avait traduit et fait jouer à Berlin 84 pièces françaises. — *Note de l'auteur.*

Le Théâtre et la mise en scène en Allemagne,

par Berthold Held, régisseur et directeur

de l'école du Théâtre de Reinhardt (1).

L'art du théâtre allemand est encore bien jeune. On peut lui assigner une durée d'à peine deux cents ans. Il ne peut se targuer d'un passé glorieux, tel que celui du théâtre anglais à l'époque d'Elisabeth ou du théâtre français du temps de Molière. Pourtant le théâtre allemand a marché à pas de géant, depuis les tâtonnements de ses débuts, au point d'atteindre un niveau remarquable. Quel chemin n'a-t-il pas parcouru depuis les efforts à la fois critiques et novateurs de Lessing, fondant le théâtre allemand en communion d'idées avec Diderot, le créateur du drame bourgeois en France, en passant par le théâtre de Gœthe à Weimar, le « Burgtheater » de Laube à Vienne, jusqu'à l'école de Meiningen, où se trouva le berceau de la régie ! Quels progrès le théâtre allemand n'a-t-il pas réalisés en partant des gestes raides et des attitudes prescrites du siècle passé, pour atteindre à la liberté et à la richesse dans les paroles et dans les gestes de notre temps ! Quelle distance n'y a-t-il pas encore, plus près de nous, entre l'ère dominée par Brahm et l'époque contemporaine, née à l'aurore de ce siècle, et qui a trouvé dans Max Rein-

____

(1) L'auteur de cet article est depuis plus de 25 ans le collaborateur intime de M. Max Reinhardt, le directeur de théâtre connu dans le monde entier.

hardt, son protagoniste, une synthèse originale des styles anciens !

Chez Reinhardt, en effet, nous trouvons réunis le sens de la couleur et du son, la vérité de l'entourage exigée par l'école de Meiningen et le respect de Brahm envers les paroles du poète, joints au rigoureux souci du naturel et de la vérité. C'est en marchant sur les traces de Brahm que Reinhardt a élagué du théâtre tout geste faux et tout accord mensonger, mais c'est grâce à son bon goût personnel qu'il parvint à bannir également de la scène les décors arbitraires et pompeux et ramena ce cadre de la représentation à la vérité humaine, à la vérité des hommes qui doivent vivre dans ce cadre.

Aussi bien les tentatives en vue de dépasser Reinhardt lui-même sur ce point ne font pas défaut. Un mouvement nouveau est sorti du théâtre russe qui, pareil en cela au bouleversement politique qui a renversé l'empire des tzars, a révolutionné de fond en comble toutes les formes de l'art. Tairoff et Maierhold ont prétendu, selon leurs propres termes, « déchaîner » le théâtre. De même en Allemagne, sous l'influence du théâtre russe et des arts plastiques, on a cherché à introduire au théâtre un style étranger à tout sentiment de la réalité, qu'on a désigné du nom prétentieux d' « expressionnisme ». Mais, à mon sens, c'est là un phénomène transitoire, qui a, je le veux bien, réalisé des expériences intéressantes, mais qui en somme est aussi éphémère que les caprices de la mode.

Cependant l'époque contemporaine n'est pas dépourvue d'énergies créatrices. Parmi les régisseurs qui ont réussi à insuffler au théâtre une vie nouvelle, il faut mettre au premier rang, sans conteste, l'intendant du théâtre de l'Etat à Berlin, M. Léopold Jessner. Celui-ci n'a rien renié de toute l'œuvre de Reinhardt, ce grand pionnier, mais il n'en va pas moins son propre chemin. Tandis que la fantaisie inépuisable de Reinhardt franchit toutes les bornes et ne se sent à son aise que dans un horizon illimité, Jessner aspire à la concentration, je dirais même à la condensation, tant en ce qui concerne l'optique scénique que l'expression verbale, voire l'œuvre poétique elle-même. Celle-ci, en effet, Jessner s'efforce de la réduire à une forme élémentaire et simple, pour n'en conserver que la quintessence de vérité humaine. En cela, M. Jessner n'a fait qu'emboîter le pas à M. Gerhardt Hauptmann, qui avait osé, lors d'une représentation de *Guillaume Tell* de Schiller, détrôner, pour ainsi dire, le poète, en réclamant pleine liberté pour le régisseur voulant adapter le poème aux sentiments modernes contemporains.

On pourrait dire que le théâtre de Reinhardt, c'est de l'art pour l'art, un jeu esthétique et désintéressé. Quant à Jessner, il considère le théâtre comme une tribune où il expose des thèses philosophiques, voire même comme un instrument politique du gouvernement et de la forme politique du moment. En faveur de cette manière de voir, M. Jessner peut s'autoriser du théâtre de l'époque de la reine Elisabeth et de l'exemple de Shakespeare, dont la scène reflète aussi la vie politique contemporaine de jadis. La tendance de Jessner a d'ailleurs été outrée par M. Erwin Piscator, un artiste éminemment capable et animé d'un sens du théâtre merveilleux qui a osé transformer la « tribune » de Jessner en un véritable « tribunal » asservissant le théâtre aux doctrines d'un parti politique.

Parmi les régisseurs en vue de notre temps, il faut citer encore MM. Carlheinz Martin et Jürgen Fehling, auxquels le théâtre doit une puissante impulsion grâce à des représentations d'une énergie concentrée.

Ce n'est pas seulement à Berlin que se manifeste la puissance de travail, la force de renouvellement et d'énergie créatrice. Bien des scènes allemandes voient à l'œuvre des régisseurs et des acteurs d'une valeur éminente, plus que la capitale n'en pourrait abriter. Ne citons, à titre d'exemple, parmi les théâtres de quelque envergure, que le *Schauspielhaus* de Francfort sous la direction de Weichert, et parmi les théâtres d'une ampleur moindre, le théâtre de Gera, aux destins duquel préside une intelligence souverainement artistique. Toute la province est d'ailleurs une pépinière de talents de la plus haute valeur, à tel point que Berlin est loin de pouvoir absorber tous les artistes devenus célèbres au cours des dernières années. Nombreuses sont les troupes qui, n'ayant pas trouvé à se loger dans un théâtre permanent, donnent de-ci de-là des représentations occasionnelles dans les divers théâtres d'Allemagne.

Il y a lieu de mentionner en outre l'œuvre des écoles de théâtre les plus en vue, à la tête desquelles se trouvent l'école de l'Etat et celle du « Deutsche Theater » à Berlin. En outre, des écoles ont été annexées aux théâtres de Francfort, Cologne et Leipzig. En vue de favoriser les investigations scientifiques et historiques de l'art

théâtral, il a été créé enfin des chaires universitaires à Berlin, Kiel, Cologne, Munich et Francfort. Ces chaires sont destinées à la formation
scientifique des jeunes gens qui se destinent,
d'une manière ou de l'autre, à une profession en
connexion étroite avec le théâtre. Somme toute,
on voit partout germer et pousser de la vie. Signalons également l'Exposition du théâtre à Magde-
bourg, où l'on a rassemblé tout ce qui a trait
au théâtre contemporain.

Les conditions économiques de l'Allemagne
s'étant heureusement consolidées, on est en droit
d'espérer que les bases du théâtre pourront enfin
être assainies. L'avenir n'appartiendra pas, à
mon humble avis, à un quelconque théâtre
« déchaîné », « extatique » ou « constructif »,
mais tout bonnement à un théâtre vivant, vrai
et humain. C'est précisément ce fluide de vie qui
doit animer le théâtre et que ni la radio, ni le
cinéma, quelles que soient les merveilles que
puisse réaliser dans ce domaine l'esprit humain,
ne pourront jamais remplacer au point de compromettre la vie future du théâtre.

Chapitre XII

Visite aux Editions Ullstein

Presque tous les journaux et éditeurs sont réunis dans le même quartier à Berlin. Là, vit un monde grouillant, affairé, chez lequel on sent que tous les actes sont à une seconde près. Malgré la foule, malgré la hâte, pas de bousculades, pas de cris. La discipline règne même dans ce qui apparaît cahotique.

Les trois plus importantes maisons d'éditions sont celles d'Ullstein, de Scherle et de Mossé qui occupent des immeubles gigantesques et voisins où toutes les installations, pratiques et confortables, facilitent le travail.

Ullstein possède deux établissements : l'un pour les journaux et périodiques ; l'autre — véritable gratte-ciel — plus éloigné du centre, à Tempelhof, et encore plus important, pour les éditions de magazines et de livres. Leur superficie dépasse 70.500 mètres carrés.

Lorsqu'on pénètre dans la maison — la ville couverte, pourrait-on dire — d'Ullstein, 22-26 Kochstrasse, on reste émerveillé, même et surtout quand on est du métier.

Je pus visiter la plupart des services, — les visiter tous exigerait un long séjour — et assister au tirage de la *B. Z. am Mittag*, l'un des quotidiens les plus répandus et les plus recherchés.

Avant de vous conduire dans cette immensité, je vous donnerai quelques précisions qui vous montreront l'importance d'Ullstein. Chez lui, paraissent les publications suivantes : *Vossische Zeitung* et son supplément du dimanche, *Zeitbil-*

der, — *Berliner Morgen post*, — la *B. Z. am Mittag*, — *Berliner Allgemeine Zeitung*, — *die Post aus Deutschland*, — *Wohnungs-Tausch-Anzeiger*, — *die Grüne Post*, — *Berliner Illustrirte Zeitung*, — *die Dame*, — *Uhu*, — *die Koralle*, — *der Querschnitt-Verkehrstechnik*, — *die Bauwelt*.

Tous ces organes, dont cinq quotidiens, abordent les sujets les plus différents. Tous les trois mois, un bulletin, *Ullstein Berichte*, publie entre autres un acte notarié donnant le chiffre exact de tous les tirages. Le *Berliner Illustrite Zeitung*, hebdomadaire, atteint près de deux millions d'exemplaires ; plusieurs quotidiens dépassent ou frisent le million.

Pour une telle production, une rare activité est indispensable de la part de l'armée de spécialistes collaborant au succès de l'œuvre : plus de 2.000 rédacteurs, dessinateurs, photographes et employés, plus de 2.500 ouvriers et techniciens ; près de 4.000 garçons, porteurs, cyclistes et chauffeurs, soit près de 10.000 personnes.

Continuons notre voyage au pays des chiffres, dont l'éloquence est si impressionnante. Ullstein possède plus de 250 correspondants, dont une cinquantaine à travers le monde, — plus de 400 employés, pour le service des annonces, — plus de 70 magasins dans le Reich et 80 à Berlin. Chaque jour, le service du courrier reçoit en moyenne 7.000 lettres et en expédie 30.000. Cent dix postes téléphoniques pour l'extérieur et 550 pour l'intérieur. Le central transmet quotidiennement 16.000 communications de service à service et 30.000 de Berlin, de l'Allemagne et de l'étranger.

Enfin, 400 machines à écrire sont employées dans l'exploitation de Berlin et plus de 100 dans les filiales de province.

Allons voir comment se fait la *B. Z. am Mittag* : au début de la matinée, conseil. Chaque rédacteur sait aussitôt ce qu'il doit faire, l'espace exact qui lui est alloué. La mise en page est établie, car il s'agit de faire vite et avec précision, pour un journal qui paraît à midi, dont le tirage est de plusieurs centaines de mille et qui donne, non pas les nouvelles amplifiées des journaux du matin, mais des informations personnelles. Les reporters font leur copie dans les vastes ateliers de composition, où tout est prévu, et la donnent feuillet par feuillet.

Jusqu'ici, nous retrouvons à peu près les mœurs de la presse française de l'après-midi, notamment de *l'Intransigeant*, modèle du genre depuis de longues années.

Dans la salle des machines, à côté de la rotative à 16 pages d'il y a vingt-cinq ans, conservée comme relique et dont on se rappelle les multiples rouleaux, les complications sans nombre, nous voyons une machine qui peut tirer 96 pages à la fois et renvoie le journal tout plié. Elle ne sert que pour les numéros spéciaux, assez fréquents. En temps ordinaire, elle collabore au tirage de la *B. Z. am Mittag*. On reste en extase devant ces prodiges de mécanique ainsi que devant les machines d'*offset* tirant quatre couleurs en même temps. Ainsi conçue, l'édition tient du miracle.

La *B. Z. am Mittag* tire 300.000 exemplaires à l'heure pour 16 ou 20 pages. Les numéros sortent pliés, passent à la compresseuse, prennent un monte-charge sans fin, qui mène, par un tunnel traversant une vaste cour, aux ateliers d'expédition, d'où ils descendent ficelés par un toboggan en colimaçon. Dans la cour, c'est le cortège des automobiles de livraison. Pendant plus d'une heure, les voitures se succèdent pour le chargement du service de ville. Tout se fait avec ordre, sans bruit. Il y a aussi les voitures pour les gares : dans la salle d'expédition, sur un grand tableau, sont inscrits les numéros des courriers et des trains. A la minute exacte, les paquets sont envoyés. Inutile de regarder. En bas du toboggan, les colis tombent exactement dans l'automobile qui doit se trouver là. D'autres voitures sont parties, dès le début du tirage, avec les exemplaires destinés aux quatre avions de la *B. Z. am Mittag*, qui attendent à l'aérodrome dé Tempelhof, prêts à l'envol. En résumé, à 11 h. 30, les rédacteurs donnent leur dernière copie ; à 11 h. 40, les premiers exemplaires sont tirés ; à 11 h. 42, l'expédition commence ; à 11 h. 45, les camelots vendent le journal ; à midi, les avions s'envolent. Voilà ce qui permet de surnommer la « *B. Z. am Mittag* » le journal le plus rapide du monde.

J'ai vu en action l'une des machines du *Berliner Illustrirte Zeitung*. A gauche, les rouleaux de papier débitant leur feuille immaculée, qui pénètre dans l'immense rotative. A droite, on la voit sortir pliée constituant un journal de 48 pages, d'un tirage parfait. Ces chiffres ne laissent-ils pas rêveur ?

Dans la salle des dépêches, une dizaine de cabines sont surmontées d'un vaste tableau noir divisé en colonnes, portant en haut de chacune le nom d'une capitale. Un timbre central retentit. Une lampe s'allume dans la colonne adéquate. Aussitôt le sténographe-interprète va dans la cabine correspondante prendre la communication. Il y a des fils spéciaux avec le monde entier.

Les archives, par leur installation et leurs dimensions, rappellent la bibliothèque Sainte-Geneviève. Une quinzaine de jeunes femmes sont chargées du classement. Sur n'importe quel sujet de n'importe quel pays et de n'importe quelle époque, on trouve, en moins de deux minutes, une documentation complète pour l'article et l'illustration. J'en ai fait à plusieurs reprises l'expérience.

Terminons par quelques nouveaux chiffres : en 1926, plus de six millions 500.000 kilos de papier ont été employés pour les journaux d'Ullstein, ce qui représente plus de 6.500 wagons de 10.000 kilos et près de 17 millions de marks. Si l'on mettait les uns au-dessus des autres tous les exemplaires d'un tirage du supplément dominical du *Berliner Morgenpost*, on obtiendrait une hauteur à peu près égale aux 4.800 mètres du Mont-Blanc.

Enfin, les éditions Ullstein ont plus de 70 rotatives pour les quotidiens, 60 pour les illustrés, 60 machines tirant à plat, 15 machines d'*offset*, 10 linotypes. Toutes sont allemandes. Le parc automobile a plus de cent voitures et le hangar de Tempelhof, nous l'avons dit, quatre avions.

Lorsque l'on constate la puissance d'une telle organisation, on doit être heureux de savoir que la politique suivie par Ullstein est celle de M. Stresemann, nettement favorable au rapprochement avec la France. La *Gazette de Voss*, l'organe politique d'Ullstein, et son rédacteur en chef Georg Bernhard furent les premiers à propager ces idées, à l'époque où elles semblaient absolument révolutionnaires.

Certes, nous possédons de grandes maisons d'édition, Hachette par exemple, dont la réputation est mondiale, mais ce qu'il faut considérer c'est qu'Ullstein traite tous les genres, quotidiens, périodiques, ouvrages, effort qui n'a pas son équivalent dans notre pays.

Quant au matériel, nos éditeurs, nos imprimeurs gagneraient à aller l'observer de près, surtout en ce qui concerne l'*offset*, procédé admirable, artistique et bon marché dont nous ne savons pas tirer tout le parti possible, il faut avoir le courage de le reconnaître, alors que l'Allemagne, la Suisse, l'Angleterre, les Etats-Unis, l'Italie, par exemple, réalisent de véritables chefs-d'œuvre. Pourquoi ne pas essayer de corriger notre défaut de mise au point en allant étudier sur place ?

CINQUIÈME PARTIE

L'ÉDUCATION PHYSIQUE

L'effort sportif.

L'Allemagne fait un gros effort au point de vue sportif. Pour briller aux Jeux olympiques ? Sans doute, mais aussi et surtout pour développer la race.

Elle sait qu'après avoir été appauvrie et diminuée pendant la guerre, seuls le sport, la culture physique, le grand air seront susceptibles de régénérer ses combattants et ceux qui, enfants, ne mangeaient pas à leur faim.

Aussi, tous font-ils du sport. Dès que la belle saison arrive, par milliers, nageurs et nageuses de tous âges vont prendre leurs ébats dans les lacs des environs de la capitale. Les puritains s'affolent de ces promiscuités. Ils ont tort. Que des idylles résultent de ces baignades, peut-être, mais n'auraient-elles pas pu tout aussi bien s'ébaucher dans les dancings ?

Il ne suffit pas de faire du sport. Il faut aussi y être encouragé. Le gouvernement du Reich, les municipalités ne négligent rien à cet effet : organisation de terrains, grands jardins, espaces libres, tout est prévu. Dans les cités ouvrières où l'on pourrait craindre les ravages des usines, on rencontre partout des squares, des esplanades, où les enfants, les adultes peuvent s'amuser sainement, jouer au ballon, courir, sauter. Ce sont non pas de futurs champions, mais des apprentis, des ouvriers qui ont peiné toute la journée dans l'horrible chaleur dégagée par les coulées d'acier ou dans les agglomérations de travailleurs. Ils n'ont pas le cerveau envahi par la hantise de battre des records du monde : ce qu'ils veulent, c'est prendre des forces.

Les jeunes Allemands, malgré la guerre, donnent le plus souvent l'impression de parfaits petits athlètes. Discipline ? Soit. Mais quel exemple ! Là-bas, il n'est pas un industriel qui ne songe au bien-être physique de ses ouvriers et de leurs enfants. Certes le sport n'est point délaissé chez nos anciens adversaires. Il suffit de visiter le Stadium et le Forum pour s'en convaincre. Ces établissements sont des usines à faire des champions, car le champion est un peu dans le genre de la taxe de luxe qui flatte l'amour-propre du fabricant, mais n'augmente pas la valeur du produit. Le champion est la vitrine du sport. Il crée l'émulation. C'est un phénomène qu'on admire et qu'on veut imiter. Une Lenglen, un Lucien Gaudin font surgir des milliers de pratiquants qui croient pouvoir être un jour leurs égaux. Parfait ! Mais une nation saine est préférable à une escouade de recordmen du monde dont l'organisme souffre souvent d'ailleurs des dépenses physiques répétées.

Au cours de l'interview qu'il voulut bien m'accorder, M. Becker, ministre de l'Instruction publique de Prusse, me déclara :

« Depuis le nouveau régime les sentiments sportifs ont beaucoup changé. Jadis, ils se manifestaient surtout par les fameux duels au sabre dans les Universités. L'élégance exigeait que le visage portât de nombreuses cicatrices qu'on avait soin de rendre plus apparentes en les frottant avec de la cendre et autres impuretés.

« Regardez attentivement dans la rue : tous les

défigurés que vous y rencontrerez ont plus de trente ans. La nouvelle génération n'emploie plus ces procédés barbares. »

Je pus constater la vérité de cette affirmation.

Dans l'Université, les sports sont encouragés et les cours de gymnastique sont considérés non pas comme une récréation ou une matière facultative, mais comme une obligation. Les « forts en thème » rivalisent d'ardeur avec les cancres qui n'ont même plus ce domaine pour briller. Presque tous les établissements ont leur club et même leur terrain. Les professeurs sont fiers des résultats obtenus.

Tous les sports ont des armées de pratiquants en Allemagne. La natation, l'athlétisme, le football, le cyclisme font pour ainsi dire partie de la vie. Je les ai cités dans l'ordre de préférence que leur accorde le peuple. La natation, par exemple, n'est même plus un sport, c'est une fonction naturelle.

A Hambourg, sur l'Alster, on remarque un gigantesque établissement de bains réservé aux femmes et construit comme une véritable maison.

Les sociétés secrètes, selon toutes les personnalités que j'ai interrogées, ne poursuivent pas seulement des objectifs politiques, elles ont surtout à leur base le désir de faire du sport, entre jeunes gens de même opinion.

M. Lewald, ancien ministre d'Etat, commissaire du Reich pour les sports, qui m'emmena visiter le Stadium et le Forum, me disait :

« Les sociétés sportives représentent plus de quatre millions d'individus. Parmi les sociétés secrètes, il y a les Reichsbanner uniquement républicains, les Frontbanner, qui sont communistes. Elles groupent 1.200.000 adhérents. Les autres, nationalistes ou conservatrices, tels les Wikings, les Stahlhelm, sont beaucoup moins importantes. Les unes sont dissoutes ; les autres ne connaissent qu'un sport : lutter entre elles. »

Ces luttes provoquent d'ailleurs parfois des échauffourées, vite réprimées par les schupos.

J'ai essayé d'obtenir des précisions sur l'amateurisme. Je ne voudrais pas paraître médisant, mais je crois qu'en Allemagne comme en beaucoup d'autres pays, ce n'est plus qu'un mot. C'est l'étiquette qu'il faut présenter aux Jeux olympiques !

Ah ! les Jeux olympiques ! Les Allemands s'y préparent rigoureusement et nous réservent des surprises.

Le stadium avait été construit pour les Jeux olympiques de 1916 qui auraient dû s'y disputer, si d'autres tournois n'avaient pas retenu l'attention du monde. Il est entouré d'un hippodrome. On y accède par une route large, éternellement droite, qui prolonge le Tiergarten. Imaginez l'avenue du Bois-de-Boulogne continuée sur des kilomètres. Le regard est sans cesse distrait par les villas luxueuses, les jardins et les bois. Des services d'autobus, l'unterground mènent sans trouble à la vaste arène... Voici le terrain : pistes cycliste, athlétique, piscine, plongeoir, courts de tennis, rien ne manque. Les gradins comprennent 40.000 places assises. On supprime l'anneau réservé aux bicyclettes pour que le public soit moins éloigné de la pelouse et qu'il puisse venir en plus grand nombre, tant est considérable l'empressement de la foule pour les manifestations sportives. Derrière, l'école d'athlétisme, véritable Faculté. Cours supérieur pour jeunes gens des deux sexes se destinant au professorat. Des moniteurs dirigent l'enseignement. Des docteurs, des savants font des cours. Les salles d'étude, de récréation, la bibliothèque, les chambres, le réfectoire sont nets et aérés.

Dès qu'un candidat arrive, on commence par le photographier de face, de profil et de dos comme à l'anthropométrie. On fait son examen médical, on le radiographie. Sa fiche physiologique est établie. Sur un carton, on fait un double schéma dont le trait central montre la taille; à gauche sont marquées les mensurations de l'athlète normal dans la spécialité, à droite celles de l'élève à son arrivée et au cours de son éducation.

Chaque semestre, on procède à un nouvel examen et l'on fait deux radiographies. On veut ainsi non seulement suivre les sujets, mais parvenir à établir une véritable physiologie sportive avec des systèmes, des règles fixes et immuables permettant de tirer des conclusions scientifiques de la pratique et de l'abus des sports. Ce sont des professeurs fameux qui sont chargés de cette partie. Le travail technique est considérable et « l'Université pour les exercices du corps » rappelle plutôt une Faculté de médecine qu'une... usine sportive.

Arrivera-t-on ainsi à établir des classifications, à fabriquer des champions comme on fait des chapeaux ? Je ne le crois pas. Dans le sport, fort heureusement, il restera toujours la part de l'inconnu qui est, avant tout, le cœur. Combien d'hommes bâtis de façon admirable n'ont jamais

pu rivaliser avec des athlètes moins bien confor-
més qui, eux, avaient le cœur, l'énergie ! Et ce
sont là sentiments que les machines les plus per-
fectionnées n'arriveront ni à juger ni à créer.
Néanmoins, les recherches des laboratoires du
Stadium sont fort intéressantes. Nous avons fait
des essais en ce sens, mais ont-ils été poussés
aussi complètement ? En Allemagne, les professeurs qui se consacrent à cette tâche ne le font
point par passe-temps.

Le Stadium est bien peu de chose à côté de ce
que sera le Forum pas encore terminé. Construit
avec l'aide financière du Reich, il est à proximité du Stadium et sera, peut-on dire, l'Ecole
normale supérieure du Sport. Il est situé sur une
hauteur d'où le spectateur admire à perte de vue
la capitale. A ses pieds, la ville industrielle avec
ses immenses cheminées, ses fumées qui s'élèvent
en torsades vers le ciel. Véritable symbole : en
bas les nécessités souvent malsaines de la collectivité, en haut le nettoyage de l'organisme par le
grand air et l'espace. De nombreux terrains d'entraînement aux destinations diverses, des constructions modernes et confortables, avec chambres
coquettes, en feront une véritable ville sportive.

Là, les athlètes allemands pourront se perfectionner sous les yeux des entraîneurs les plus
compétents et le contrôle de docteurs éminents.
Là, doivent se révéler et grandir les champions
avec lesquels l'Allemagne espère disputer aux
Etats-Unis la suprématie sportive. Elle possède
déjà de grands espoirs et compte former de nouvelles étoiles, très nombreuses.

J'ai assisté à des séances convaincantes au
Kaiserdamm et au Sport-Palast.

Le Kaiserdamm de Berlin est beaucoup moins coquet que le Sport-Palast. C'est un hall considérable dans le genre de notre ancienne Galerie des Machines. On y fait des expositions d'automobiles ou d'autres industries, on y court des Six-Jours cyclistes, on y donne des réunions d'athlétisme. Plus de 5.000 personnes peuvent s'y presser.

Le jour où j'y suis allé, il y avait grande séance grâce à la participation de Peltzer. De 17 h. 30 à 19 h. 15 on avait fait disputer les éliminatoires. En Allemagne, en effet, où l'esprit de famille est très développé, le dimanche appartient à l'intimité. Le déjeuner, vers 14 heures, réunit les enfants autour des parents ; c'est pourquoi les séances sportives ne commencent pas avant 17 h. 30. Lorsque j'arrivai à 20 h. 30 un commissaire m'attendait qui me conduisit dans une loge : les portes étaient fermées, il n'y avait plus une place libre.

Plus de 1.500 concurrents étaient inscrits dans les diverses épreuves. Il y eut plusieurs courses de relais dont l'une, poursuite, sur la piste de fond. Elle était réservée aux employés des chemins de fer, des omnibus, de l'unterground, de la poste, du télégraphe en costume de service. Attraction comique ? Nullement. Les exhibitions de ces hommes en uniforme et coiffés de leur casquette — mais chaussés de souliers de course — ont permis de révéler des coureurs de valeur qui seraient restés dans l'obscurité si l'on n'avait pas fait appel à leur concours sans les obliger à s'affilier à un club et à acheter un équipement.

J'admirai beaucoup une présentation intitulée : « Livre d'images de gymnastique ». Ce fut une exhibition à la fois artistique et précieuse par toute une série de groupes de jeunes gens, de jeunes filles et même d'enfants, arrivant en courant, mais selon un rythme parfait, effectuant deux exercices d'ensemble de façon impeccable, s'en allant de l'autre côté de l'enceinte en courant et laissant la place à un autre groupe. On avait bien en effet l'impression de tourner les pages d'un album. Les maillots de toutes couleurs, à la fin de la démonstration, donnaient à l'envolée de cette centaine de gymnastes un cachet pittoresque qui faisait penser à un immense bouquet.

Cette discipline librement consentie en apparence reparaît sans cesse : lorsque le champion Peltzer vint courir une épreuve de 1.000 mètres, tous les athlètes prenant part à la fête envahirent l'enceinte par vagues sans cesse renouvelées pour assister à ce régal. Ils s'assirent sur la piste cycliste. En cinq minutes, tous furent placés. Les uns derrière les autres, par clubs, ils semblaient des brochettes d'oiseaux. Vous n'auriez pas trouvé un maillot rouge parmi les blancs ; malgré la cohue, malgré la hâte, chaque sportif avait rejoint ses équipiers. Moins de deux minutes après la course, gagnée par le Dr Peltzer dans un style magnifique, toute la troupe avait laissé libre l'anneau de bois et les cyclistes prenaient le départ.

Discipline aussi du côté des spectateurs : deux coureurs, dans un mille mètres, firent le dernier tour en se bousculant, se gênant, se distribuant force coups de coude. A l'arrivée, nul ne chercha à influencer les commissaires dans leur décision. Après la proclamation du vainqueur, des ovations, pas un murmure. Au Sport-Palast, dans un match de hockey sur glace, j'ai vu un étudiant canadien d'Oxford se signaler par des brutalités répétées envers ses rivaux de Berlin. La foule ne manifesta pas sa colère : elle savait que l'arbitre interviendrait.

J'eus la chance de pouvoir interviewer le docteur Peltzer. Je craignais tout d'abord qu'il ne refusât, car j'avais lu dans nos journaux qu'il détestait les Français et ne voulait pas courir dans notre pays, étant un nationaliste forcené.

Je fus donc étonné lorsque l'organisateur à qui je m'étais adressé vint me chercher pour me conduire auprès du champion, dont la loge avait été installée dans l'un des bureaux de l'administration.

Grand, maigre, blond, les yeux gris, tel apparaît Otto Peltzer, recordman du monde, vainqueur de Nurmi et de Wide, actuellement le plus célèbre athlète d'Allemagne. Il donne l'impression d'un véritable pur sang. Son allure est coulée, souple, sa foulée puissante, il court comme un artiste, non pas comme une machine.

En Allemagne, il y a beaucoup de docteurs qui ne sont pas médecins. On donne le titre du grade universitaire. Otto Peltzer est donc docteur, mais il professe l'histoire, la géographie et la biologie à Wickersdorf, près de Stettin, dans l'une des écoles fondées par le Docteur Wyneken, ce Froebel pour le degré supérieur, selon qui apprendre doit devenir une distraction saine, n'empêchant pas le développement physique.

Lorsque j'entrai, Peltzer était étendu à même le sol et se faisait masser. La conversation commença. Je fis part de mon appréhension et des bruits qui ont circulé en France. Le champion, les mains derrière la tête, me regarda et se mit à rire :

— Oui, dit-il, dans un débit précipité mais très clair, on m'a rapporté ces propos. Je ne sais vraiment à qui je puis les attribuer. Je n'ai jamais jugé utile de les démentir. ne considérant pas ma personne comme susceptible de provoquer des incidents diplomatiques. Je suis professeur, je suis sportif, c'est suffisant pour un seul homme. Je n'ai pas le temps de m'occuper de politique.

« Mais je puis dire que je trouve stupide l'opinion qu'on me prête. Je sais trop bien que la France et l'Allemagne ne peuvent rien faire séparément et qu'unies elles peuvent tout. La culture et le génie de ces deux peuples associés les assureraient contre tout risque et éviteraient tout conflit, si des perturbateurs voulaient en provoquer.

« J'irai courir à Paris et j'en serai très heureux. Non seulement je vous autorise à le dire, mais je vous demande même comme un service de répéter mes déclarations.

« D'ailleurs, ceux qui ont répandu des bruits tendancieux à mon égard me connaissent mal, sans quoi ils sauraient que, l'année dernière, pour me guérir d'une maladie de gorge opiniâtre, je suis allé me soigner à Beaulieu. J'ai visité Marseille et je me rappelle toujours avec plaisir ce séjour charmant. Aussi est-ce avec joie que je me rendrai à Paris. Dites-le, je vous en prie. »

La veille, le docteur Peltzer avait fait, à Berlin, une conférence très appréciée. J'aurais désiré en avoir le texte.

— Hélas ! je ne puis vous le donner, car il n'existe pas. Je parle toujours sans rien avoir préparé. Je suis tellement plein de mon sujet que je sais fort bien que j'aurai beaucoup à dire, quelle que soit la question abordée. Je pars sur une idée et, au hasard de mon improvisation, une autre se présente que je traite.

« C'est ainsi lorsque je cours. Je ne sais jamais, avant l'épreuve, quelle tactique je choisirai. Je change toujours mes méthodes. L'athlète esclave d'un système n'est pas un vrai champion. Il trouvera son maître rapidement.

« Mes pensées sont plus rapides que mes actes et commandent ceux-ci. Je suis très impulsif et j'ai constaté, dans toute ma vie, que je fais du meilleur travail en me laissant aller à l'improvisation aussi bien pour le sport que pour la parole.

C'est le propre des véritables virtuoses.

*
* *

Le Sport-Palast est le Palais de Glace de Berlin. Dans cette salle immense, 12.000 personnes peuvent prendre place. C'est d'abord une enceinte surélevée pour les chaises de parquet, avec des tables où l'on peut consommer. Derrière, le promenoir. Au premier étage, auquel on accède par de vastes escaliers situés aux quatre coins du rectangle, un rang de loges, d'où l'on peut suivre le spectacle en dînant. Puis une seconde galerie, où la foule s'entasse encore.

Les séances sportives commencent le dimanche à 17 h. 30, se poursuivent jusqu'à 19 h. 30

et, aussitôt après, une armée de patineurs de toutes les classes de la société envahit la piste et a de la peine à évoluer, tant elle est nombreuse. Les autres jours, les portes ouvrent à midi.

L'étendue de glace a 75 mètres de long sur 40 de large. Sa superficie est de 2.500 mètres carrés. Pour produire le froid nécessaire, il y a 25 kilomètres de tubes sillonnant le sous-sol et le toit. Une solution d'ammoniaque et de sel est comprimée par une machine de 600 chevaux. L'ammoniaque va geler sur le toit par des tubes et revient faire son mélange avec l'eau salée. Les machines fonctionnent de 7 heures à 23 heures. La glace se tient d'elle-même la nuit. En trois jours, on obtient le gel, en deux le dégel.

Le bruit des moteurs incommodant les voisins, la direction du Sport-Palast indemnise ceux-ci et paye une partie de leur loyer. Comme le ronronnement cesse la nuit, on conçoit que les appartements d'alentour soient particulièrement recherchés.

La saison commence en octobre et se termine en avril, mais on ne patine qu'à partir de novembre. Car, dans cet établissement, on dispute aussi des courses cyclistes de six jours, sur une piste de 166 mètres de tour, et on organise de grands bals. En ce dernier cas, la glace est recouverte d'un plancher, dont l'installation, ainsi que celle des chaises, exige quatre heures seulement. Le même temps suffit à remettre tout en état pour les patineurs. Jamais on n'ouvre les portes plus tard qu'à midi, quelle que soit l'heure à laquelle s'est terminée la fête de nuit.

A New-York, paraît-il, le même travail nécessite 18 heures, et les dirigeants du Sport-Palast se montrent particulièrement fiers de leur organisation rapide. Il est certain que, lorsqu'on a vu cette immensité, on se demande comment on peut obtenir ce résultat.

Ce n'est pas tout. Au second étage, une installation moderne pour la culture physique, la boxe, la lutte, permet aux notables de Berlin de venir, chaque jour, entre 10 heures et 19 h. 30, s'entraîner avec tout le confort possible. Un ring, des home-traîners, un tapis de lutte, des machines à ramer, des exercicers, un sac de sable, les agrès les plus variés s'offrent aux amateurs. J'ai remarqué une machine à selle oscillante donnant l'impression des trépidations de la motocyclette sur la route : on n'a pas pu me dire l'intérêt de cet engin, à moins que ce ne soit pour aguerrir contre le mal de mer !

Des salles de bains, des douches, un bain électrique, une salle de massage, un magasin où l'on peut trouver tout ce dont on a besoin, un vestiaire avec armoires grillées, individuelles, complètent cette académie fréquentée par tous les Berlinois mondains et les grands champions.

Je puis dire que ce qui m'a le plus frappé dans les manifestations sportives auxquelles j'assistai, c'est l'esprit du public. En général, il est connaisseur, il sait apprécier les belles phases lorsqu'il convient et non quand un joueur ou athlète cabotin cherche à attirer l'attention sur lui par des gestes conventionnels semblant habiles mais inefficaces.

J'ai été étonné chaque fois de l'impartialité du public et de son grand respect des décisions, ce qui n'empêche pas son enthousiasme.

SIXIEME PARTIE

Est-ce la paix?

Opinions de personnalités allemandes sur le rapprochement avec la France

Au cours de mon séjour en Allemagne, j'ai interrogé de nombreuses personnalités sur les possibilités et les conditions d'un rapprochement avec la France. La vérité m'oblige à déclarer que, nulle part, je n'ai rencontré la moindre opinion hostile et je suis persuadé que tous ceux que j'ai vus étaient sincères.

D'ailleurs, les Français qui sont allés en Allemagne en ces derniers temps et qui, comme moi, ont pu parler et discuter avec les personnes représentant les milieux les plus divers, ont rapporté la même conviction. On s'en rend compte à la lecture des journaux, revues et ouvrages.

Je me contenterai de rapporter mes conversations sans y rien changer. Je livre ces documents simplement sans y ajouter le moindre commentaire. Le lecteur jugera.

***

Le Docteur Kurt von Kleefeld, beau-frère de M. Stresemann, m'invita à prendre le thé dans son hôtel particulier de l'Hildebrandstrasse, véritable chef-d'œuvre de goût où les pièces artistiques les plus rares sont mises en valeur par ce collectionneur avisé et délicat.

Véritable colosse au regard franc et puissant,

le docteur Kurt von Kleefeld, en sa qualité d'administrateur général des vastes domaines agricoles et des nombreuses entreprises industrielles appartenant à la famille des princes de Hohenlohe, occupe une position en vue dans le monde économique de l'Allemagne. Il a publié dans le *Journal de huit heures du soir* une série d'études remarquables sur les plus importantes questions économiques et politiques.

Dans un français du grand siècle, mon éminent interlocuteur a bien voulu me faire part de quelques-unes de ses idées. Il m'a rappelé un article qu'il avait publié, le 15 novembre 1926, dans lequel il faisait ressortir le lien entre la vie économique et la destinée des nations.

— Ce ne sont pas les anciens moyens de force et la guerre qui jouent le rôle décisif dans l'existence des peuples, m'a-t-il déclaré. L'organisation de la paix économique dans le monde devra être effectuée par la centralisation des forces intellectuelles et morales.

« Les facteurs prépondérants de l'économie mondiale devront exercer leur influence sur la politique de leur pays, afin de remplacer le principe brutal de rétorsion et d'exécution par le principe équitable des négociations amiables, qui laisse à chacun ce qui lui revient. »

Partant de ce point de vue, M. von Kleefeld aboutit à un jugement éclairé et élevé des rapports que doivent avoir entre elles la France et l'Allemagne :

— Un échange assuré et normal de marchandises, assure-t-il, basé sur des calculs exacts, ne pourra se produire que si tous les Etats industriels intéressés ont un régime monétaire stable. Nous ne réussirons à mettre fin au chaos économique et politique que nous a légué la guerre et aller de l'avant que si les principales puissances de l'Union latine, la France en première ligne, parviennent à stabiliser leurs systèmes monétaires. Cette idée, je l'ai soutenue dans un article paru le 17 juillet 1926, ce qui vous indique la confiance que j'avais déjà à cette époque dans le redressement financier de la France.

« J'ajoutais que, d'ailleurs, la question de la stabilisation serait plus facile à résoudre en France qu'elle ne le fut en Allemagne et je préconisais une étroite coopération des banques centrales d'émission dans les Etats de l'Europe.

« J'ai toujours été partisan d'un accord franco-allemand et ne m'en suis jamais caché. J'estime que nos deux peuples se ressemblent beaucoup plus que la majorité des gens ne le suppose. Mais ils se connaissent mal.

« Il est nécessaire, pour le rétablissement de l'économie mondiale, de faire disparaître les divergences qui séparent encore les nations. M'adressant à un Français, vous pourriez croire que je me laisse aller à des propos de courtoisie, mais voici ce que j'écrivais dans un article, le 29 septembre 1926, à propos de l'entretien de Thoiry : « La collaboration de la France et de « l'Allemagne dans le domaine financier, écono- « mique et monétaire sera soutenue, de notre « côté, avec la plus grande loyauté et le plus « sincère empressement, mais également avec la « prudence acquise par la réalité des faits.

« Je suis convaincu qu'avec les hommes qui « ont entrepris cette tâche le sort de nos deux

« pays, et, en conséquence, du monde entier, est
« en bonnes mains. »

M. von Kleefeld prouve, par ses idées, qu'il
est à la fois un homme politique envisageant d'un
regard étendu les grands problèmes actuels, un
penseur doué d'une claire intuition de la base
morale sur laquelle doivent reposer les relations
entre les peuples et un chef d'industrie qui, tout
en se plaçant sur le terrain des faits, donne leur
importance aux courants intellectuels et avec la
forte et absolue conviction que la paix est une
nécessité pour toutes les nations.

*
* *

M. Breitscheid, leader du parti social-démocrate, est l'un des hommes politiques de l'Allemagne jouissant de la plus grande influence. Il
est un fervent ami de la France. Très grand,
élancé, brun, les yeux perçants, une moustache
fine, il a une magnifique allure de tribun.

Le bras encore immobilisé par un accident
d'automobile, le député Breitscheid me fit l'honneur de venir me voir à l'hôtel Bristol. Pendant
une heure, il voulut bien me parler des possibilités et des nécessités d'un rapprochement de la
France et de l'Allemagne.

— Oui, le rapprochement est nécessaire, me
répétait-il. Il a été préparé depuis cinq ou six ans
par le parti socialiste. L'entente entre les Français et les Allemands est indispensable, non seulement pour la paix européenne, mais pour la
paix du monde. Etaient considérés comme cou-
pables de haute trahison tous ceux qui soute-
naient cette idée il y a deux ans, mais, aujour-

d'hui, c'est l'opinion unanime des gens qui savent voir, comprendre et prévoir.

Précédemment, nous avons donné l'opinion du député Breitscheid sur les Sociétés secrètes et sur les services rendus à la République par les *Reichsbanner*.

— La majorité du peuple, continua-t-il, veut le rapprochement. Même pendant la guerre, chez nous, il n'y avait pas de haine contre les Français, adversaires que nous avons toujours su apprécier. Ce que nous voulons, c'est, par la constitution des Etats-Unis d'Europe, faire une alliance économique et non pas militaire. Faire une alliance militaire, c'est préparer quelque chose contre quelqu'un. C'est ce que nous ne devons pas : *l'esprit de la nouvelle Allemagne s'y oppose.*

« Mais il y a une grosse question à régler avant tout : la Rhénanie ressemble plus à la France qu'à la Prusse et la politique employée pendant l'occupation fut néfaste, car il ne faut jamais essayer de froisser, d'abîmer l'esprit d'un peuple. La possibilité d'un rapprochement définitif tient d'abord à l'évacuation de la Rhénanie.

« A notre avis, après l'entrée de l'Allemagne dans la Société des Nations, ce pays doit être considéré comme ayant les mêmes droits que les autres. Occupé, il ne peut pas être jugé comme tel. Il y a là, me direz-vous, question de méfiance d'une nation de 40 millions d'habitants contre une autre de 65 millions. Eh bien ! qu'on cherche une solution et on la trouvera, j'en suis sûr, pour le plus grand bien des peuples.

— Je me suis laissé dire que, dans l'enseignement, on inculquait souvent aux enfants la haine de la France.

— Il faut se garder de généraliser des cas particuliers qui tendent à disparaître de plus en plus. La situation de l'instruction publique est très délicate en Allemagne et demande à être connue. Le gouvernement du Reich ne peut pas intervenir dans les divers Etats. Il est encore de vieux universitaires, fidèles aux anciens principes, mais, chaque année, ils laissent leur place à d'autres, des jeunes, fidèles au nouveau gouvernement. Des universités, telle celle de Bonn, sont franchement républicaines.

En me quittant, M. Breitscheid me confia :

— Le grand péril pour le rapprochement est l'attitude des journaux. Chez vous, comme chez nous, au moyen d'extraits provenant de gazettes souvent insignifiantes, on arrive à enfiévrer le lecteur et à grossir des incidents anodins. Je regrette que vous ne publiiez pas assez de passages importants de ceux de nos quotidiens qui font l'opinion. Vous apprendriez à nous connaître mieux. »

M. Stresemann devait, quelques jours plus tard, me faire la même remarque.

*
* *

Le baron von Rheinbaben, ancien secrétaire d'Etat, député populiste, est l'un des orateurs les plus écoutés au Reichstag. Il est un partisan du rapprochement, mais il réclame quelques concessions de la part de la France :

« Trois problèmes me semblent en suspens : celui de l'armée et de la sécurité, celui des relations financières et économiques, celui de la politique européenne.

« Partisan par principe de la politique de M. Stresemann, je répondrai à ces trois questions :

« 1° La France peut-elle admettre qu'un grand peuple comme le nôtre ne puisse, pendant une longue période, se préparer militairement pour être prêt à toute éventualité, si ce peuple travaille honnêtement et loyalement à la réduction et à la limitation de ses moyens militaires ? L'Allemagne a fourni ce travail et effectué le désarmement, malgré de lourds soucis patriotiques. La fierté et le sentiment national français ne comprendraient-ils pas la grandeur de cette œuvre ? Ne vous rendez-vous pas compte que la Pologne entretient une armée trois fois plus forte que la Reichswehr et munie des armements les plus modernes, contrairement à la nôtre ? »

J'objectai que la Pologne se trouve coincée entre l'Allemagne qui ne nourrit pas, à son égard, des sentiments très amicaux, et une Russie menaçante. Mon interlocuteur poursuivit :

— Ne lit-on pas, en France, les journaux polonais ? L'opinion publique y réclame ouvertement l'annexion de la Prusse orientale à la Pologne. N'entendez-vous jamais parler des violences exercées contre les populations allemandes restées en Silésie polonaise ? Songez-vous à la menace constante dont est victime la Silésie allemande ?

« Ce qui fut encore plus grave, ce fut l'occupation de la Ruhr, en 1923. Cette émotion n'est pas encore calmée, même après Genève et Locarno.

La France devrait examiner ces questions et se rendre compte que le désarmement unilatéral allemand ne peut qu'être le début du désarmement général. Oublions les polémiques de presse de ces dernières années et cherchons des bases nouvelles.

« *En toute vérité, le peuple allemand ne veut plus de guerre*. Mais comme ce peuple est bien plus nombreux que le vôtre, votre politique — comme celle de l'Allemagne après 1871 — devrait consister à donner à la nation voisine, bien amoindrie territorialement, un dérivatif aux idées de revanche militaire avec la possibilité d'un progrès pacifique.

« 2° La politique allemande acceptait la proposition de Thoiry, suivant laquelle la France aurait obtenu, dans un temps assez rapproché, environ un milliard de marks-or. Sans être prophète, on peut prévoir la reprise prochaine de ces pourparlers.

« Tous les partis politiques d'Allemagne désirent traiter sérieusement avec la France le problème de l'évacuation des pays rhénans.

« Dans l'intérêt commun, nous voulons poursuivre la politique de Locarno et nous sommes prêts à discuter avec la France les questions économiques et financières : d'abord, nos deux pays doivent y trouver leur compte ; ensuite, ces questions doivent être résolues en entente parfaite avec l'Angleterre, l'Italie et les Etats-Unis. Il y a certainement des solutions heureuses qu'on trouvera en les cherchant loyalement. On arrivera ainsi à une politique amenant la revision du plan Dawes et son adaptation à la faculté réelle de payement de l'Allemagne. On fixera enfin une somme définie. La France sera amenée à reconnaître ses dettes envers l'Angleterre et l'Amérique, puis négociera avec les Etats-Unis au sujet du règlement, afin qu'il ne dépasse pas ses facultés financières.

« Ajoutons la possibilité d'une conférence économique mondiale dont les conséquences peuvent être si importantes dans l'intérêt commun de l'Allemagne et de la France.

« Il est facile de saisir qu'une vraie politique d'entente ne peut que procurer des avantages à nos deux pays.

« 3° Quelques Français me disaient récemment : « Il est possible que vous ayez raison dans vos propositions concernant une collaboration franco-allemande, mais on pense, en France, que l'Allemagne s'attribuera d'abord tous les avantages d'une politique de rapprochement pour s'en aller ensuite vers l'Italie, l'Angleterre, la Russie ou toute autre, afin de prendre position contre nous. »

« Comme cette opinion est mesquine et aveugle ! Evidemment, l'Allemagne entre petit à petit dans le cercle des nations européennes avec des droits égaux et elle aura une politique étrangère indépendante. Mais ce serait une folie si cette politique ne traitait pas tous les autres pays loyalement et honnêtement. Il n'existe plus de secret en Europe, aujourd'hui moins que jadis. Si l'Allemagne avait des arrière-pensées, les intéressés le sauraient immédiatement.

« C'est pourquoi nous revenons toujours à notre proposition de créer une politique de collaboration des quatre grandes puissances européennes : la France, l'Allemagne, l'Angleterre et l'Italie, afin d'éviter dorénavant toute velléité de lutte. C'est seulement sur une telle base que l'Europe nouvelle peut être édifiée. »

Il était intéressant d'enregistrer ces déclarations d'un membre très écouté du Reichstag, qui ne fut pas toujours très sympathique à l'idée d'une entente entre les anciens ennemis.

*
**

Donnons maintenant les opinions du professeur Hoetzsch, député nationaliste pouvant être considéré comme l'un des leaders du parti. Ce politicien n'est pas aussi partisan du rapprochement que ses collègues des autres partis ; mais il nous a paru nécessaire de donner les opinions les plus diverses :

« Je suis convaincu que les efforts du ministre des Affaires étrangères français, pour amener un rapprochement avec l'Allemagne, sont absolument sincères. Je crois que ce ministre, qui a fort bien reconnu l'intérêt de la France elle-même à une entente avec sa grande voisine de l'Est et qui devance ainsi de beaucoup l'opinion de son propre pays, poursuit en toute franchise les buts d'une telle politique de rapprochement.

« Mais il faudrait être complètement aveugle pour ne pas voir dans la politique officielle, la presse et certains milieux qui s'obstinent à ne pas comprendre, les courants qui contrecarrent et paralysent cette tendance.

« Pour bien définir la situation, je citerai les paroles de notre ami le comte von der Schulenburg. Dans son discours remarquable, lors de la discussion du budget de l'armée, le 3 mai 1926, il déclara, lui, un général qui a fait ses preuves dans maintes heures difficiles de la guerre et doit vraiment s'y entendre, que personne, en Allemagne, ne croyait possible de faire, avec notre Reichswehr, une guerre d'offensive et de revanche contre une armée moderne. Voici ses propres paroles, qui concordent absolument avec mes idées et celles de mes amis politiques sur ce problème fondamental :

« Le plus sûr moyen pour la France ou un
« autre pays de se garantir à la longue contre
« l'Allemagne, c'est de s'entendre avec elle.
« Nous non plus, nous ne considérons pas un
« nouveau conflit sanglant comme l'unique
« solution ; nous non plus ne nous refusons
« pas par principe à un rapprochement. Mais
« encore faut-il que ce rapprochement se fasse
« généreusement et sans restrictions, sur la base
« de la pleine et entière égalité des droits. Tant
« que le peuple allemand restera sous le coup
« de la loi d'exception du désarmement, tant
« que nous sentirons le poing de nos anciens
« ennemis prêt à s'abattre sur nous, le rappro-
« chement n'aura pas de valeur véritable parce
« qu'il n'aura pas été conclu entre égaux.
« L'Histoire continue de marcher et elle ne
« manquera pas de faire surgir des questions
« brûlantes. Je puis très bien m'imaginer, au
« cours des temps, une situation dans la poli-
« tique mondiale, continue von des Schulen-
« burg, — et je m'associe tout particulièrement
« à ce point de vue — où il pourrait ne pas être
« indifférent à l'un ou à l'autre des peuples qui
« nous entourent d'avoir comme voisine une
« Allemagne non hostile. »

« Egalité des droits, reconnaissance des intérêts vitaux de l'Allemagne, reconnaissance du droit de libre disposition des peuples qui a été violé, telles sont les bases, les seules possibles, d'un rapprochement avec la France!

« Tout le monde en Allemagne comprend qu'il faut que, d'une façon ou d'une autre, l'Europe arrive à s'entendre, mais pratiquement, on n'avancera que si l'on aborde franchement certaines questions inéluctables et avant tout les trois réclamations que je viens de formuler :

« 1° L'égalité de droit pour l'Allemagne, égalité qui, malgré toutes les belles paroles et la reconnaissance du principe, n'est pas encore passée dans le domaine des faits et pour laquelle l'Allemagne doit lutter à la Société des Nations au nom de sa propre dignité et de son existence même.

« 2° La garantie d'une revision pacifique des dispositions impossibles du traité de paix, germes de conflits et les modalités d'une telle revision. Nous savons que nous touchons là à une question délicate et nous pouvons fort bien imaginer que les caractères craintifs préféreraient ne pas en entendre parler. Mais, au contraire, il faut en parler si l'on veut que l'œuvre de l'Allemagne au sein de la Société des Nations soit profitable. Si l'on se refuse à voir que les bases des relations entre les Etats dans l'Europe actuelle — c'est-à-dire les traités conclus à Paris, à l'exception de celui de Sèvres, déjà revisé — indiquent des possibilités de conflits qui, si l'on ne s'efforce pas de trouver des formes d'une revision pacifique, éclateront sûrement, ce sera un vain effort de vouloir mettre en pratique la grande idée d'arbitrage à laquelle des esprits allemands ont contribué pour une bonne part.

« 3° Garantie et protection assurées des minorités nationales par des organismes de protection et de maintien de ces minorités. L'Allemagne n'est-elle pas en effet le pays d'Europe qui a le plus grand nombre d'hommes de sa race vivant sous la domination d'autres Etats ? »

*
* *

Dans de nombreux milieux allemands, on considère que s'il y a encore une guerre, elle n'est pas à redouter entre les peuples de l'Europe. Ce sera plutôt un conflit de continents. Et le péril jaune est toujours celui qu'on craint le plus. Le nombre incalculable de Chinois qui pourraient envahir l'Europe fait peur.

C'est la raison pour laquelle beaucoup de prévoyants de l'avenir, même sans se baser sur leurs sentiments, penchent pour un rapprochement vers la France et surtout pour la constitution des Etats-Unis d'Europe.

M. von Friedberg, conseiller secret au ministère des Affaires étrangères, se plaçait à un autre point de vue, lorsqu'il me disait :

— Jamais il ne pourra y avoir de guerre, tant que vivront les femmes qui ont subi la dernière.

Fasse le ciel qu'elles soient immortelles !

*
* *

Donnons maintenant les opinions de personnalités de la haute banque :

Voici celle de M. Herbert M. Gutmann, président de la *Dresdener Bank* :

« Je considérerai les relations franco-allemandes d'abord comme homme d'affaires. Les deux Etats sont au nombre des grandes puissances ayant relativement peu de frottements économiques. Leur vie économique, dans son ensemble, suggère au contraire une entente. L'accord de la potasse, le cartel de l'acier et d'autres encore le montrent clairement. Je suis convaincu qu'il y a encore dans le domaine économique et financier d'autres grandes possibilités de collaboration, sur la réalisation desquelles on peut fonder de grandes espérances. J'aime à croire que cette évolution aboutira également à une entente politique entre nos deux peuples.

« A ce sujet, je ne suis absolument pas d'avis qu'une entente entre les deux pays exclue un sain nationalisme et qu'une entente européenne ne puisse se faire qu'en renonçant à l'élément national ou en le mettant à l'écart. Les particularités de chaque pays pourraient aussi se développer et se déployer dans une Europe qui, par exemple, aurait supprimé, au moyen d'une union douanière, les frontières économiques entre les nations. L'exemple de la Suisse, où trois races et cultures différentes se sont unies paisiblement, me semble le prouver. Je crois qu'une union douanière européenne est un but idéal auquel on doit viser et dont la réalisation sera sans doute accélérée par l'aéronautique qui relie et rapproche les différents pays.

« Je me rends absolument compte que la voie qui conduit à cet objectif est longue et malaisée,

de même que je vois nettement les obstacles
s'opposant à une entente politique franco-allemande. Le traité de Versailles n'est pas une base
propice : une entente n'est, en effet, possible
entre de grandes nations que sur le pied de l'égalité. Celle-ci seule peut former la base d'une
*confiance réciproque qui, à mon avis, est l'élé-
ment le plus important de l'entente.* Tant que
nos deux peuples se regarderont avec méfiance
et anxiété, il sera difficile de lever les obstacles.

« C'est pourquoi je me réjouis tout particulièrement de voir que des Français viennent aux
informations chez nous. Ils devraient le faire
plus souvent encore. Nous n'avons rien à leur
cacher. Nous voulons, au contraire, leur montrer très ouvertement ce que nous avons et ce
que nous pensons. Je crois que c'est la meilleure
manière pour dissiper certaines méfiances du
peuple français à notre égard. »

Le docteur Erich Alexander, directeur général de la Banque allemande d'Orient, m'a déclaré :

— La conclusion du pacte sidérurgique a
attiré pour la première fois l'attention du grand
public sur la possibilité d'une collaboration
étendue des capitalistes français et allemands.
En même temps, a été soulevée la question de
savoir si une telle coopération paraît possible et
désirable au delà de cette union.

« A mon point de vue, j'incline à répondre
par l'affirmative. Déjà, avant la guerre, les devoirs qui incombaient aux industries et aux
finances des différents pays en ce qui concerne
l'exploitation du domaine économique mondial étaient si grands et si compliqués qu'il sem-

blait impossible que chacun de ces pays pût y faire face isolément. Il en est ressorti toujours plus nettement la conviction qu'une collaboration est non seulement nécessaire à la mobilisation des capitaux indispensables et en vue d'éviter les frottements politiques, mais aussi que les qualités personnelles se compléteraient les unes les autres grâce à une coopération qui éliminerait de plus en plus la possibilité de conflits dans l'avenir.

« Permettez-moi, à ce propos, de prendre comme exemple le domaine de mon travail et de mon expérience : « Les Tramways et Electricité de Constantinople », une des plus vastes entreprises syndicalisées qui fut créée en Europe, quelques années avant la guerre et qui, après avoir surmonté toutes les difficultés, vit se réunir les capitaux français, allemands et belges en vue d'une collaboration. La guerre a malheureusement interrompu le cours d'une évolution qui donnait lieu aux plus belles espérances.

« Bientôt après la guerre, cependant, se fit jour de plus en plus, dans les idées de différentes personnes, la conviction *qu'il y aura une Europe formant une communauté du travail ou qu'il n'y aura plus d'Europe du tout*, et que, par conséquent, il faut se réjouir de chaque pas fait en avant dans cette voie. Cela mènerait trop loin de citer chacune des possibilités que l'on trouve sur cette route et aussi chacune des difficultés qui s'y oppose. Mais il est permis tout au moins d'exprimer une espérance en souhaitant qu'une fois engagée sur cette route les hommes intelligents qui l'ont prise finissent par arriver à leur but. »

Je terminerai cette enquête en donnant la réponse que me fit, à Hambourg M. Edgar Schlubach, chef de la firme Schlubach, Thiemer et Cie, l'une des plus importantes maisons d'exportation d'Allemagne :

« Je crois pouvoir affirmer qu'à mon avis 80 ou 85 % des Allemands soutiennent de toutes leurs forces la politique actuelle de M. Stresemann, tandis que 5 ou 10 % radicaux de droite (racistes et ultra-nationalistes) et 5 ou 10 % extrémistes de gauche (communistes) la combattent.

« Mais il est nécessaire d'examiner franchement toutes les questions.

« L'occupation de la Rhénanie apparaît comme n'ayant aucun sens au point de vue militaire, car l'Allemagne est désarmée à tel point qu'en cas d'alerte l'armée française pourrait, en quelques heures, envahir aisément le territoire qu'elle occupe aujourd'hui. L'Allemagne ne dispose ni d'artillerie lourde, ni d'avions de guerre, ni de chars d'assaut et ne serait pas en état d'arrêter cette invasion. L'occupation revêt ainsi le caractère d'une inutile provocation qui s'aggrave du fait que les troupes de couleur sont et restent bel et bien, à nos yeux — en dépit des euphémismes officiels français — des troupes noires.

« Ce n'est qu'en mettant fin à l'occupation qu'on pourra définitivement se prémunir contre la répétition de regrettables incidents analogues à celui de Landau. D'autre part, comme il faudra que la France évacue à plus ou moins bref délai le territoire allemand, il est indifférent que cette évacuation se fasse un peu plus tôt ou un peu plus tard.

« Pour le règlement des dettes, je comprends parfaitement le sentiment des Français. L'un d'eux me disait avec beaucoup de raison que la France pourrait s'en désintéresser, puisque les payements allemands ne serviraient qu'à satisfaire l'Amérique et l'Angleterre.

« Je suis convaincu que, le jour où la France aura ratifié, après toutes les autres puissances, l'accord intervenu avec les Etats-Unis, les pays intéressés à un règlement mutuel provoqueront une réunion internationale d'où sortira un arrangement général et définitif. En effet, les Etats-Unis eux-mêmes n'ont aucun intérêt à continuer d'accumuler dans leurs coffres-forts une quantité surabondante d'or. *Quant à l'Allemagne, elle est avant tout intéressée à voir fixer le montant total de sa dette.* Le plan Dawes n'en précise que les annuités sans dire la durée des paiements. Il n'est, psychologiquement, que trop compréhensible qu'on ne puisse exiger d'un homme qu'il prenne à sa charge une dette pour un temps infini, par conséquent, d'un montant indéterminé et qu'il en transmette peut-être le fardeau aux enfants de ses enfants ! *Mais quand on sait exactement ce que l'on doit, on s'efforce de s'acquitter le plus tôt possible.* La France a donc tout intérêt à voir cette question entièrement réglée.

« Je ne crois pas non plus qu'une stabilisation du franc soit possible tant que la France n'aura point payé ses dettes intérieures et extérieures.

Elle n'a, d'ailleurs, pas intérêt à stabiliser le franc à un taux supérieur à 120 francs pour une livre sterling. Si, d'un côté, les rentiers se trouvent ainsi dépossédés d'une partie de leur fortune, ils seront, d'autre part, dégrevés d'une partie proportionnelle des dettes gouvernementales dont ils auraient à supporter la charge. Les fluctuations du franc doivent cesser, sinon la France continuerait à vivre d'une portion de sa propre substance, en vertu de ce phénomène, d'ailleurs très humain, que le Français moyen considère « qu'un franc c'est toujours un franc ». Il faut donc revenir aussi vite que possible au franc-or et rétablir l'équilibre dans le budget comme on s'y est déjà efforcé avec succès. En ce qui concerne le règlement de cette question, l'Allemagne pourrait, à mon avis, rendre de réels services à la France, en fournissant à celle-ci une partie des cautions ou garanties nécessaires.

« Je répondrai enfin à l'un des griefs de la France à notre égard, au sujet des sociétés secrètes. Les Allemands ayant été privés du droit de s'engager dans l'armée, les jeunes gens s'adonnent au sport beaucoup plus que par le passé, afin de fortifier leur santé par des exercices physiques. Il est caractéristique, à cet égard, de constater l'extraordinaire extension prise par le football depuis la guerre. En dehors de cette remarque, la seule observation qui s'impose ne concerne, à proprement parler, que le drapeau. Il s'agit tout particulièrement, ici, des deux associations respectivement dénommées « la Bannière du Reich » et le « Casque d'Acier » ; la première ayant pris comme symbole le drapeau républicain, tandis que le seconde a adopté le drapeau impérial. Cette question du drapeau est celle qui divise le plus profondément le peuple allemand. J'ignore pour quelle raison, au fond, on a cru bon de changer les couleurs nationales.

« Je terminerai en vous déclarant que nous autres, commerçants, estimons que le commerce ne peut prospérer qu'à la faveur de la paix et qu'à la condition d'éliminer toutes les chicanes mesquines. Jusqu'à ces tout derniers temps, il était encore pratiquement interdit aux ressortissants du Reich de se rendre dans les anciennes colonies allemandes, actuellement occupées par la France ou placées sous son mandat. Le bon sens exige, dès à présent, que l'on cherche par tous les moyens à arriver à une entente réciproque en s'inspirant des exemples que l'industrie a récemment donnés, lorsqu'elle a cherché à contribuer dans une large mesure au rapprochement international.

« Si le bon sens avait seul voix au chapitre, l'entente, j'en suis certain, ne tarderait guère à s'établir. »

CONCLUSION

Nous arrivons au terme de cette étude. En toute impartialité, j'ai dépouillé, devant le lecteur, mes documents et mes souvenirs. Quelles conclusions en tirer?

Durant mon séjour en Allemagne, j'ai parlé avec les représentants de toutes les classes. Si certains d'entre eux savaient qui j'étais, d'autres ignoraient totalement l'objet de mon voyage : peuple, bourgeoisie moyenne ou aisée, dirigeants ou chefs d'industrie, tous m'ont affirmé leur parfaite bonne foi dans leurs souhaits d'entente. Personnellement, je le crois.

Le kaiser n'est plus. Sa camarilla n'a aucune influence et tend chaque jour à disparaître. Ils sont bannis des esprits et des cœurs comme du pays même. Voilà ce que chacun répète.

Le régime actuel a incontestablement des volontés pacifiques. Il est surtout orienté vers la lutte économique, le relèvement du Reich, la grandeur de l'Europe, sa sauvegarde du côté de l'Est.

Sans la France, dont la puissance réelle fut trop méconnue d'eux auparavant, les Allemands ne peuvent songer à rétablir l'équilibre européen menacé, d'un côté, par les Etats-Unis, dont les méthodes de travail, la mécanique, l'esprit même semblent nous envahir de plus en plus, et par le péril jaune d'autre part.

Amitié intéressée, direz-vous? Peut-être, mais n'est-elle pas, hélas, plus qu'une amitié purement sentimentale susceptible de durer? De plus, les Allemands ont beaucoup d'admiration réelle pour le charme de notre peuple.

La France et l'Allemagne se sont toujours ignorées. Seules les élites intellectuelles ont pénétré plus profondément dans l'esprit l'une de l'autre. Mais, chez nous, quelle majorité connaît l'Allemagne, son pays, sa nature, sa vie, ses services, sa littérature et son art? Et combien d'entre les Allemands nous connaissent tels que nous sommes?

Que de chocs auraient pu être évités si l'on avait mieux compris le caractère du vrai Français que l'on se plaisait, au delà de toutes nos frontières, à représenter comme futile et léger?

Se doutaient-ils, ceux qui médisaient de nous, que nous serions capables d'abandonner instantanément tout ce qui flattait notre vie facile et tranquille, famille, foyer, pour répondre à la « nécessité suprême » sans même savoir pourquoi nous nous battions, sans chercher à comprendre?

Et si nous avons un doute, que le passé nous rassure pour l'avenir. Si nous étions trompés dans notre belle confiance, nos enfants, semblables à leurs aînés, trouveraient encore en eux l'étincelle merveilleuse qui fait naître le courage héroïque.

Mais notre devoir actuellement envers eux, envers notre pays, envers l'humanité, est de travailler énergiquement à l'œuvre de Paix.

La civilisation actuelle étant dominée par l'économisme, il est de notre devoir, vis-à-vis de la France, de ne pas rester en arrière sur ce terrain. Que notre « technique » progresse et s'enrichisse : nous garderons toujours en nous notre originalité, notre cachet personnel, que nulle autre puissance ne pourra nous disputer.

L'Allemagne a beaucoup à apprendre de notre sensibilité, de notre fantaisie. Nous avons beaucoup à gagner de son amitié au point de vue organisation, mécanique. Pour nos artistes, nos savants, faisons des échanges d'étudiants, de part et d'autre dans nos universités, nos laboratoires, nos ateliers d'art.

En dépit des guerres, l'Allemand est le peuple le plus près de nous. Son matérialisme économique garde encore le reflet de la vieille idéologie européenne. Nous sommes, par conséquent, les seules nations capables de protéger l'Europe contre le réalisme mécanique qui cherche à nous submerger par l'Ouest.

Certes, l'entente sera le fruit d'une longue persévérance, elle ne peut se faire en l'espace d'un matin. Mais elle vivra. Nous assisterons encore aux sursauts d'agonie des ombres belliqueuses qui subsistent encore et ne vivent que de la guerre, mais il faut que notre foi dans l'idéal poursuivi aide, dans l'un et l'autre pays, le parti de la paix à triompher et lui facilite la création des Etats-Unis d'Europe.

Alors, nos deux Républiques, en se sentant égales, graviront côte à côte la route du Destin.

FIN

TABLE DES MATIERES

Avant-propos : Une conversation avec M. Aristide Briand.   7

PREMIÈRE PARTIE
Un Français en Allemagne

Chapitre I. — L'état d'esprit d'un Français se rendant en
Allemagne   13
Chapitre II. — Paris-Cologne-Berlin   17
Chapitre III. — Les aspects de Berlin   22

DEUXIÈME PARTIE
Les craintes des Français sont-elles fondées ?

Chapitre I. — Visite au *Reichswehrministerium*. Les So-
ciétés secrètes   27
Chapitre II. — Essen, capitale du fer   36
Chapitre III. — L'état de l'aviation   46
Chapitre IV. — Les partis politiques en Allemagne   76
Chapitre V. — Une heure avec M. Stresemann   95
Chapitre VI. — La Prusse, garantie de l'existence de la
République allemande, par M. Otto Braun, président
du Conseil de Prusse   102
Chapitre VII. — L'Allemagne a intérêt à la stabilisation
du franc   110

TROISIÈME PARTIE
L'industrie et la science

Chapitre I. — La réciprocité des relations entre les sidérurgies allemande et française, par le Dr Reichert,
député au Reichstag   113
Chapitre II. — L'industrie et le statut des ouvriers. Décla-
rations du Dr Herle, président du Reichsverband de
l'industrie allemande, et du Dr Preuss   122
Chapitre III. — L'artisanat   123
Chapitre IV. — Au Kaiser Wilhelm Institut   127
Chpitre V. — Un foyer pour la science internationale :
Harnack-Haus, par le professeur Adolf von Harnack,
président de l'Association Kaiser Wilhelm   152

QUATRIÈME PARTIE
Les lettres et les arts

Chapitre I. — Le Mouvement de la Jeunesse, par Norman Kœrber 156
Chapitre II. — La nouvelle instruction publique. Déclarations du professeur Becker, ministre de l'Instruction publique de Prusse 180
Chapitre III. — Le mouvement féministe, par le Dr Agathe Lasch-Hamburg, professeur d'Université 185
Chapitre IV. — Les femmes dans la politique, par Clara Mende, membre du Reichstag 189
Chapitre V. — L'évolution de l'esprit allemand, par Simone Mortane 194
Chapitre VI. — L'école de la sagesse de Darmstadt, par le comte Hermann Keyserling 197
Chapitre VII. — L'esprit littéraire : « Fragment », par Thomas Mann, « Sur la situation des jeunes intellectuels européens », par Klaus Mann. — Le P. E. N. Club, par M. Federn, vice-président du P. E. N. Club d'Allemagne. 201
Chapitre VIII. — La musique : la pédagogie musicale, par Friedrich Blume, privat docent de l'Université de Berlin ; l'opéra allemand, par le professeur Osar Bie ; le nouvel opéra, par le professeur Franz Ludwig Hörth, directeur de l'Opéra d'Etat de Berlin 217
Chapitre IX. — La nouvelle peinture et la plastique, par le professeur Kern 231
Chapitre X. — L'architecture moderne : le mouvement actuel de l'architecture, par le professeur Schumacher ; la nouvelle école architecturale : la « Bauhaus », par Walter Gropius ; le nouveau style architectural, par Fritz Höger ; l'art architectural, par le Dr ing. W. Curt Behrendt 239
Chapitre XI. — Le théâtre d'après guerre, par Bernhard Diebold ; le théâtre et la mise en scène, par Berthold Held, régisseur et directeur de l'école du Théâtre de Max Reinhardt 259
Chapitre XII. — Visite aux éditions Ullstein 277

CINQUIÈME PARTIE
L'éducation physique

L'effort sportif 283

SIXIÈME PARTIE
Est-ce la Paix ?

Opinions de personnalités allemandes sur le rapprochement avec la France : président von Kleefeld, MM. Breitscheid, von Rheinbaben, Hœtzsch, député, von Friedberg, Gutmann, Alexander, Schlubach 296
Conclusion 316

PARIS. — IMP. RAMLOT ET Cie, 52, AVENUE DU MAINE. 1926

www.ingramcontent.com/pod-product-compliance
Lightning Source LLC
LaVergne TN
LVHW010926180726
843502LV00004B/886